21世纪高等院校教材

创业管理理论与实务

主 编 宋山梅

副主编 刘遗志 王 军 谢垚凡

科学出版社
北 京

内 容 简 介

本书内容包含两大部分，第一部分共九章，包括创业概述、创业机会、创业资源、创业者与创业团队、商业计划书、创业融资、创建新企业、创业企业的管理、典型创业形式；第二部分包含大学生创业常需的知识、信息等，如大学生创业扶持政策汇编、大学生创业重要赛事汇编、创业主题相关网站推荐、贵州大学校内创客空间及国内知名创客空间简介（此部分内容作为拓展阅读以二维码的形式呈现）。本书通过完善的知识结构体系，对创业管理本质规律进行阐释，采用丰富的导入案例和创业案例对创业过程中可能遇到的问题进行描述，并提供相应的解决方案，同时对大学生创业的特殊性进行分析和思考。

本书可作为普通高等学校本科各专业创业教育的基础教材，也可供社会各类创业者借鉴参考。

图书在版编目（CIP）数据

创业管理理论与实务 / 宋山梅主编. —北京：科学出版社，2019.9
21 世纪高等院校教材
ISBN 978-7-03-059809-7

Ⅰ. ①创… Ⅱ. ①宋… Ⅲ. ①企业管理–创业–高等学校–教材 Ⅳ. ①F272.2

中国版本图书馆 CIP 数据核字（2018）第 269838 号

责任编辑：王京苏 / 责任校对：王丹妮
责任印制：张 伟 / 封面设计：蓝正设计

科学出版社 出版
北京东黄城根北街 16 号
邮政编码：100717
http://www.sciencep.com

北京建宏印刷有限公司 印刷
科学出版社发行 各地新华书店经销
*

2019 年 9 月第 一 版　开本：787×1092　1/16
2023 年 2 月第六次印刷　印张：13 1/4
字数：314 000
定价：58.00 元

（如有印装质量问题，我社负责调换）

前　　言

党的十八大以来,以习近平同志为核心的党中央把创新放在国家发展全局的重要位置,深入实施创新驱动发展战略,发挥科技创新在全面创新中的引领作用,大力推动大众创业、万众创新。同时,党的十九大指出创新创业汇成时代潮流。国家积极推进"中国制造2025""互联网＋"等行动计划,新业态、新模式不断涌现,新产品、新服务快速成长,新旧动能加速转换,为经济稳中有进、稳中向好不断注入新的强劲动力。在党中央、国务院的高度重视和各级政府政策扶持下,我国创新创业生态体系不断优化,创业人才愈加活跃且规模不断增大,呈现出大众创业、草根创业的"众创"现象。

"这是一个最好的时代,也是一个最坏的时代"。这句话是狄更斯小说《双城记》的开篇语。在"创新创业"时代,狄更斯的这句名言用来形容高校创新创业教育也十分妥当。一方面,国家的大政方针为高校创业教育营造了良好的环境与氛围;另一方面,"大众创业,万众创新"的国家战略也对高校创业教育提出了更高的要求。因此,创业教育作为高校重要的育人课题,既是助推与服务创新创业发展的重要途径与手段,也是大学教育的创新模式与改革方向。

事实上,为支持大学生创业与营造良好的创业环境,党中央与各级政府出台了诸多优惠政策,不仅在融资、税收方面给予政策倾斜,还在大学生创业之初提供强有力的创业培训与指导。在这样的时代背景下,大学生作为创业阵营的重要力量,应在践行国家"双创"战略的同时,将专业技能与国家大政方针相结合,主动培养创业意识和提高创业管理能力。然而,由中国人民大学牵头,北京师范大学、上海交通大学等30余家高校、企业和社会组织联合跟踪调查的《2017年中国大学生创业报告》显示,尽管大学生创业意愿持续高涨,创业层次也在不断提升,但创业制约瓶颈依旧十分凸显,资金与经验的双重缺乏仍是影响大学生创业最主要的障碍。

由贵州大学管理学院创新创业研究与教学团队编写的《创业管理理论与实务》一书,是以大学生创业群体为主要阅读对象,为他们提供理论与实操兼备、可读性强的创业指导教材。通过完善的知识结构体系对创业管理本质规律进行阐释,采用丰富的导入案例和创业案例对创业过程中可能遇到的问题进行描述并提供相应解决方案。本书共有九章,其中宋山梅教授负责统筹安排,罗兰老师负责撰写第一章,秦黎教授负责撰写第二章,王军博士负责撰写第三章,陈颖副教授负责撰写第四章,刘遗志博士负责撰写第五章,李晓红教授负责撰写第六章,许为宾博士负责撰写第七章,杜娟副教授负责撰写第八章,田馨老师负责撰写附录一与附录二,谢垚凡副教授负责撰写第九章、附录三与附录四。本书的各章节内容既展示了对经典创业理论的延续,又体现出对贵州省大学生创业特殊性的分析与思考。本书的每一章都针对具体知识点设置导入案例、思考题与案例分析,切实加深学生对创业知识的理解和实际的运用能力。参与本书编写的老师不但拥有丰富的教学经验，而且大都具备企业经营能力，能将企业实操经验作为课堂讲授的案例。

尽管本书参阅了大量文献和研究资料，但由于水平和时间所限，书中不免存在疏漏，恳请专家和读者的批评指正。

宋山梅　刘遗志

2019 年 1 月 20 日

目　　录

第一章　创业概述 ……………………………………………………………… 1
　第一节　创业的含义 …………………………………………………………… 4
　第二节　创业的构成要素 ……………………………………………………… 6
　第三节　创业过程 ……………………………………………………………… 10
　第四节　创业精神 ……………………………………………………………… 13
　第五节　创新思维 ……………………………………………………………… 16

第二章　创业机会 ……………………………………………………………… 23
　第一节　创业机会概述 ………………………………………………………… 24
　第二节　创业机会的类型 ……………………………………………………… 27
　第三节　创业机会识别 ………………………………………………………… 31
　第四节　创业机会评价与筛选 ………………………………………………… 35
　第五节　创业机会风险评估 …………………………………………………… 36

第三章　创业资源 ……………………………………………………………… 42
　第一节　创业资源的概念、来源与作用 ……………………………………… 43
　第二节　创业资源的开发与利用 ……………………………………………… 54
　第三节　创业资源的整合 ……………………………………………………… 60

第四章　创业者与创业团队 …………………………………………………… 65
　第一节　创业者的定义与类型 ………………………………………………… 65
　第二节　创业的动机 …………………………………………………………… 67
　第三节　创业者的素质和能力 ………………………………………………… 69
　第四节　创业团队的含义与特点 ……………………………………………… 73
　第五节　创业团队的组建 ……………………………………………………… 75
　第六节　创业团队的管理 ……………………………………………………… 77

第五章　商业计划书 …………………………………………………………… 83
　第一节　商业计划书概述 ……………………………………………………… 84
　第二节　商业计划书的构成要素 ……………………………………………… 87
　第三节　商业计划书的编写 …………………………………………………… 88
　第四节　商业计划书的调整 …………………………………………………… 104

第六章　创业融资 ……………………………………………………………… 111
　第一节　创业融资概述 ………………………………………………………… 111
　第二节　创业融资的类型 ……………………………………………………… 113
　第三节　创业融资的渠道 ……………………………………………………… 116
　第四节　创业融资的策略选择 ………………………………………………… 122
　第五节　创业融资的过程 ……………………………………………………… 125

第七章 创建新企业 ······ 131
第一节 创建新企业的组织形式 ······ 131
第二节 新企业的名称设计与选址 ······ 137
第三节 创建新企业的流程 ······ 140
第四节 创建新企业的主要法律问题 ······ 144

第八章 创业企业的管理 ······ 149
第一节 创业企业的营销管理 ······ 150
第二节 创业企业的财务管理 ······ 156
第三节 创业企业的人力资源管理 ······ 165
第四节 创业企业的风险管理 ······ 180

第九章 典型创业形式 ······ 189
第一节 网络创业 ······ 189
第二节 技术创业 ······ 195
第三节 社会创业 ······ 199

参考文献 ······ 205

第一章　创 业 概 述

 **学习目标**

1. 了解创业活动及其含义。
2. 理解并掌握创业活动的构成要素及过程。
3. 训练和培养创业精神与创新思维。

▶ **导入案例**

河南省大学生创业调查

2017年河南省普通高校毕业人数51.8万，再创历史新高，日益严峻的就业形势，促使越来越多的大学生选择创业。大学生创业，他们对创业的认识如何？创业意愿如何？倾向选择什么项目？成功率多高？张玉利等对河南省9所高校（涵盖公办、民办、独立学院三种性质和专科、本科、研究生三个层次的高校）1000余人进行了创业现状调查，结果如下。

一、创业意愿

根据计划行为理论，创业行动必须以具有创业意愿为先导和必要条件。具有创业意愿是促成最终采取创业行为的众多充分条件之一，具备创业意愿是开展创业活动的必要条件，研究什么样的人有创业意愿、为什么他们有创业意愿，是非常具有现实指导和借鉴意义的。

1. 男生的创业意愿明显高于女生

在创业意愿的样本中，男生占56.2%，女生占43.8%，两者相差12.4个百分点。具体来说，男生中具有创业意愿的比例为70.9%，女生的这一比例为60.3%，相差10.6个百分点。因此，相比来说，男生的创业意愿更强一些。一般而言，社会普遍认为男性比女性更有优势也更适合创业，女性则倾向于选择稳定、轻松的工作，有时在做好工作的同时，更要兼顾家庭事务。角色分工和社会认同使多数男性倾向于表现出更为激进的性格特征，表现出的事业需求和成就动机也强于大多数女性，这些因素均有利于形成更积极的创业态度。

2. 理工类专业学生更愿创业

通过对理工类、经管类和人文类等不同专业学生创业倾向进行统计，可以发现，不同专业的创业倾向性均高于60%，理工类为70.7%，经管类为61.8%，人文类为61.1%，相互之间的差异不是很大，相比之下经管类和理工类大学生的创业意愿更强一些。不同专业有着不同专业的优势，教育方式和内容也有所不同，从而在不同程度上锻炼和改变着大学生的思维方式与行为习惯，因此，我们认为专业对创业意愿有一定的影响，但总体而言影响不是很大。

3. 学历对创业意愿存在逆向影响

从调查数据中我们发现，学历对大学生的创业意愿存在一定的逆向影响。71%的专科大学生考虑过创业，本科生的创业倾向在67%左右，而研究生呈现出比较低的创业倾向。专科学历大学生的创业意愿比本科学历的大学生高，本科学历大学生的创业意愿比研究生学历的大学生高，呈现出学历层次越高、自主创业意愿比例越低的趋势。这与目前我国本科毕业生就业难、考研率高、研究生扩招及自身选择和定位有很大关系。

一般来说，创业可能要经历一个更加艰苦的过程，学历较低的学生在巨大的就业压力下更容易接受创业的艰辛，对创业的意愿更为强烈，而高学历学生更倾向于追求安稳的工作。

4. 大二年级创业意愿最高

从调查结果可以发现，专科二年级、本科二年级、本科三年级以及研究生一年级的学生有较强的创业意愿。一般来说，大二、大三以及研一学生都有了一定的想法，而且对大学知识已经有了较好的掌握，并开始憧憬自己的未来。大一的学生可能想法不够、经验不足，再加上自己没有足够的知识储备，导致大一学生的创业意愿所占比例不高。而专科三年级、本科四年级和研究生三年级的学生，即毕业生群体的创业意愿所占比例下降趋势明显，一部分原因是找到了合适的工作，还有一部分原因在于通过实习等环节，毕业生已接触到社会，认识到了创业的不易，创业热情大打折扣。

5. 富有家庭以及来自农村的大学生创业意愿高

从调查数据可以看出，家庭背景和生源地的创业倾向似乎呈现出矛盾的情况。例如，有较富裕家庭背景的大学生创业意愿率达到94%左右，而从生源地情况的数据可以看出，来自农村的大学生的创业意愿相比城镇、城市更强烈。其实这也不难理解，家庭殷实的大学生没有后顾之忧，而且有较多的创业支持，并不会受到生活压力的影响，创业意愿最强。而来自农村的大学生，在就业难的情况下还要承担家庭的生活重担，以"破釜沉舟"之态度进行创业会有更大的动力。而这一数据也表明，大学生的家庭背景和生活环境对其创业意愿有着不同程度的影响。

二、创业现状

1. 大学生的创业知识更多来源于媒体和社会宣传

调查结果显示，大学生的创业知识更多来源于媒体资讯和社会宣传，所占比例为56%，也有48%来自同学和朋友的相互交流，40%左右是大学生的亲身实践和创业活动训练，而来源于学校教师授课的只有不到43%。由此可见，大学生欠缺专业的创业基础知识的指导，需要得到高校科学、系统的创业理论知识的支持。

2. 独自创业困难重重

调查结果显示，大学生的创业形式主要有三种：独自创业、朋友合伙创业和家庭创业。60%左右的大学生会选择朋友合伙创业，独自创业者初期大多实力单薄，比较好的办法是团队创业。团队创业比单干要好，可以相互协作，提高成功率。16.2%的大学生选择家庭创业，这种创业形式在以后的经营过程中必然要组建团队。

3. 创业持续发展较困难

目前，创过业或正在创业的大学生的创业年限在2年以内的比例为60%左右；17%左右的大学生创办企业达到3年以上。由此可见,大学生创业成功及持续发展有很大的困难。因此,大学生创业应该谨慎,不要盲目跟风。尽管大部分大学生创业时间不长,但对他们来说却是难得的社会实践,能够积累一定的工作经验。

4. 三成多大学生选择风险较小的行业

调查结果显示,42.4%的大学生自主创业选择自己感兴趣的领域。创业本就是艰难的,如果不是自己感兴趣的领域就更难以坚持下去。35%的大学生会选择启动资金少、风险较小的行业,如日用小商品销售领域等,这类行业创业容易、门槛低、资金回收较快,对于初出茅庐的大学生来说是不错的选择。30%左右的大学生会选择与自身专业相关的领域,有基础的理论和专业领域知识做铺垫,会更加明确创业的方向和发展措施。只有14.2%的大学生往当今热门的方向发展,如软件、互联网等高科技行业。

5. 服务类创业项目多

从调查结果可以看出,大学生的创业项目类型主要是服务类(32.2%)和产品代理或销售类(31.7%),相对于专利产品生产经营类(15%),这些项目资源限制较少、风险较低,容易打开市场。大学生创办企业的行业呈现出多样性,零售业、餐饮业、IT(information technology,信息技术产业)业、教育培训、网络营销、专项服务等,都有所涉及。

其中,32.4%的大学生创业者主要从事零售业,如服装店、书店、电子产品店、百货店。零售业经营多样且可借助互联网,门槛低、成本和风险都较小,在学校附近就可以实现。

6. 最希望得到资金上的支持

从调查结果可知,大学生创业者最希望得到资金上的支持(58.7%),这与其遇到的资金障碍相对应。相关的创业帮助还包括来自政府政策、相关行业等支持(48.8%)、团队建设和管理能力(43.5%)、商业模式梳理(37.6%)、个人能力的完善(38.3%)以及创业专家交流(21.7%)等多方面的帮助与支持。

这也告诉我们,大学生除了在资金方面需要得到支持外,在创业项目本身、创业团队建设和创业能力方面都需要进一步提高与加强。

此外,大学生的创业热情高涨。当被问及"如果在一次创业中失败了,是否还会创业"时,结果令人欣慰,只有3.5%的大学生创业者会放弃创业,而有96.2%的大学生仍然会坚持创业。

7. 其他关键结论

(1)大学生创业准备普遍不足,期望与有经验的人一起创业。

(2)大学生创业并不热衷于热门的互联网行业。

(3)毕业后先积累经验再创业是大学生的普遍选择,大学生创业更趋理性化。

(4)大学生创业激情有余、能力不足。

(5)大学生创业者不重视创业设计和长期规划。

(6)大学生创业从最初的充满激情、热血沸腾,开始回归平和心态。

(7)大学生创业的合作伙伴大多来自身边的同学、朋友和亲人。

(8)大学生的创业资金的融资渠道单一。

(9)一部分大学生创业者开始瞄准风险投资。

(10)创业大学生的财务管理能力薄弱和欠缺,限制了大学生自主创业和自创企业的发展。

（11）盲目性比较大，不注重市场调查仍然是大学生创业的"通病"。

（12）各种各样的团队合作问题在大学生创业过程中出现。

（13）经验不足和资金短缺被认为是大学生创业面临的最大困难。团队管理问题、业务经营问题、缺乏专业人才、自身能力素质欠缺等运营管理问题凸显。

（14）大学生创业除了在资金方面需要支持外，还需要在创业项目、创业团队建设和创业能力提升方面得到帮助。

（15）大学生的创业热情高涨，有过创业经验的大学生，这份创业精神的种子会在他们的心里生根发芽。

总体上看，虽然大学生自主创业热情高涨，但是真正加入自主创业行列的人数却未见明显上升。在众多创业者中，很大一部分人尝到了失败的滋味。据不完全统计，大学生创业的成功率只有 2%～3%，大学生创业的成功率如此之低，一个很重要的原因就是大学生对创业的认识不足、创业准备不足。

资料来源：谭恒. 创业管理案例[M]. 北京：中国纺织出版社，2016.

第一节 创业的含义

一、创业是长期且普遍存在的社会现象

创业是长期且普遍存在的社会现象，只是很长时间里人们并不知道他们在从事创业活动。后来人们注意到这个相对特殊群体的存在，并开始称其为创业者（entrepeneur），观察他们的行为，形成对创业活动的基本认识。随着社会的变迁，人们对创业者及其创业活动的认识也在不断深化。

创业者或企业家一词源于法语"entreprendre"，最初的含义是"承担"，最早见于 16 世纪，指的是参与军事征战的人。18 世纪初，法国人又将该词用于称呼从事探险活动的人。1755 年，法国经济学家坎特龙在其著作《一般商业之性质》中，首次将创业定义为承担某种风险的活动。坎特龙把每一个从事经济行为的人都称为企业家。因为这些人以确定的价格购买商品，然后以不确定的价格出售商品，他们要面对不确定的市场并承担风险。这是经济领域对创业者的最早描述，从此创业与风险紧密地联系在一起。18 世纪后期，重农经济学派的经济学家魁奈和鲍杜等，把从事农业栽培的人称为企业家。他们认为唯有土地是社会产品的来源，从事农业产品的企业家是至关重要的。这样，他们第一次把企业家与产品联系在一起，并将其含义由"承担风险"扩展到"承担风险"和"创新"两个方面。

到 19 世纪初，企业家的含义又从农业扩展到工业以及整个经济活动中。萨伊在其 1803 年出版的《政治经济学论文》和 1815 年出版的《政治经济学精义》中认为，企业家是那种具有判断力、忍耐力等特殊素质以及掌握监督和管理才能的人。

现代意义上的企业家的出现，与生产力和商品经济的巨大发展，以及股份公司的形成有密切联系。19 世纪 70 年代后期，美国经济学家首先探讨了企业家与资本所有者职能的不同。他们认为资本家只提供资金并以利息的形式取得报偿，企业家则有效地管理企业，他们以获

得利润为目的，承担风险的企业家所得的利润是利润的一种形式，它产生于企业家的能力和所承担的风险，是暂时、可变的。

真正透彻地认识企业家职能和作用的是在哈佛大学任教的奥地利经济学家约瑟夫·熊彼特（Joseph Schumpeter，1883～1950）。他在1912年出版的《经济发展理论》和1950年出版的《资本主义、社会主义和民主主义》等著作中，不仅将企业家提高到"工业社会的英雄""伟大的创新者"的高度，而且强调企业家的职能是"创造性破坏"，"企业是实现新的生产要素组合的经营单位，企业家是实现生产要素组合的人"。这种组合并不是对原有组合方式的简单重复，而是一种创新。通过这种重新组合，建立新的企业生产函数，从而导致社会经济的连续变化，推动社会经济的发展。

20世纪80年代初期，人类社会开始从工业社会迈入信息社会，信息技术的普遍应用、全球化进程的加快等为创业活动提供了更有利的环境，新的商业模式不断涌现，资源和生产要素更加便捷和快速地组合，技术、产品以及管理创新层出不穷，机会和创造成为商业活动的核心内涵，人们对创业的理解也更加概括和具有普遍意义。比较典型的描述来自哈佛大学的教授斯蒂文森，他把创业解释为"在不拘泥于资源约束的前提下，追逐机会并创造价值的过程"。经济学家卡森则提出，企业家是擅长对稀缺资源进行协调利用并做出明智决断的人。他是一个"市场创造者"，他的报酬是一种剩余权益，而非合约收入。创业是一种新的经济活动，能够带来市场的变革。

最近，人们从经济与社会发展的高度理解创业，认为创业通过向客户提供利益来创造价值，是提升社会价值的重要途径。创业活动能够提供就业机会、促进经济发展并保持社会安定，是个体或者组织取得竞争优势的重要手段。

二、创业的含义

创业是一种普遍的活动，学者们给出的定义也很多。考察各种定义中出现的关键词发现，出现最多的是"启动、创建、创造、新事业、新企业""创新、新产品、新市场""追逐机会、风险承担、风险管理、不确定性""资源或是生产方式的新组合"等（表1-1）。

表1-1 创业定义中包含的关键词

序号	对于创业定义的不同理解	出现频数	序号	对于创业定义的不同理解	出现频数
1	启动、创建、创造	41	10	价值创造	13
2	创建新企业、开发新事业	40	11	追求成长	12
3	创新、新产品、新市场	39	12	活动过程	12
4	识别机会	31	13	已有企业	12
5	风险承担、风险管理、不确定性	25	14	首创活动、做事情、超前认知与行动	12
6	追逐利润、个人获利	25	15	创造变革	9
7	资源组合	22	16	所有权	9
8	管理	22	17	责任、权威之源	8
9	统率资源	18	18	战略形成	6

表 1-1 中列出的一些关键词反映出创业活动的不同层面，追逐利润、价值创造、追求成长等反映出创业的目标；追逐机会、资源组合、管理、创建新企业或开发新事业等是实现目标的手段；风险承担、超前认知与行动、活动过程等是创业活动的属性。这也说明，可以从不同角度定义创业的概念。

概括来说，创业的定义有狭义和广义之分。狭义的创业就是创建新企业，英文中经常用"start-up"一词。按照这样的定义，很容易区分一个人是否在创业。广义的创业把创业理解为开创新事业，英文中倾向于使用"enterpreneurship"一词。任何一个在极度不确定情况下开发新产品或新业务的人都是创业者，无论创业者本人是否意识到，也不管是身处政府部门、获得风险投资的公司、非营利机构，还是由财务投资人主导的营利性企业。狭义的创业是广义的创业的载体。在创业活动日趋活跃以及对社会经济发展的贡献越来越突出的今天，为了探索创业的本质、弘扬创业精神，更多的人倾向于使用广义的创业。

在一直以来的教学和研究工作中，我们比较了不少定义，总的来说，我们更欣赏哈佛大学斯蒂文森教授的定义：创业是不拘泥于当前资源条件的限制下对机会的追寻，将不同的资源组合加以利用和开发机会并创造价值的过程。结合表 1-1 中列举的关键词，可以发现该定义集中体现了创业所包含的关键要素，包括识别机会、整合资源、价值创造等，还反映了创业活动的主要特征。

第二节　创业的构成要素

创业是一项艰苦的事业，也是一个复杂和复合的系统，需要很多的前提、条件、资源和要素。创业需要在充分发挥创业者的个人素质和能力、集合团队人力资本的智慧、有足够的资金支撑的基础上，通过创业目标的指引，才能完成的一个过程。可以说，创业者、创业机会、创业资源和创业方式构成了创业的基本要素。这些基本要素对于不同的创业类型和方式来说并不是完全必备的，它们的作用在不同的创业方式中也是不同的，但是它们构成了创业的基本要素。

一、创业者

创业者是创业的主体要素，是创业概念的发起者、创业目标的制订者、创业过程的组织者，也是创业结果的承担者。创业者是推动创业的基本要素，而创业者的个人素质决定了创业的成败，这其中包括创业者的性格、能力、知识结构以及他的精力和时间，即作为创业者必须具备一定的特征和素质。

创业者可以分成几种类型：①酝酿者，指正式行动前的创业者，即考虑创建新企业的个体；②初学者，指从没有过创业经历的创业者，即成为一个企业的创始人、继承人或购买者之前没有拥有企业经历的个体；③熟练者，指习惯性创业者，即创业前拥有企业经历的个体；④持续者，即连续创业的创业者，指在出售或关闭原有企业后，继承、建立或购买另一个企业的个体；⑤拓展者，即组合型创业者，指在保留原有企业的情况下又继承、建立或购买另一个企业的个体。

此外，对创业团队的研究也不可忽视。研究发现，50%的企业是由创业团队创建的，由团队创建的企业通常拥有更多样化的技能和竞争力基础，形成更广泛的社会和企业网络，从而获得更多的资源。团队还可以增加创业企业的合法性，尤其在融资的时候，但创业团队的动态性还有待进一步探讨。

二、创业机会

越来越多的创业研究者认为，在创业的所有构成要素中，创业机会是核心要素。创业的关键在于识别到机会且有意愿并认真采取创业行动。然而，机会来自哪里是一个最容易被忽视的问题。对机会的认知是以一种预先思考的方式进行的，实际上，只有在事后才能检验先前预测的机会是否正确。为什么某些个体能识别机会而其他人却不能？这主要是由于个体之间存在三个方面的差异：知识差异、认知差异和行为差异。而将专业知识与商业知识结合起来，不仅需要技能、才能、洞察力，还需要既不是稳定也不是波动过大的外部环境。个体识别机会并收集信息的程度取决于其人力资本的构成。机会的搜寻与识别过程受到决策者认知行为的影响，从而不同类型的创业者识别机会与收集信息的能力和过程将有所不同。研究还发现，经验并不能增强创业者识别机会的能力，熟练者由于拥有创办企业的经历，其信息的收集可能很有限且范围比较窄；初学者由于没有经验，往往会收集更多的信息，但却因为不熟悉环境，收集到的信息相对要少一些。

创业机会可以分为生存型创业机会和机会型创业机会。生存型创业机会是指创业者把创业作为其不得不做出的选择，因为其他选择不是没有就是不满意，创业者必须依靠创业为自己的生存和发展谋求出路。机会型创业机会是指创业活动是一种个体偏好，并将其作为实现某种目标的手段。

三、创业资源

机会一旦被识别并获得相关的信息，下一步就是获取所需的资源并有效组织现有资源。企业的所有者往往就是关键资源的拥有者，也可能是资源获取的关键约束所在。尽管资源对创业的成败至关重要，但仅有资源并不足以获得成功，创业者需要发展其技能，选择竞争策略来更好地利用可获得的资源。当组织采用的策略与可获得的资源相适应时，创业才会成功。

创业资源是企业创立以及成长过程中所需要的各种生产要素和支撑条件。因此，在创业过程中，应当积极拓展资源获取渠道，并且创业资源对于创业的重要意义不仅仅局限于单纯的量的积累上，还应看到创业过程是一个各类创业资源重新整合、获取竞争优势的过程。因此，在创业过程中，不仅要广泛地获取创业资源，更要懂得如何使用这些资源。创业之初，创业所需的各项资源往往只能依靠创业者通过自身努力获取，由于创业企业的高度成长性，在其迅速成长扩张的过程中，组织很快就发展到一定规模之上，创业者就会发现，通过自身努力获取的资源远远不能支撑企业的发展，为了使企业能够继续发展，外部机构给予企业的资源是相当必要的。

为了进一步分析创业资源的特性，可以将创业资源主要分成以下六个维度，如图1-1所示。

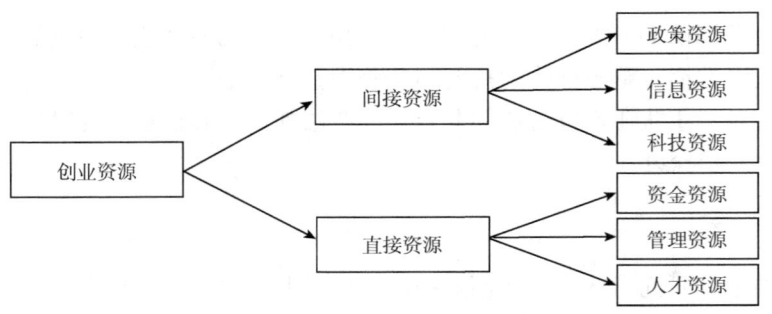

图 1-1 创业资源依据特性的分类

（一）政策资源

创业活动需要相应的政策支持，只有在政策允许和鼓励的条件下，企业才能获得更多的国内外人才、贷款和投资、各种服务与优惠等。

（二）信息资源

对于创业企业来说，由于竞争十分激烈，就更加需要丰富、及时、准确的信息，以争取到更多的生产要素资源。信息资源可以从专业机构和自身社会网络获取。

（三）科技资源

科技资源对于创业企业来说相当重要，谁获得的科技资源越多，谁将会在企业新建和发展过程中获得更多的竞争力。

（四）资金资源

对于创业企业来说，无论是进行产品研发还是生产销售，都需要大量的资金，如何有效地吸收资金资源是每个创业者都极为关注的问题。

（五）管理资源

很多企业都败于管理不善，这意味着拥有一套完整而高效的管理制度是创业企业的宝贵资源。

（六）人才资源

高素质人才的获取和开发，是现代企业特别是高科技创业企业可持续发展的关键。

资源整合对于创业过程的促进作用是通过创业战略的制订和实施来实现的。一方面，战略的制订和实施需要一定的资源予以支持，只有拥有充分的资源，战略才有制定和实施的基础；另一方面，创业资源还可以适当校正创业企业的战略方向，帮助创业企业选择正确的创业战略。

四、创业方式

创业者决策风格的不同可能会导致他们的思维方式在组织性、系统性上存在差异，相应地，他们所建立的组织的特征也会有类似的差别。创业方式和相应的企业组织形式可以概括为以下四种。

（一）创业企业

创业企业是创业最主要的方式，是指创业者利用商业机会通过整合资源创建一个新的具有法人资格的实体的过程。这一法人实体应能够提供产品或服务，以获利和成长为目标，并能创造价值。创业企业由于受到内外部资源的限制在创建之初往往会面临很多问题，这也是很多创业企业失败的主要原因。

（二）公司创业

公司创业是指组织更新的过程，既包括通过市场开发或引进产品流程技术和管理创新来创建新企业，也包括企业的理念再定义、再组织以及制度创新。大企业中的官僚性程序和流程会导致组织刚性，而公司创业有助于改造这些官僚性的程序和流程，降低组织刚性，因此公司创业的对象主要是大企业。研究表明，环境因素对公司创业及其绩效影响很大，而且公司创业对处于不利环境下的企业其效能需要比较长的时间才能完全体现。此外，当企业存在短视行为、公司创业活动得不到高层继续支持时，公司创业可能会出现问题。

（三）特许经营

特许经营是创业者为了使风险和不确定性最小化而选择的一种创业组织方式，是指特许经营权拥有者以合同约定的形式，允许被特许经营者有偿使用其名称、商标、专有技术、产品及运作管理经验等从事经营活动的商业经营模式，而被特许人获准使用由特许权人所有的或者控制的共同的商标、商号、企业形象、工作程序等。采用特许经营的创业方式，由于有较为成熟的模式可供复制，加上特许人的相关支持，客观上可以增加创业成功的概率。在美国市场，加盟已成为众多普通创业者选择的创业起步方式。

（四）家族企业继承

由于家族企业的建立与传统的创业定义相符，因此就有了家族企业的继承是否也具有创业属性的争议。有学者提出，家族企业由于其家族成员在经营中的关键作用而不同于其他类型的组织。兰斯伯格（Lansberg）认为，继承对家族企业的发展很重要，但维持家族在管理上的统治，从长远来看可能会影响企业的适应和生存能力。家族企业往往是在继承者不能或不愿经营企业时，通过MBO（management buy-outs，管理层收购）而生存下来的。当然，继承人也可以通过把家族企业分成两个或多个独立的企业来摆脱其负担和义务。不过，对长期投资更有力的承诺、对产品与服务质量更多的关注、对雇员与经理人员的培训以及对管理研究更大的投资也会对家族企业的继承产生积极的影响。他还提出继承有三种形式：转移继承，即企业形式的延续；演进继承，涉及所有权和控制权的根本改变，从而形成一个更复杂的家族企业系统；退出继承，形成一个更简单的家族企业。

第三节 创业过程

一、创业过程概述

创业过程包含的活动和行为较多，从阶段性活动来看，可分为机会识别和机会开发两大阶段，并可进一步细分为以下六个方面。

（一）产生创业动机

创业活动的主体是创业者，创业活动首先取决于个人是否决定成为创业者。当然，不少人是因为看到了创业机会，由于潜在利益的诱惑，激发了创业动机，进而成为一名创业者或创业团队成员。一个人是否能成为创业者，直接受以下三方面因素的影响。

第一，个人特质。事实上，每个人都具有创业精神，但其创业精神的强度不同。强度的大小有遗传的成分，更受到环境的影响。如温州人的创业动机相比而言就要强烈得多，其中环境起到很大作用，成功的创业者受到普遍的尊重，人们可以随时与创业者接触，自然就培育了更多的创业者。这种情况在公司内部也是如此，勇于变革、创新的创业文化氛围会培养出更多的变革型领导者，如通用电气公司。

第二，创业机会。创业机会的增多会形成巨大的利益驱动，促使更多的人创业，社会经济转型、技术进步等多方面的因素在使创业机会增多的同时，也降低了创业门槛，从而形成更大的创业浪潮。

第三，创业的机会成本。创业者创业的机会成本一般较低。也就是说，如果不去创业而从事其他工作，他们获得的收入和需求的满足程度会比自己创业低。科学家独立创业的少，是因为科学家可以谋一份收入相对丰厚而且稳定的工作，为什么要冒创业失败的风险呢？创业者的机会成本往往是他们的时间和劳动的投入。比较起来，那些在国有企业有较高职位和稳定收入的人"下海"创业，似乎机会成本很高，但凭借他们的能力和经验，即使创业不成功，也不会有太大的损失，他们还可以谋求稳定的工作，实际上的机会成本并不高。

社会保障体系的建立和健全，以及产权体制改革的深化，因为体制差别形成的特殊利益逐渐减少，结果则是进一步降低创业成本，激发人们的创业动机。

（二）识别创业机会

识别创业机会是创业过程的核心，也是创业管理的关键环节。识别创业机会包含发现机会和评价机会价值两大方面的活动，这其中有许多问题值得深究。首先，机会来自哪里？或者说创业者应该从何处识别创业机会？其次，为什么某些人能够发现创业机会而其他人却不能？或者说哪些因素影响甚至决定了创业者识别机会？再次，机会是通过什么形式和途径被识别的？是经过系统收集和周密的调查研究还是被偶然发现的？最后，是不是所有的机会都有助于创业者开展创业活动并创造价值？围绕这些问题，可以看到创业者在识别创业机会阶段经常要采取的活动。为了识别创业机会，创业者可能需要多交朋友并经常与朋友交流沟通，这样做有助于创业者更广泛地获取信息。创业者可能还需要细心观察，从以往的工作和周边的事物中发现问题，看到机会。对于自认为看到的机会，创业者需要对机会进行评估，判断机会的价值。

（三）整合资源

整合资源是创业者开发机会的重要手段。之所以强调整合资源，是因为创业者直接控制的可利用资源少，许多成功的创业者都有过白手起家的经历。对于创业者来说，整合资源意味着更需要整合外部资源、别人掌控的资源，来实现自己的创业理想。

人、财、物是任何生产经营单位都要具备的基本生产要素，创业活动也是如此。对打算创业并已识别创业机会的创业者来说，要想成就一番事业，就要组建团队，凝聚一批志同道合的人。创业者所需要整合的另一种基本的也是十分重要的资源就是资金，即创业过程中的融资活动。创业活动是创业者在资源匮乏的情况下开展的具有创造性的工作，势必面临很大的不确定性，在很多情况下，创业者自身对事业未来的发展也不清楚。在这样的情况下，外部的组织和个体当然不敢轻易给予投资，所以不少创业者在创业初期乃至新企业成长的很长一段时间里，把主要精力都投入融资的努力中。

创业者不能仅依靠自己所识别的机会整合资源，他们需要围绕创业机会设计出清晰的商业模式，向潜在的资源提供者陈述清晰的、有吸引力的盈利模式，有时还需要制订出详细的企业计划。要知道潜在的资源提供者也不希望自己拥有的资源被闲置，他们也急于找到资源升值的途径。目前在我国，一方面企业难以融到资金，难以找到合适的人才；另一方面则是大量的资金被存到银行，大量的剩余劳动力渴望工作。

（四）创建新企业或新事业

新企业的创建和新事业的诞生是衡量创业者创业行为的直接标志，有人甚至直接将是否创建了新企业作为衡量个人是不是创业者的标准。创建新企业有不少事情要做，包括公司制度设计、企业注册、经营地址的选择、确定进入市场的途径等，有时甚至要在是创建新企业还是收购现有企业之间进行选择。这些也是开创新事业、公司内部创业活动等需要思考的。对于公司内部创业活动来说，可能没有公司制度设计问题，但同样要设计奖惩机制，甚至需要制定利益分配原则；可能没有企业注册问题，但同样要有资金投入及预算控制机制等问题。创业者在创业初期迫于生存压力，也由于对未来发展无法准确地预期，往往容易忽视这部分工作，给今后的发展带来许多问题。

（五）实现机会价值

创业者整合资源，创建新企业的目的是实现机会价值，并通过实现机会价值来实现自我的创业目标。这显然是创业过程中的重要环节，许多创业管理教材把这一阶段的工作具体陈述为新企业的生存与成长。

表面来看，有多年经营历史的企业和创业企业都在做类似的工作，似乎没有什么本质的区别，但实际上差异还是巨大的。例如，对既有企业来说，其销售工作的核心任务也许是注重品牌价值、维护好老客户、提升客户的忠诚度。而对创业企业来说，要把客户抢夺过来，为创业企业创造更大的价值,可能意味着需要付出更大的代价和成本。

确保创业企业生存是创业者必须面对的挑战,但创业者不能只考虑生存,同时还需要考虑成长,不成长就无法生存得更长远,在激烈竞争的环境中尤其如此。企业成长有内在的基本规律。创业者需要了解企业成长的一般规律,预见到企业在不同成长阶段可能面临的管理问题,采取有效的措施予以防范和解决,使机会价值得到充分的实现,同时不断地开发新的机会,把企业做大、做强、做活、做长。

（六）收获回报

收获回报是创业活动的主要目的,不求回报是做人的美德,但对于开展创业活动的创业者来说,这样的美德是不值得提倡的。对回报的追求有助于强化创业者对事业的执着。对创业者来说,创业是获取回报的手段和途径,是一种载体,而不是目的本身。回报可能是多种多样的,对回报的满意程度在很大程度上取决于创业者的创业动机。调查发现,多数创业者的创业动机首先是自己当老板,然后才是追求利润和财富。对这些人来说,当老板的感受就是回报。对于以追求财富为主要动机的创业者来说,把自己创建的企业在短期内培养成为一家快速成长的企业,并上市成功,可能是理想的获取回报的途径。

现实中,随着创业活动的持续,创业者会对自己创建的企业甚至经营的产品融入越来越多的情感,将其视为生命中的一部分,淡化甚至忘却了对回报的追求,结果可能是不仅没有收获回报,反而约束了企业的成长。我们在调查中发现,有的企业初期发展得很好,进入快速成长阶段,需要更多的资金,也有不少投资者愿意投资,但创业者却因为担心自己创办的企业被别人控制而失去了不少发展的机会,这样的例子有很多。

二、蒂蒙斯模型

创业过程充满动态性和复杂性,有"创业教育之父"美誉的蒂蒙斯提出了一个影响深远的创业过程理论模型,被称为蒂蒙斯模型。如图1-2所示。

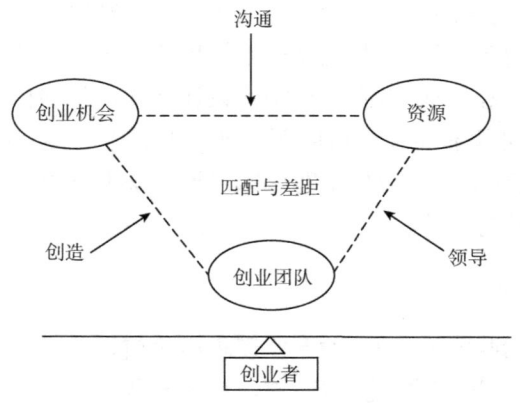

图1-2 蒂蒙斯模型

蒂蒙斯认为,创业的过程是创业机会、资源与创业团队之间适当配置的高度动态平衡过程,创业机会、资源与创业团队是创业过程的关键构成要素,其中创业机会是创业过程的核心要素,创业过程实质上是发现与开发创业机会的过程;资源是创业过程的必要支持,是开发机会谋求收益的基础；创业团队是在创业过程中发现和开发机会、整合资源的主体，是创新企业的关键构成要素。

蒂蒙斯模型运用创业机会、资源与创业团队三要素来概括创业过程的复杂性，采用三要素动态平衡过程来总结创业过程的动态性，高度揭示了创业过程的动态性和复杂性。蒂蒙斯认为，随着时空的变迁、机会模糊性、市场不确定性、资本市场风险及外在环境等因素对创业活动的冲击，创业过程充满风险和不确定性，创业机会、资源与创业团队三要素也会因为相对地位的变化而产生失衡现象。此时，创业团队扮演着调整活动重心以获得创业机会与资源相对平衡的核心决策角色；创业初期，机会挖掘与选择是关键，创业团队的决策重心在于迅速整合资源以抓住创业机会；随着新企业的创立与成长，资源日渐丰富，企业面临更为复杂的竞争环境与市场环境，创业团队的决策重心向合理配置资源以提高资源使用效率、构建规范管理体系以抵抗外部竞争与不确定性等活动。

第四节 创 业 精 神

一、创业精神的含义

创业精神是指在创业者的主观世界中，那些具有开创性的思想、观念、个性、意志、作风和品质等。激情、积极性、适应性、领导力和雄心壮志是创业精神的五大要素。创业精神有三个层面的内涵：哲学层次的创业思想和创业观念，是人们对于创业的理性认识；心理学层次的创业个性和创业意志，是人们创业的心理基础；行为学层次的创业作风和创业品质，是人们创业的行为模式。

这个概念最早出现于18世纪，其含义一直在不断演化。很多人仅把它等同于创办个人工商企业。但大多数经济学家认为，创业精神的含义要广泛得多。

对某些经济学家来说，创业者是指在有盈利机会的情况下自愿承担风险创业的人。另一些经济学家则强调，创业者是一个推销自己新产品的创新者。还有一些经济学家认为，创业者是那种将有市场需求却尚无供应的新产品和新工艺开发出来的人。

20世纪的经济学家约瑟夫·熊彼特专门研究了由于创业者创新和求进步的积极性举措所导致的动荡与变化。熊彼特将创业精神看作一股"创造性的破坏"力量。创业者采用的"新组合"使旧产业遭到淘汰，原有的经营方式被新的、更好的方式所摧毁。

管理学大师彼得·德鲁克（Peter Drucker）将这一理念更推进了一步，称创业者是主动寻求变化、对变化做出反应并将变化视为机会的人。只要看一看传播手段所经历的变化——从打字机到个人电脑再到互联网，这一点便一目了然。

今天的大多数经济学家都认为，创业精神是在各类社会中刺激经济增长和创造就业机会的一个必要因素。在发展中国家，成功的小企业是创造就业机会、增加收入和减少贫困的主要动力。因此，政府对创业的支持是促进经济发展的一项极为重要的策略。

经合组织商务产业咨询委员会（Business and Industry Advisory Committee to the Organization for Economic Cooperation and Development）2003年指出，培育创业精神的政策是创造就业机会和促进经济增长的关键。政府可以推出优惠政策，鼓励人们不畏风险创建新企业。这类政策包括实施保护产权的法律和鼓励竞争性的市场机制。

社会群体文化也与创业精神相关。创业精神在不同文化中的差异在某种程度上取决于创业所能得到的回报。看重社会地位和专业经验的文化可能不利于创业，而推崇通过个人奋斗取得成功的文化或政策则很可能鼓励创业精神。

企业精神的本质仍注重于创新活动的行为过程，而非企业家的个性特征。创业精神的主要含义为创新，也就是创业者通过创新的手段，将资源更有效地利用，为市场创造出新的价值。虽然创业常常是以开创新公司的方式产生，但创业精神不一定只存在于新企业。一些成熟的组织只要创新活动仍然旺盛就依然具备创业精神。

"创业精神"类似一种能够持续创新成长的生命力，一般可区分为个体的创业精神及组织的创业精神。所谓个体的创业精神，就是指以个人力量，在个人愿景引导下，从事创新活动进而创造一个新企业；而组织的创业精神则指在已存在的一个组织内部，以群体力量追求共同愿景，从事组织创新活动，进而创造组织的新面貌。

"创业"是创业者依自己的想法及努力工作来开创一个新企业，包括新公司的成立、组织中新部门的成立，以及提供新产品或新服务，以实现创业者的理想。创业本身是一种无中生有的历程，只要创业者具备求新、求变、求发展的心态，以创造新价值的方式为新企业创造利润，那么我们就能说这一过程中充满了创业精神。

创业精神所关注的是"是否创造新的价值"，而不是设立新公司，因此创业管理的关键在于创业过程能否"将新事物带入现存的市场活动中"，包括新产品或服务、新的管理制度、新的流程等。创业精神指的是一种追求机会的行为，这些机会还不存在于现有资源应用的范围，但未来有可能创造资源应用的新价值。因此我们可以说，创业精神是促成新企业形成、发展和成长的原动力。

二、创业精神的特征

（一）高度的综合性

创业精神是由多种精神特质综合作用而成的，如创新精神、拼搏精神、进取精神、合作精神等都是形成创业精神的特质精神。

（二）三维整体性

无论是创业精神的产生、形成和内化，还是创业精神的外显、展现和外化，都是由哲学层次的创业思想和创业观念、心理学层次的创业个性和创业意志、行为学层次的创业作风和创业品质三个层面所构成的整体，缺少其中任何一个层面，都无法构成创业精神。

（三）超越历史的先进性

创业精神的最终体现就是开创前无古人的事业，创业精神本身必然具有超越历史的先进性，想前人之不敢想，做前人之不敢做。

（四）鲜明的时代特征

不同时代的人面对不同的物质生活和精神生活条件，创业精神的物质基础和精神营养各不相同，创业精神的具体内涵也就不同。创业精神对创业实践有重要意义，它是创业理想产生的原动力，是创业成功的重要保证。

三、创业精神的五大要素

（一）激情

没有人能比维京集团（Virgin Group）的创始人理查德·布兰森（Richard Branson）更理解"激情"（passion）一词的含义。布兰森的激情，从他对创建公司的强烈欲望中可窥一斑。始建于1970年的维京集团，旗下拥有超过200家公司，业务范围涵盖音乐、出版、移动电话，甚至太空旅行。布兰森曾打过一个比方："生意就好像公共汽车，总会有下一班车过来。"

（二）积极性

亚马逊的创始人杰夫·贝佐斯（Jeff Bezos）非常清楚积极思考的能量。他以"每个挑战都是一次机会"为座右铭。事实上，贝佐斯靠着积极性（positivity）把一家很小的互联网创业公司发展成全球最大的网上书店。

亚马逊于1995年7月正式启动，两个月内就轻松实现每周2万美元的销售额。20世纪90年代末，互联网公司纷纷倒闭，亚马逊的股价也从100美元降至6美元。雪上加霜的是，一些评论家预测，美国最大的书店巴诺（Barnes and Nobles）启动在线业务会彻底击垮亚马逊。紧要关头贝索斯挺身而出，向外界表达了乐观和信心，针对批评言论，他还一一列举公司的积极因素，包括已经完成的和准备实施的。

贝佐斯带领亚马逊不断壮大，出售从图书到衣服、玩具等各种商品。今天，亚马逊年度营收已超过百亿美元，这很大程度上要得益于贝佐斯的积极思考。

（三）适应性

具备适应性（adaptability）是企业家最重要的特质之一。每个成功的企业家都乐于改进、提升或按照客户意愿定制服务，以持续满足客户所需。

Google创办人谢尔盖·布林（Sergey Brin）和拉里·佩奇（Larry Page）不仅对变化及时反应，还引领发展方向。凭借诸多新创意，Google不断引领互联网发展，将人们的所见所闻提升到一个前所未有的新境界，如人们可以体验Google Earth技术带来的变化。正因拥有这种先锋精神，Google才能跻身最强大的网络公司行列。

（四）领导力

优秀的领导人一定具有很强的个人魅力和感召力，有道德感，有在组织里树立诚信原则的意愿；他也可能是个热心人，具有团队协作精神。在玫琳凯·艾施女士（Mary Kay Ash）身上我们可以发现所有这些元素。她创建了玫琳凯（Mary Kay Cosmetics）品牌，帮助超过

50万名女性开创了自己的事业。

很早以前，身为单亲母亲的艾施在一个家用产品公司做销售。虽然25年间她的销售业绩一直名列前茅，但是由于性别歧视，艾施无法在晋升和加薪时获得与男同事一样的待遇。艾施受够了这种待遇，1963年她用5000美元创办了玫琳凯公司。

艾施以具有强大驱动力和富于灵感的领导风格闻名，她创办公司的态度是"你能做到"，她甚至会将凯迪拉克轿车奖给顶尖的销售员。由于其强大的领导力（leadership），艾施被认为是近35年来最具影响力的25位商业领袖之一，而玫琳凯也被评为美国最适合工作的企业之一。

（五）雄心壮志

20岁时，戴比·菲尔兹（Debbi Fields）几乎一无所有。作为一个年轻的家庭主妇，她毫无商业经验，但她拥有绝佳的巧克力甜饼配方，并梦想全世界的人都能品尝到她的巧克力甜饼。

1977年，菲尔兹开设了自己的第一家店（Mrs.Field's），尽管很多人认为她仅靠卖甜饼无法将业务维持下去，但菲尔兹的果断决定和雄心壮志（ambition）使得小小甜饼店变成了一家大公司，600多个销售点遍布美国和其他10个国家。

第五节 创新思维

一、创新思维概述

创新思维是一种具有开创意义的思维活动，即开拓新领域，开创人类认识新成果的思维活动，它往往表现为发明新技术、形成新观念、提出新方案和决策、创建新理论。对领导活动而言，其表现在企业的发展处于十字路口，企业领导者需要做出重大选择等。这是狭义上的理解。从广义上讲，创新思维不仅表现为做出了完整的新发现和新发明的思维过程，而且还表现在思考的方法和技巧上，在某些局部的结论和见解上具有新奇独到之处的思维活动。创新思维广泛存在于政治、军事决策和生产、教育、艺术及科学研究活动中。如领导工作实践中，具有创新思维的职业经理可以想别人所未想、见别人所未见、做别人所未做的事，敢于突破原有的框架，或是反向思考问题，从而取得创造性、突破性的成就。

创新思维的结果是实现了知识即信息的增值，它或者是以新知识（如观点、理论、发现）的积累，从而增加了知识的数量即信息量；或者是在方法上的突破，对已有知识进行新的分解与组合，实现了知识即信息的新的功能，由此便实现了知识即信息结构的变革。

总之，创新思维需要人们付出艰苦的脑力劳动。一项创新思维成果的取得，往往需要经过长期的探索、刻苦的钻研，甚至多次的挫折，而创新思维能力也要经过长期的知识积累、智能训练、素质磨砺才能具备，创新性思维过程还离不开推理、想象、联想、直觉等思维活动，所以，从主体活动的角度来看，创新思维又是一种需要组织者、职业经理付出较大代价，运用高超能力的一种思维活动。

二、创新思维的特征

创新思维的关键在于怎样具体地去进行创造性思维。创新思维的重要诀窍在于多角度、多侧面、多方向地看待和处理事务、问题和过程。具体地表现在以下几个方面。

（一）理论思维

理论一般可理解为原理的体系，是系统化的理性认识。理论思维是指使理性认识系统化的思维形式。这种思维形式在实践中应用很多，如系统工程就是运用系统理论思维来处理一个系统内相关问题的一种管理方法。钱学森认为，系统工程是组织管理系统的规划、研究设计、创新试验和使用的科学方法。又如，"相似论"也是科学理论思维的范畴，即人见到鸟有翅膀能飞，就根据鸟的翅膀、鸟体结构结合空气动力学等原理发明了飞机，有的也称"仿生学"。在企业组织生产中，也有很多地方要用到理论思维。因此说，理论思维是一种基本的思维形式。所以，为了把握创新规律，就要认真研究理论思维活动的规律，特别是创新性理论思维的规律。

（二）多向思维

多向思维也称发散思维、辐射思维或扩散思维，指对某一问题或事物的思考过程中，不拘泥于一点或一条线索，而是从仅有的信息中尽可能向多方向扩展，不受已经确定的方式、方法、规则和范围等的约束，并且从这种扩散的思考中求得常规的和非常规的多种设想的思维。多向思维的概念，最早由武德沃斯于1918年提出，以后斯皮尔曼、卡推尔作为一种"流畅性"因素使用过。美国心理学家吉尔福特在"智力结构的三维模式"中，明确地提出了发散思维，即多向思维。他认为，发散思维是从给定的信息中产生信息，其着重点是从同一的来源中产生各种各样为数众多的输出。它的特点一是"多端"，对一个问题可以多开端，产生许多联想，获得各式各样的结论。如怎样将梳子卖给和尚？二是"灵活"，对一个问题能根据客观情况变化而变化。如如果第二次龟兔赛跑兔子又输了，原因可能是方向相反，还可能是前面有条河，等等。三是"精细"，能全面细致地考虑问题。四是"新颖"，答案可以有个体差异，各不相同，新颖不俗。20世纪50年代，通过对发散思维的研究，进一步提出了发散思维的流畅度（指发散的量）、变通度（指发散的灵活性）和独创度（指发散的新奇成分）三个维度，而这些特性是创新思维的重要内容。人的多向思维能力是可以通过锻炼而提高的，其要点是：首先，遇事要大胆地敞开思路，不要仅仅考虑实际不实际、可行不可行，正如一位著名的科学家所说："你考虑的可能性越多，也就越容易找到真正的诀窍。"其次，要努力提高多向思维的质量，单向发散只能说是低水平的发散。最后，坚持思维的独特性是提高多向思维质量的前提，重复自己脑子里传统的或定型的东西是不会发散出独特性的思维的。只有在思维时尽可能多地提出"假如……""假设……""假定……"等，才能从新的角度想自己或他人从未想过的东西。

（三）侧向思维

"他山之石，可以攻玉"。当我们在一定的条件下解决不了问题或虽能解决但只是用习以为常的方案时，可以用侧向思维来产生创新性的突破。具体运用方式有以下三种。

第一，侧向移入。侧向移入是指跳出本专业、本行业的范围，摆脱习惯性思维，侧视其他方向，将注意力引向更广阔的领域或者将其他领域已成熟的、较好的技术方法、原理等直接移植过来加以利用；或者从其他领域事物的特征、属性、机理中得到启发，导致对原来思考问题的创新设想。鲁班由茅草的细齿拉破手指而发明了锯；威尔逊移入大雾中抛石子的现象，设计了探测基本粒子运动的云雾器；等等。大量的事例说明，从其他领域借鉴或受启发是创新发明的一条捷径。

第二，侧向转换。侧向转换是指不按最初设想或常规直接解决问题，而是将问题转换成为它的侧面，或将解决问题的手段转为侧面的其他手段，等等。这种思维方式在创新发明中常常被使用。如在"网络热潮"中，兴起了一批网络企业，但真正盈利的是设备提供商，如思科等企业。

第三，侧向移出。与侧向移入相反，侧向移出是指将现有的设想、已取得的发明、已有的感兴趣的技术和本厂产品，从现有的使用领域、使用对象中摆脱出来，将其外推到其他意想不到的领域或对象上。这也是一种跳出本领域、克服线性思维的思考方式。如将工程中的定位理论用在营销中。总之，不论是利用侧向移入、侧向转换还是侧向移出，关键的窍门是要善于观察，特别是留心那些表面上似乎和思考问题无关的事物与现象。这就需要在注意研究对象的同时，间接注意其他一些偶然看到的或事先预料不到的现象。也许这种偶然并非是偶然，可能是侧向移入、移出或转换的重要对象或线索。

（四）逆向思维

哲学研究表明，任何事物都包含对立的两个方面，这两个方面又相互依存于一个统一体中。人们在认识事物的过程中，实际上是同时与其正反两个方面打交道，只不过由于日常生活中人们往往形成一种习惯性思维方式，即只看其中的一方面，而忽视另一方面。如果逆转一下正常的思路，从反面想问题，便能得出一些创新性的设想。如管理中的"鲶鱼效应"，需改变传统的"对固定路径的依赖"。

逆向思维具有以下两大特点。

第一，普遍性。逆向思维在各种领域、各种活动中都有适用性，由于对立统一规律是普遍适用的，而对立统一的形式又是多种多样的，有一种对立统一的形式，相应地就有一种逆向思维的角度，所以，逆向思维也有无限多种形式。如性质上对立两极的转换：软与硬、高与低等；结构、位置上的互换、颠倒：上与下、左与右等；过程上的逆转：气态变液态或液态变气态、电转为磁或磁转为电等。不论哪种方式，只要从一个方面想到与之对立的另一方面，都是逆向思维批判性。逆向是与正常比较而言的，正向是指常规的、常识的、公认的或习惯的想法与做法。逆向思维则恰恰相反，是对传统、惯例、常识的反叛，是对常规的挑战。它能够克服思维定式，破除由经验和习惯造成的僵化的认识模式。

第二，新颖性。循规蹈矩的思维和按传统方式解决问题虽然简单，但容易使思路僵化、刻板，摆脱不掉习惯的束缚，得到的往往是一些司空见惯的答案。其实，任何事物都具有多方面属性。由于受过去经验的影响，人们容易看到熟悉的一面，而对另一面却视而不见。逆向思维能克服这一障碍，往往给人耳目一新的感觉。

（五）联想思维

联想思维是指由某一事物联想到另一种事物而产生认识的心理过程，即由所感知或所思的事物、概念或现象的刺激而想到其他的与之有关的事物、概念或现象的思维过程。联想是每个正常人都具有的思维本能。某些事物、概念或现象往往在时空中伴随出现，或在某些方面表现出某种对应关系，这些联想由于反复出现，就会被人脑以一种特定的记忆模式接受，并以特定的记忆表象结构储存在大脑中，一旦以后再遇到其中的一个时，人的头脑就会自动地搜寻过去已确定的联系，从而马上联想到不在现场的或眼前没有发生的另外一些事物、概念或现象。联想的主要素材和触媒是表象或形象。表象是对事物感知后留下的印象，即感知后的事物不在面前而在头脑中再现出来的形象。表象有个别表象、概括表象与想象表象之分，联想主要涉及前两种，想象涉及最后一种。按亚里士多德的三个联想定律——"接近律""相似律"与"矛盾律"，可以把联想分为相近联想、相似联想和相反联想三种类型，其他类型的联想都是这三类的组合或具体展开。

第一，相近联想。相似联想是指由一个事物或现象的刺激想到与它在时间相伴或空间相接近的事物或现象的联想。

第二，相似联想。相似联想是指由一个事物或现象的刺激想到与它在外形、颜色、声音、结构、功能和原理等方面有相似之处的其他事物与现象的联想。世界上纷繁复杂的事物之间是存在联系的，这些联系不仅仅是与时间和空间有关的联系，还有很大一部分是属性的联系。如学习中的"高原现象"与企业成长阶段的"瓶颈"；"狐假虎威"与"品牌联盟"；战场上的战术与商场竞争中的策略等。相似联想的创新性价值很大。随着社会实践的深入，人们对事物之间的相似性认识越来越多，极大地扩展了科学技术的探索领域，解决了大量过去无法解决的复杂问题。利用相似联想，首先要在头脑中储存大量事物的"相似块"，然后在相似事物之间进行启发、模仿和借鉴。由于相似关系可以把两个表面上相差很远的事物联系在一起，普通人一般不容易想到，所以相似联想易于导致创新性较高的设想。

第三，相反联想。相近联想是指由一个事物、现象的刺激而想到与它在时间、空间或各种属性方面相反的事物与现象的联想。如由黑暗想到光明、由放大想到缩小等。相反联想与相近、相似联想不同，相近联想只想到时空相近一面而不易想到时空相反的一面；相似联想往往只想到事物相同的一面，而不易想到正相对立的一面，所以相反联想弥补了前两者的缺陷，使人的联想更加丰富。同时，又由于人们往往习惯于看到正面而忽视反面，因而相反的联想又使人的联想更加多彩，更加富于创新性。

（六）形象思维

形象思维就是依据生活中的各种现象加以选择、分析、综合，然后加以艺术塑造的思维方式。它也可以被归纳为与传统形式逻辑有别的非逻辑思维。严格地说，联想只完成了从一类表象过渡到另一类表象，它本身并不包含对表象进行加工制作的处理过程，只有当联想导致创新性的形象活动时，才会产生创新性的成果。实际上，联想与形象的界限是不好划分的，有人认为可以把形象看成一种更积极、更活跃、更主动的联想。不同类型的形象，其具体物质特征可能不尽相同，但它们作为同一种思维方式，又有下面一些共同特点。

第一，形象性。这是形象最明显的特点。人们通过社会生活与实践将丰富多彩的事物形象储存于记忆中形成表象，成为想象的素材。想象的过程是以表象或意想的分析和选择为基础的综合过程。想象所运用的表象以及产生的形象都是具体的、直观的。即使在研究抽象的科学理论时，人们也可以利用想象把思想具体化为某种视觉、动觉的或符号的图像，把问题和设想在头脑中构成形象，用活动的形象来思维。如爱因斯坦在研究相对论时，就利用"火车""电梯""引力定律"等一些抽象的概念。抽象的理论或概念在思维过程中往往带有僵硬性，它的内容变化得比较缓慢，常常适应不了新问题变化的要求。同时，在思维中概念的运演也要受逻辑框框的束缚，而直观的形象在思维过程中概念更灵活、较少有保守性。

第二，创新性。形象具有很大的创新性，因为它可以加工表象，多样式性的加工本身就是创新。如人们可以按主观需求或幻想分解或打乱表象、抽象、强化表象等。由于形象带有浓烈的主观随意性和感情色彩，所以就表现出丰富多彩的创新性。

第三，概括性与幻想性。运用形象的思维活动并不是一种感性认识形式，而是具有形象概括性的理性认识形式，是由感性具体经过一系列的提炼和形象运演来进行的。与概括性互补的是形象中包含的猜想与幻想成分。它们是一种高于感知和表象的崭新意识活动。它更能在不确定情况中发挥人们创新性探索的积极性，有助于突破直接的现实感性材料的局限。

本章小结

本章详细介绍了创业的含义、创业的构成要素、创业的过程、创业精神、创新思维。

创业的定义有狭义和广义之分。狭义的创业就是创建新企业，广义的创业是指不拘泥于当前资源条件的限制下对机会的追寻，将不同的资源组合以利用和开发机会并创造价值的过程。

创业的构成要素包括创业者、创业机会、创业资源、创业方式。

创业的过程主要包括：①产生创业动机；②识别创业机会；③整合资源；④创建新企业或新事业；⑤实现机会价值；⑥收获回报。同时蒂蒙斯指出创业过程具备动态性和复杂性。

创业精神是指在创业者的主观世界中，那些具有开创性的思想、观念、个性、意志、作风和品质等。创业精神具备以下特征：①高度的综合性；②三维整体性；③超越历史的先进性；④鲜明的时代特征。

创业精神的五大要素：①激情；②积极性；③适应性；④领导力；⑤雄心壮志。

创新思维是一种具有开创意义的思维活动，即开拓新领域，开创人类认识新成果的思维活动，它注注表现为发明新技术、形成新观念、提出新方案和决策、创建新理论。

创新思维的特征：①理论思维；②多向思维；③侧向思维；④逆向思维；⑤联想思维；⑥形象思维。

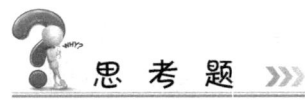

1. 什么是创业？

2. 创业的基本构成要素是什么？
3. 创业的过程是怎样的？
4. 如何培育创业精神？
5. 何谓创新思维，有何特征？

案例分析

今夜酒店特价

曾工作于美国新蛋网的任鑫，看好线下商务与移动互联网结合的O2O模式，决定利用移动互联网销售酒店库存房间，于是"今夜酒店特价"诞生。在创业之初，任鑫与创业的小伙伴对"今夜酒店特价"的规划是，利用移动互联网线上预付，低价出售酒店当天晚上6点还没预订出去的房间，并抽取10%的佣金。任鑫认为，用"6点以后开放"和"手机客户端预订"两个条件，区隔出了特定消费人群，因而不会对酒店的正常业务造成冲击。采取预付，不仅符合移动支付的趋势，也为自身带来很多便利条件：公司在一个月后将房费付给酒店，保持良好的现金流；用户支付以后便会到店，酒店就会保证留住房源；不必担心客人到店而酒店赖账等。

这是一个看上去很美的开始。"今夜酒店特价"创业团队为公司接下来的每一步战略都制订了详细的计划。笃信雷军"只要站在风口上，猪也能飞起来"的任鑫，在上海的黄金地段盘下了破产朋友的一套能容纳100人的办公楼，尽管免费承接了办公用品和空调等设备，每月租金仍然高于10万元，当时任鑫还认为："我们太节省了。"

紧接着整个团队迎来了一场长达7个月的噩梦，从2011年9月上线至2012年4月，市场反应似乎停滞了，用户订单量一直以微乎其微的速度增长，95%的订单没有完成最终支付。任鑫终于意识到错了，全错了！千万别以为事情会按照商业计划书走！

在实际运营公司时，任鑫看到了计划和现实的差距："美国的在线酒店预订，一个城市只要有3家就好了，但是在中国开10家，用户也完全不会买账。我们以为酒店会注重收益管理，热衷于处理库存，以最大化自己的利润，但实际上国内的酒店根本达不到收益管理的精细化程度；这种问题高层或许会考虑，但执行层根本不在乎，酒店销售经理会认为投入新渠道意味着增加更多的努力，还不如直接签个旅游团。"

在经历了挫折以后，任鑫终于承认："我们以为正确理解了市场，以此为基础做出的商业计划书是靠得住的，实际上我们错了，我们根本不知道目标在哪里。我们花费了大量的时间和金钱来认识了这个错误，而很多浪费本可以避免。"

创业公司实际上是航行在不确定性的迷雾中，"今夜酒店特价"不再坚持商业计划书上的战略，而是将了解用户的真实需求作为首要任务。为此，"今夜酒店特价"已进行了20余次的版本更迭，支付方式与功能都进行了多次调整。"公司追求的就是快速反应，胆子大一点，为了快宁可牺牲一点别的。"

抛掉商业计划书以后，任鑫明白，"今夜酒店特价"的愿景是"用信息化或移动互联网来变革旅游产业"，不必纠结于它的具体实现方式。分析"今夜酒店特价"上线前几个月的数据，发现多数用户在交易过程中，卡在了支付环节。由于看过某平台网商的支付宝数据，他认为移动支付不是问题。然而"今夜酒店特价"耗费大量精力和快钱、支付宝、银联谈判支付合作，开发对接系统与功能后，却仍然收效甚微。

任鑫开始反思："在大平台上支付没有问题不代表在新平台上就没有问题，用户对实物消费放心不代表对虚拟产品也放心，我们必须承认不确定性，探索所有未知方向。"任鑫开始尝试改变支付模式，从移动预付改成用户到店现付，这是对原有商业模式的一大挑战，意味着要核实客人是否会到店、酒店是否隐瞒了交易信息。但是尊重市场选择更加重要，创业团队更应该把复杂的问题留给自己而不是用户。为了试验现付从订购到支付的转化率表现，"今夜酒店特价"先在几个城市试验现付功能，很快发现现付的成交率比预付提高10倍以上。2012年4月，"今夜酒店特价"上线的所有酒店都开通了现付功能。

从预付到现付的转变是"今夜酒店特价"业务好转的开始。任鑫认为，与成熟业务运营相比，创业最痛苦的莫过于做决策："两条路径都可能暗藏陷阱，而你必须做出选择，但是如果做选择和转向的时间能够缩短，痛苦就会减少很多。"

资料来源：郭嘉. 他们在实践"精益创业"[EB/OL]. 世界经理人. http://www.ceconline.com/strategy/ma/8800065301/01/

讨论题

通过这个案例，请分析何谓创业，如何培育创业精神和创新思维。

第二章 创业机会

学习目标

1. 了解创业机会的概念与来源。
2. 明确创业机会识别的影响因素与方法。
3. 掌握创业机会的评价与筛选方法。

导入案例

机会在哪儿

梁伯强,广东中山圣雅伦公司总经理,中国"隐形冠军"形象代言人。这位被誉为"指甲钳大王"的梁伯强,决定生产指甲钳都是因为朱镕基的一句话。1998年年底,梁伯强在看报时发现了一条新闻,这篇名为"话说指甲钳"的文章让梁伯强的命运从此改变。文章写道,当时的朱镕基在参加一次会议时讲道:"要盯住市场缺口找出路,比如指甲钳子,我没用过一个好的指甲钳子,我们生产的指甲钳子,剪两天就剪不动指甲了,使大劲也剪不断。"朱镕基以小小的指甲钳为例,要求轻工企业努力提高产品质量,开发新产品。梁伯强却从这句话中发现了指甲钳的商机。

梁伯强经过调查发现,指甲钳每年的产值达到了60多亿元人民币,韩国只有5家工厂,它们居然占了20个亿的产值。在中国,仅在册登记的就有500多家企业,营业额才20亿元左右,从数量来对比,5家主要企业加上十来家配套企业就可以和中国的500多家企业打个平手,这种反差令梁伯强非常惊讶。

在此之前,梁伯强做了十几年的旅游纪念品,每年最多也就几千万元的产值,相比小小的指甲钳来说,不论是市场还是产值,都不可同日而语。看到这样的调查结果,梁伯强心动了。梁伯强很意外地发现,很多生产指甲钳的大企业都倒闭了,如果中国真的有20亿元的市场份额,为什么几个大厂会倒闭呢?梁伯强又跑到个体批发市场,去了解指甲钳市场到底是怎么一回事,结果发现个体市场车水马龙,批发生意非常火爆。一方面,商场零售都被外国品牌占据,国内老厂不断倒闭;另一方面,批发市场群雄逐鹿,热火朝天。抱着试试看的态度,梁伯强生产出第一批指甲钳,没想到,产品还没正式面世,就有几千万元的订单找上门,这又坚定了他把指甲钳做下去的决心。

梁伯强似乎是在不经意中发现了机会,是不是因为他的运气太好了?为什么他看到了这些机会而其他人没有发现呢?梁伯强有了灵感后立即跑到市场调查一番,他又是如何判定这到底是不是一次创业机会呢?其实在梁伯强的创业故事中,一条新闻启发了他:国家总理都说指甲钳的质量有问题，显然有发展空间。为什么我们做不出质量好的指甲钳呢？这是创意。如果梁伯强仅仅基于这样的认识，也不去调查就从事生产，那一定是很荒唐的。他走南闯北地调查后才确信这是有价值的机会。他经营指甲钳的成功也是因为他和航空公司合作把指甲钳做成了旅游纪念品，进而扩大了销量，这显然与他十几年做旅游纪念品的经历有很大的关系。

资料来源：聚富财经. 他用 3 元做到年入 15 亿，小生意大财富！小小指甲钳竟有如此潜力？［EB/OL］. 百度新闻. https://baijiahao.baidu.com/s?id=1624086169734021678&wfr=spider&for=pc

创业活动包含机会识别和机会开发两大部分。机会是创业的核心要素，创业离不开机会。机会是一种隐性的状态或情形，机会会产生创意，但并不是所有的创意都适合创业而成为创业机会，不同的创业机会其价值也不同。同样的机会，不同的人看到的会不同，让不同的创业者来开发，效果也会差异巨大。一个想创业的人，需要知道什么是创业机会，到哪里去发现创业机会、如何识别出创业机会。所以创业的实质是具有创业精神的个体对具有价值的机会进行挖掘、开发、利用的过程。

第一节　创业机会概述

一、创业机会的概念

创业是一种劳动方式，是一种需要创业者运营、组织、运用服务、技术、器物作业的思考、推理和判断的行为，是创业者对自己拥有的资源或通过努力对能够拥有的资源进行优化整合，从而创造出更大经济或社会价值的过程。

创业机会，也称商业机会或市场机会，是指具有较强吸引力的、较为持久的有利于创业的商业机会，创业者据此可以为客户提供有价值的产品或服务，并同时使创业者自身获益。张玉利、陈寒松等学者在《创业管理》一书中提到创业机会同时也是一种新的"目的—手段"关系，它能为经济活动引入新产品、新服务、新原材料、新市场或新组织方式。个人投资创业要善于抓住好的创业机会，把握住每个稍纵即逝的投资创业机会，就等于成功了一半。创业的目的是满足客户的需求，解决客户意识到或没有意识到的实际问题，让人们生活得更好，这是价值来源的根本；手段则是价值实现的途径，也是达成目的的方式方法。

创业机会和创意是有很大区别的。部分学者如王延荣在《创新创业管理》一书中提到创意只是一种思想、概念和想法，它可能满足也可能不满足机会的标准。许多创业者最终失败并不是因为创业者没有机会努力工作，而是因为没有找到真正的机会。

综上所述，我们可以得出较为全面的概念：创业机会，是指在市场经济条件下，社会的经济活动过程中形成和产生的一种有利于企业经营成功的因素，是一种带有偶然性并能被经营者认识和利用的契机。

二、创业机会的特征

创业机会要具有能给企业带来良好盈利的可能性，对于创业成功，创业机会非常重要，只有抓住创业的机会，创业者才能去实现自己的创业梦想。创业机会具有如下几个特征。

（一）客观普遍性

创业机会其实不依赖于人的主观想象，是客观存在的，无论创业者是否及时地意识到，它都是客观存在于一定的社会经济环境之中的。尽管有时候是我们的企业在创造一些市场机会，但是这些所谓的创业机会仍然是早就客观存在的，只是被创业企业最先发现和利用而已。

凡是有市场、有经营的地方，客观上就存在创业机会。创业机会普遍存在于各种经营活动过程中。

（二）偶然性

大多数的时候，创业机会不可能直接地摆在我们的面前，作为创业者，机会的发现往往是具有偶然性的，最主要还是靠我们的创业者去搜寻和发现，同时机遇的发现往往都是有偶然性的，但是在这种偶然性之中又存在着必然性，只是一般人难以预测和把握而已。创业者无论是自觉还是不自觉，总是努力地搜寻创业机会，那么他们发现机会的可能性就比较大了。

对一个企业来说，创业机会的发现和捕捉带有很大的不确定性，任何创业机会的产生都有"意外"因素。

因此，对待创业机会，创业者需要防止两种倾向：一是贬低机会的作用，持唯心主义，这种看法显然是不正确的，机会是客观存在的，机会的发现和利用需要靠创业者的思考与实践，其中包含创业者努力的必然性。二是盲目崇拜机会，认为人们对机会无能为力，机会来无影去无踪，其实这也是不对的，忽视了创业者的主观努力。

（三）时效性

机会就是行事的时机和机遇，其时效性相对来讲是比较强的，正所谓"机不可失，时不再来"，企业和我们的创业者如果不能及时地去捕捉机会，机会可能就会与我们的机会失之交臂，丧失难得的市场良机。对于创业者来说，要善于抓住创业机会并及时地去利用，这样才有可能最大限度地发挥机会的时效性。学者李伟、张世辉、李长智、崔国玲等在《创新创业教程》中提出创业机会存在于一定的时空范围之内，随着产生创业机会的客观条件的变化，创业机会就会相应消逝和流失。

三、创业机会的来源

对于创业机会，德鲁克提出了几大来源，认为变化为人们提供了创造新颖、与众不同事业的机会，创业存在于有目的、有组织地寻找变化，进而对这些变化可能导致的经济和社会创新的机遇加以系统的分析。综合其他学者的研究成果，我们总结出如下几种创业机会的来源。

（一）技术机会

创业的技术机会指新的科技突破、社会的科技进步等技术变化带来的创业机会。它可以使人们去做以前不可能做到的事情，或者对比之前，它可以帮助人们更加简洁有效地去完成某件事情，极大地提高效率。新技术的出现在一定程度上也为企业竞争模式的变革提供了新的思路和方向，使得创办新企业并取得成功的概率大大提高。例如，网络电话协议技术使传统的资本密集型的电话业务，转化成一种只需要少量资金就可运行的业务，从而为那些资本匮乏的新企业提供了新的机会，同样也对原来的企业造成冲击和竞争压力。

（二）政策机会

创业的政策机会是指由于政府制定的法律法规有所变动而带来新的行业、新的市场。它意味着革除过去的禁区和障碍，或者将价值从经济因素的一部分转移到另一部分，或者其他非经济因素的领域，从而能够创造更大的新价值。例如，环境保护和治理政策的出台，会将那些污染严重、对环境破坏程度高的企业挤出市场，或者促使企业转型到保护人类生存环境的新的创业机会上来。专利技术的严格执行，通过专利费用的形式将价值转移到拥有专利的大公司，使得那些缺乏核心技术产品的企业，从品牌企业沦为加工厂或破产倒闭。

（三）社会和人口结构变化

社会和人口结构变化也是创业机会的重要来源。它是通过改变某个地区或者某个国家人们原有的偏好或者消费习惯，从而创造以前并不存在的需求，引导消费来创造机会。例如，西方国家的情人节、母亲节、圣诞节等诸多节日越来越渗透到中国人的生活中，并逐步成为年青一代追求的时尚，而中国的孔子文化也逐渐传递到世界各地，影响人们的思维模式和消费行为。社会和人口结构变化也经常表现为市场需求的变化、新兴国家的兴起、消费结构和消费者结构的变化、对物质产品的非物质需求等，这些都值得关注。

（四）产业结构机会

产业结构机会指因其他企业或者为主体客户提供产品或服务的企业的消亡，或者企业之间进行吞并或融合，行业结构发生相应变化，从而改变了行业中的竞争状态，对创业机会造成影响，形成或终止了创业机会。

没有变化，就没有创业机会，有了变化可能会形成机会，也有可能会消灭机会，但机会总是伴随着变化而变动的，对于创业者而言就要善于创造性地利用变化，在创业发展的各个阶段都要动态地看待机遇与挑战。这种变化可以是文化习俗方面的，也可以是技术需求方面的，而在所有变化中更新换代速度最快的就是技术变化。在现实生活中，有不少人都具有创业幻想，甚至不乏创业主意，但能否在众多的创业想法中发现真正的创业商机，并且抓住机遇，最终成为一名成功的创业者，要受到来自各种方面各种因素的影响。

第二节 创业机会的类型

一、机会类型矩阵

根据 Getzels 关于创造性的理论,可以按照机会的来源和发展程度对机会进行分类。

市场需求可能是可识别的(已知的)或未能识别的(未知的);资源和能力可能是确定的或未确定的。确定的资源和能力包括对一般的知识、人力资源、金融资源的情况了解或对自然资源(如产品或服务的技术条件)的情况了解。在图 2-1 矩阵中,市场需求表示存在的问题,资源和能力表示解决问题的方法。

	市场需求	
资源和能力	未识别	已识别
不确定	"梦想" Ⅰ	问题解决 Ⅱ
确定	技术转移 Ⅲ	企业形成 Ⅳ

机会类型

图 2-1 按照机会的来源和发展程度对机会的分类

矩阵左上方部分(机会类型 Ⅰ):市场需求未识别且资源和能力不确定(问题及其解决方法都未知),表现的是艺术家、梦想家、一些设计师和发明家的创造性。他们感兴趣的是将知识的发展推向一个新方向和使技术突破现有限制。

矩阵右上方部分(机会类型 Ⅱ):市场需求已识别但资源和能力不确定(问题已知但其解决方法仍未知),描述了有条理地收集信息并解决问题的情况。在这种情况下,机会开发的目标往往是设计一个具体的产品或服务以适应市场需求。

矩阵左下方部分(机会类型 Ⅲ):市场需求未识别但资源和能力确定(问题未知但可获得解决方法),包括我们常说的技术转移的挑战,如寻找应用领域和闲置的生产能力。这里的机会开发更多强调的是寻找应用的领域而不是产品或服务的开发。

矩阵右下方部分(机会类型 Ⅳ):市场需求已识别且资源和能力已确定(问题及其解决方法都已知),这里机会的开发就是将市场需求与现有的资源匹配起来,形成可以创造并传递价值的新企业。

从理论上来说,图 2-1 的矩阵描述了一个发展的过程:从问题和解决方法都未知(左上方部分)到已知问题和解决方法其中之一(右上方和左下方部分),再到两者都已知(右下方部分)。从理论上来说,在问题和解决方法有一个未知或两者都未知的情况下形成的企业,其成功的概率比两者都已知的情况下形成的企业成功的概率要小。

二、识别型、发现型和创造型机会

根据目的—手段关系的明确程度,我们可以将创业机会划分为以下三种类型:识别型、发现型和创造型(图 2-2)。

		旧	新
目的	旧	发现型	识别型
	新	创造型	发现型
		新	旧
		手 段	

图 2-2 按照目的—手段关系的明确程度划分的机会类型

（1）识别型机会。识别型机会指当市场中目的—手段的关系十分明显时，创业者可通过目的—手段的连接来辨识机会。例如，当供求之间出现矛盾或冲突时，供给不能有效地满足需求时辨识出新的机会。

（2）发现型机会。发现型机会指当目的或手段其中一方的状况未知，机会等待创业者去发掘。如一项技术被开发出来，但尚无具体的商业化产品出现，此时需要通过不断尝试来挖掘市场机会。

（3）创造型机会。创造型机会指目的和手段都不明显时，创业者要想创造出有价值的市场机会，就要比他人更具先见之明。此时，创业者想要建立起连接关系的难度非常大。但这种机会通常可以创造出新的目的—手段关系，将为创业者带来丰厚利润。

在商业实践中，识别型、发现型和创造型的创业机会有可能同时存在。一般来说，识别型机会多半处于供需不平衡的市场，创新程度较低。这类机会不需要太繁杂的辨别过程，创业者拥有较多的资源，就可以较快进入市场获利。创造型机会的把握非常困难，此时创业者拥有的技术、信息、资源等往往相当有限，而它依赖于创造新的目的—手段关系，要求创业者具有创造性资源整合的能力与敏锐的洞察力，与此同时，创业者还必须承担巨大的风险。发现型机会最为常见，同时也是目前大多数创业研究的对象。

结合我国经济发展实践不难发现，改革开放之初，巨大的市场需求瞬间释放，识别型机会占主导地位，"倒爷"成为改革开放后第一代创业者的代名词。逐渐地，市场需求饱和，市场竞争压力增大，识别型机会迅速锐减，发现型机会比例加大。这时，人们创业不仅需要勇气和投机心理，还需要理性地分析市场环境来找寻市场空缺。可以大胆假设，在未来，创造型机会将回归到主导地位，成为推动我国经济社会发展的新兴力量。

三、模仿型、改进型和突破型机会

从目的—手段组合的角度分析，可以将机会分为模仿型、改进型和突破型。此种分类比较容易理解，事例也较多。不少生存型的创业活动采取的是模仿性的行为，模仿他人的成功模式，满足当地的需求；"山寨"行为多数具有改进性创新；数码相机相对于胶卷相机、电子手表相对于机械手表等则属于突破性创新，甚至可以说是"创造性的破坏"。

四、问题型、趋势型和组合型机会

根据目的的性质，可以把机会分为以下三种类型：问题型机会、趋势型机会和组合型机会。

所谓问题型机会，就是指由没有被解决的现实问题产生的一类机会。问题型机会在人们的日常生活和企业实践中大量存在。例如，消费者的不便、客户的抱怨、大量的退货、无法买到称心如意的商品、服务质量差等，在这些问题的解决过程中，存在着价值或大或小的创业机会，需要用心发掘。如好利来糕点的创始人罗先生就是因为买不到表达自己对母亲真挚的爱的生日蛋糕，便创建了自己的糕点店。在问题型机会面前，一般人看到的是问题，而具有敏锐洞察力的创业者看到的则是机会。

所谓趋势型机会，就是指在变化中预测到将来的潜力和机会，看到未来的发展趋势。此种机会在时代变迁、环境动荡时期一般较容易产生。在这种环境下，往往容易不断出现各种新的变革，但此时的变革一般处于萌发阶段，不容易被多数人认可和接受。创业者若能够及早地发现并把握此种机会，就有可能成为未来趋势的先行者和领导者。趋势型机会可以出现在经济变革、政治变革、人口变化、文化习俗变革等多个方面。一旦为人们所认可，它将产生持久的影响，同时带来巨大的利益。美国米勒啤酒公司开发生产淡啤便是一个比较好的例子。

所谓组合型机会，就是将现有的两项或两项以上的技术、产品、服务等因素组合起来，实现新的用途和价值而获得的创业机会。这种机会类型好比"嫁接"，利用已经存在的多种因素重新组合，往往能够达到与过去的功能大不相同，或者1＋1＞2的效果。例如，芭比娃娃就是将儿童喜欢的娃娃与少男少女的形象结合起来，形成了一个新组合，满足了处于儿童期向成年期过渡阶段的人群的需求，最终获得了巨大成功。

案例分析

Airbnb 是改变一切的冒险

材料一：从罗德岛设计学院（Rhode Island School of Design）毕业后，我在洛杉矶一家小型工业设计公司找到了工作。最初，我很喜欢那份工作——工资优厚，而且我的一些设计还登上了商店货架。

仅仅设计一些最终进入垃圾填埋场的产品，让我感觉不到成就感，我希望创造一些更有生命力的商品。在洛杉矶，我曾接触过许多创业者，令我吃惊的是，虽然我是一名设计师，但他们才是在创造有意义的事物。我问自己："他们与我有什么区别？我为什么不能做同样的事情？"也就是在那一刻，我终于意识到，他们选择了冒险，而我却没有。

有一天，我接到大学好友乔·杰比亚的电话。他从大学毕业后就一直劝说我搬到旧金山，这通电话触动了我，使我最终决定冒险。人总会在某个时刻做出一两个决定，进而彻底改变自己的一生。我后来的一系列决定，都是前往旧金山这个决定的连锁反应。

于是，我将我的所有财产装进了我那辆破旧的本田思域轿车（Honda Civic），然后出发前往旧金山，结果到了那里才发现，我甚至承担不起第一个月的房租。这是一个有风险的决定，为了支付房租，我们想了很多办法，最后弄了一些充气床，并且把起居室租给三位陌生人，他们周末住在这里。我们将这种办法称为"充气床与早餐"（airbed and breakfast），Airbnb 这一名称就来源于此。

所以，我的建议是不要等待。我们总能找到各种安稳过日子的理由。但通常情况下，人一生中最令人激动的时刻，始终是你选择冒险的时候——你决定跟随内心那种痛苦的感觉，而不是选择别人建议的安全、谨慎的道路。

对我而言，那次冒险改变了一切。

材料二：Airbnb 是一个出租民宿的网站，旅行者可以通过网站或手机发布、发掘和预订世界各地的独特房源，为著名分享型经济的代表。Airbnb 成立于 2008 年 8 月，总部位于美国加利福尼亚州旧金山，为私有公司。目前，Airbnb 在 192 个国家、33 000 个城市中共有超过 500 000 笔出租资料。

网站的使用者必须注册并建立网络个人档案。每一个住宿物件皆与一位房东关联，房东的个人档案包括其他使用者的推荐、住宿过的客户评价以及评论回复等。此时，我们正坐在位于旧金山 Airbnb 总部的总统级房间里，屋子设计得很梦幻，超级炫酷。其他会议空间，有的设计成斐济民宿的样子；有的仿照电影《奇爱博士》的战争情节，设计成战争之屋，2013 年 Airbnb 将总部搬至这座具有历史意义的大楼。我们所在的总统级房间是实木墙面，选用皮质俱乐部椅，咖啡桌上摆着轮船模型，保留着 1917 年行政公寓的原汁原味，那时，这座建筑被用来掩护一座电池工厂。Chesky 认真画了一会儿，然后拿起纸巾展示给我看：是一艘船。对于一个罗德岛设计学院的毕业生来说，这肯定只是一张草图。但是，画的质量不是重点。我刚才问过 Chesky，他的管理风格是如何形成的，这艘船就是他的回答。

"想想看，Airbnb 犹如一艘巨轮。"他一边说一边举起那张纸巾，"身为 CEO（chief executive officer，首席执行官）的我就是船长。但事实上，我有两个职责：首先，我必须担心吃水线下任何可能导致沉船的事物。"他在船身二分之一处潦草地画了一些波纹，然后在波纹下面画了两个洞，海水蜂拥进入船身。

他继续解释，除此之外，我还必须关注三个我非常热爱的部分——虽然它们并不位于吃水线之下，但是，它们的增值潜力值得我去关注。我真的很热爱这些领域，如果运作良好，它们会切实改变整个公司。这三个领域分别是：产品、品牌以及文化。他说，我几乎是亲自抓这几个方面。至于其他的管理领域，我会尽力授权其他高层，只有当吃水线下出现漏洞时，我才会插手干预。

这种高水准、策略性的管理理念，更像是出自 Jim Collins 或 Peter Drucker，而不是一位年仅 33 岁、第一次当 CEO 的小伙子。事实上，虽然可以从外部资源获取一些有关管理的真知灼见，但是，这些外部资源却不在你意料之中。Chesky 的"轮船理论"偷师于 George Tenet，他曾于 1997~2004 年担任 CIA 局长，现在担任投资银行总经理。几年前，Chesky 被引荐给 Tenet，负责安排一次会议。

从联合创始民宿网站那刻起，Chesky 就打算向众多领袖人物学习，Tenet 就是其中之一，有些学习对象就在相关领域，有些对象却距离自己的行业很遥远。被 Chesky 列为偷师对象的人物还包括巴菲特、迪斯尼 CEO Bob Iger；科技名人方面，包括苹果的 Jony Ive、LinkedIn 的 Jeff Weiner 以及 Salesforce.com 的 Marc Benioff；还有一组，他想从已不在人世的人那里学点东西，包括乔布斯、Walt Disney、George Bernard Shaw 以及 Dwight D. Eisenhower。20 世纪 60 年代，备受争议的美国国防部部长罗伯特·麦克纳马拉（Robert McNamara）曾就核武器问题发表评论，在解释他为什么对管理知识求知若渴时，他说过一句话："身处战争或创业中的人只能以最直接的方式去学习。"这句被 Chesky 借用了过来。

实际上，对于 Chesky 而言，过去的日子既有振奋、伤脑筋，也有不折不扣的离奇不现实。2008 年，公司一时兴起孵化成功，如今的 Airbnb 已经成为拥有 4000 万用户的庞大平台。据报道，公司在新一轮募集中筹得 10 亿美元，公司估值达到 240 亿美元，这个数字已经超过了一些酒店巨头。

资料来源：互联网思想资讯. Airbnb 首次盈利，CEO 说：人一生最令人激动的是选择冒险的时候！[EB/OL]. 搜狐. http://www.sohu.com/a/125365356_464025

总之，创业机会根据不同的理论与方法可以有多种分类，而创业机会大都产生于不断变化的市场环境，环境变化了，市场需求、市场结构必然发生变化。著名管理大师彼得·德鲁克将创业者定义为那些能"寻找变化，并积极反应，把它当作机会充分利用起来的人"。这种变化主要来自产业结构的变动、消费结构的升级、城市化的加速、人们思想观念的变化、政府改策的变化、人口结构的变化、居民收入水平的提高、全球化趋势等诸方面，所以需要创业者有意识地去发掘和搜寻。

第三节　创业机会识别

一、创业机会的辨识

在同样的创业条件下，有人一事无成，有人却能够白手起家取得不小的成就，原因就在于真正的创业机会难以识别。识别创业机会很困难，因为它们不单单是换一种眼光去看待已经存在的事物。可以说机会识别一半是艺术，一半是科学。我们的创业者必须依靠直觉，使它成为一门艺术；同样也必须依靠有目的的行为和分析技能，使它成为一门科学。

创业机会识别是创业领域的关键问题之一。从创业过程角度来说，它是创业的起点。创业过程就是围绕着机会进行识别、开发、利用的过程。识别正确的创业机会是创业者应当具备的重要技能。

创业机会以不同形式出现。虽然以前的研究焦点多集中在产品的市场机会上，但是在生产要素市场上也存在机会，如新的原材料的发现等。许多好的商业机会并不是突然出现的，而是对"一个有准备的头脑"的一种"回报"。

如何识别创业机会是创业者首先要解决的问题。好的创业机会，必然具有特定的市场定位，专注于满足客户需求，同时能为客户带来增值的效果，创业需要机会，机会要靠发现。要想寻找到合适的创业机会，创业者应识别以下创业机会。

（一）现有市场机会和潜在市场机会

现有市场机会是市场机会中那些明显未被满足的市场需求，往往发现者多，进入者也多，竞争势必激烈。潜在市场机会是那些隐藏在现有需求背后、未被满足的市场需求，不易被发现，识别难度大，往往蕴藏着极大的商机。

（二）行业市场机会与边缘市场机会

行业市场机会是指某一个行业内的市场机会，发现和识别的难度系数较小，但竞争激烈，成功的概率低。边缘市场机会是在不同行业之间的交叉结合部分出现的市场机会，处于行业与行业之间出现"夹缝"的真空地带，难以被发现，需要创业者有丰富的想象力和大胆的开拓精神，一旦被开发，成功的概率也较高。

（三）目前市场机会与未来市场机会

目前市场机会是那些在目前环境变化中出现的机会，未来市场机会是通过市场研究和预测分析将在未来某一时期内实现的市场机会。若创业者提前预测到某种机会会出现，就可以在这种机会到来前早做准备，从而获得领先优势。

（四）全面市场机会与局部市场机会

全面市场机会是指在大范围市场出现的未满足的需求，在大市场中寻找和发掘局部或细分市场机会，见缝插针，拾遗补缺，创业者可以集中优势资源投入目标市场，有利于增强主动性、减少盲目性、增加成功的可能。局部市场机会则是在一个局部范围或细分市场出现的未满足的需求。

二、影响创业机会识别的关键因素

对于是什么因素导致一些人更善于识别出有价值的创业机会，不少学者进行了研究，综合起来，主要因素分为以下四类。

（一）社会关系网络

社会关系网络能带来承载创业机会的有价值信息，个人社会关系网络的深度和广度影响着机会识别。研究发现，社会关系网络是个体识别创业机会的主要来源，与弱关系相比，强关系更有助于个体识别创业机会。

（二）创造性

创造性是产生新奇或有用创意的过程。从某种程度上讲，机会识别是一个创造过程，是不断反复的创造性思维过程。在听到更多趣闻逸事的基础上，你会很容易看到创造性包含在许多产品、服务和业务的形成过程中。对个人来说，创造过程可分为五个阶段，分别是准备、孵化、洞察、评价和阐述。

（三）先前经验

在特定产业中的先前经验有助于创业者识别出创业机会，这被称为"走廊原理"。它是指创业者一旦创建企业，他就开始了一段旅程，在这段旅程中，通向创业机会的"走廊"将变得清晰可见。这个原理提供的见解是，某个人一旦投身于某产业创业，这个人将比那些从产业外观察的人，更容易看到产业内的新机会。

（四）认知因素

机会识别可能是一项先天技能或一种认知过程。有些人认为，创业者有"第六感"，使他们能看到别人错过的机会。多数创业者认为他们比别人更"警觉"。警觉很大程度上是一种习得性的技能；拥有某个领域更多知识的人，比其他人对该领域内的机会更警觉。

三、识别创业机会的一般过程

（一）形成创意

创业者创业的动机可能来源于一个经适当评价的新产品或服务的创意，而创意往往来源于对市场机会、技术机会和政策机会的感觉与把握，具体来源于客户、现有企业、企业的分销渠道、政府机构，以及企业的研发活动等。

（二）创业机会信息的收集

创业机会信息的收集是使创意变为现实的创业机会的基础工作。

（三）创业环境分析

环境在创业过程中扮演着非常重要的角色，因此，创业者准备创业之前，有必要对创业环境进行研究分析，主要包括技术环境分析、市场环境分析和政策环境分析。

（四）分析结果，形成创业机会

一般来说，有关市场特征、竞争者等的可获数据，常常与真正有潜力的创业机会相联系。也就是说，如果市场数据已经可以获得，数据清晰显示出重要的潜力，那么大量的竞争者就会进入该市场，该市场中的创业机会就会随之减少。因此，对收集的信息进行结果评价和分析，识别真正的创业机会是重要的一步。一般而言，单纯地对问题答案的总结，可以给出一些初步印象；接着对这些数据信息交叉制表进行分析，则可以获得更加有意义的结果。也就是说，对创业者来说，收集必要的信息，发现可能性，将别人看来仅仅是一片混乱的事物联系起来以发现真正的创业机会，是非常重要的。

四、创业机会识别的方法

识别创业机会可以使用多种多样的技术和方法，下面我们就主要的几种方法进行研究。

（一）新眼光调查

当我们了解某人的发明或阅读某人出版的作品时，实际上就是在进行调查。利用互联网进行所需的数据搜索，利用报纸杂志等寻找你所需要的信息都是调查的形式。大量获取信息对发现问题以及更加快速地切入问题有帮助。在调查中要学会问问题，同时，通过不断获取大量的信息，自己的直觉也会开始建立，"新眼光"也将不断发展。

（二）系统分析

事实上，通过系统分析，多数的机会都可以被发现。人们可以从企业的宏观环境（政治法律环境、科技环境、社会文化环境等）和微观环境（企业内部、社会公众、营销中介等）的发展变化中发现机会。学者张红和葛宝山曾在"创业机会识别研究现状述评及整合模型构建"一文中提到，机会发现的一般规律是借助市场调研并系统分析的方式，从环境变化中发现机会。

（三）问题分析

问题分析就是要从一开始找出个人或组织的需求和面临的问题，这些需求和问题或明确或含蓄。创业者可能识别它们，也可能忽略它们。那么问题分析首先问什么才是最好的？对创业者来说，一个行之有效的解决方法是识别机会的基础。问题分析需要全面了解客户的需求和可能用来满足客户需求的手段。

（四）客户建议

一个新的机会很可能是由客户识别出来的。客户的建议简单多样，诸如他们会提出"如果那样的话不是会很棒吗""我认为这样会更令大家满意"这样非正式的建议。一些组织非常积极地将他们的需求"反向推销"给潜在供应商。无论使用何种手段，一个讲究实效的创业者总是渴望从客户那里征求他们的真实想法。

（五）创造需求

在新技术行业中创造是最为常见的方法，它可能始于明确要满足的市场需求，从而积极地进行相应的新技术和新知识的探索；也可能始于一项新的技术发明，进而积极探索新技术的商业价值。相比其他方式，通过创造获得机会难度更大，且风险也更高。同时，如果能够成功，其回报也更大。在人类具有重大影响的创造中，这种情况下所产生的创造，居于压倒性的主导地位。

五、识别创业机会的技巧

识别创业机会不是一件容易的事情，但也不是高不可攀的。创业者可以在日常生活中有意识地加强实践，培养和提高这种能力。

（一）要有良好的市场调研习惯

识别创业机会的最根本一点是深入市场进行调研，而市场调研的目的一般在于了解市场规模和市场定位。你要先确认自己的需求，同时市场调研可以用问卷、游戏、线上调查等多种办法，定性研究（确认方向）与定量研究（确认量化规模）均可。市场调研的分析是从目的和需求入手，可以分析市场规模到底有多大？消费者的需求、喜好、接受度、渗透率等到底如何？你的产品和服务在市场定位怎样？市场供求状况、变化的趋势，以及客户的需求是否得到了满足？

（二）要多看、多听、多想

我们常说见多识广，识多路广。我们每个人的知识、经验、思维以及对市场的了解不可能面面俱到。不一样的环境，酝酿不一样的人生；不一样的风景，影响不一样的心情；不一样的态度，就会有不一样的结局。多看、多听、多想能使我们广泛获取信息，及时从别人的知识、经验、想法中汲取有益的东西，从而提高发现机会的可能性和概率，平常的积累将是你今后寻找创业机会和方向的基础。

（三）要有独特的思维

什么叫思维？思维不完全等同于思考。思维是思考的产物，它是形成了一套系统的思考结果。思想者与思想家的思考结果可以对其他人产生影响，或者说可以推翻别人的思考结果，转而接受他们自己的思考结果。作为创业者要形成自己独特的思维方式，机会常常被少数人抓住，我们就要做这样的少数人。我们要克服从众心理和传统的习惯思维的束缚，敢于相信自己，有独立见解，不能人云亦云，不为别人的评头论足所左右，才能发现和抓住被别人忽视或遗忘的机会。

因此，创业是发现市场需求，寻找市场机会，通过投资经营企业满足这种需求的活动。创业需要机会，机会要靠发现，在茫茫的市场经济大潮中要想寻找到合适的创业机会，需要创业者具备一定的素质。正所谓"不怕没机会，就怕没眼光"。

第四节　创业机会评价与筛选

不管识别什么样的创业机会，我们都要进行认真评价。创业者认定创业机会适合自己，就要对创业机会进行评价。其对机会的评价来自自身的初始判断，简单地说，初始判断就是假设加上简单计算。这样的判断看起来简单、草率、不可信，甚至会让人觉得有些幼稚，但却很有效。机会易逝，如果创业者在这之前总是进行周密的市场调查，经常难以把握机会，有时甚至在调研中发现很多困难，反而让其失去了创业的激情。假设加上简单计算只是创业者对机会的初始判断，进一步的创业行动还需依靠调查研究，对机会价值做进一步的评价。

一、系统评价创业机会

系统评价类似于大公司开展的可行性论证分析。在进行创业机会系统评价时，一定要注意创业活动具有很强的不确定性。创业者不太可能完全按照框架中的指标对创业机会一一做出评价，仅会选择其中若干要素来判断创业机会的价值，从而对创业机会的评价表现为主观感觉而非客观分析的过程。不能事事都强调证据，创业机会具有较强的难以测定性，需要在具体实践中不断地检验创业者的假设。过分强调证据，容易把困难放大，弱化创业者承担风险的勇气，错失良机。美国百森商学院的蒂蒙斯教授提出了比较完善的创业机会评价指标体系。蒂蒙斯教授认为创业者应该从行业和市场、经济因素、收获条件、竞争优势、管理团队、致命缺陷问题、个人标准、理想与现实的战略差异八个方面评价创业机会的价值潜力。

二、市场测试创业机会的价值

为客户提供价值是创业活动得以存在的前提。一个仅靠预测分析、调查论证得出的有价值且适合自己的机会，不一定能为客户提供价值，更不敢说能创造出巨大的市场。对此，不能依赖简单的调查询问，更不能单纯依赖创业者的美好愿望。

大公司凭借其实力可以投入巨大的资源开展周密的市场调查和策划，因为有实力，可以投入资金做广告宣传，可以投入大量的资源推销创意。即使如此，不少大公司在推出创意前还是谨慎地开展市场测试。当年，杜邦公司开发了一种可替代天然皮革的新材料——可发姆。在大规模投产前，杜邦公司专门用这种皮革生产了一批鞋进行测试，收集消费者的意见。为打开中国市场，雀巢咖啡选择向一些城市的住户投递小袋包装咖啡。创业者经常容易犯的错误是，用自己的主观想法去推测消费者的需求，并不能真的站在消费者的位置考虑其需求。己所不欲，勿施于人。当然，"己所欲施于人"也不一定能奏效。市场测试是把产品或服务拿到真实的市场中进行检验。市场测试与市场调查不完全相同，你询问一个消费者是否想购买与这位消费者实际是否购买，很多时候并不是一回事。市场测试可以说是一种比较特殊的市场调查，是创业者的必修课程。

与市场调研相比，市场测试更类似于实验。一般的市场调研关心的是客户认为他们想要什么，市场测试却能获得更精确的客户需求数据，因为市场测试是在与真实的客户互动交流的基础上，了解客户的需求。此种方式能观察到真实的客户行为，而不是通过提出假设性问题来进行市场估计；在此过程中，还可能意外发现一些客户行为，或是以前没有想到的问题。

第五节　创业机会风险评估

一、创业机会风险分析

创业者在创业过程中面临的风险主要有自身因素的原因及社会环境各方面的影响，具体来说，主要包括以下几个因素。

（一）自身心态不成熟，难以承受挫折

眼高手低、纸上谈兵是很多创业者最常见的创业风险，对社会缺乏了解，更缺少创业经验，其创业思想往往是因一时创业激情而起，把创业问题简单化、理想化，对创业过于自信和自负，对困难估计不足。还有些创业者过分夸大创业的困难，过高估计创业压力，过低估计自身价值，妄自菲薄，没有信心和勇气面对创业，根本不愿意动手尝试。另外，初次创业者没有经受过创业挫折的考验，心理承受能力和自我调节能力较差，创业受挫后产生强烈的挫折感，忧心忡忡，胆怯心虚，不能正确认识自己的创业优势，甚至把自身的长处看成短处，在创业竞争中信心不足，自我设限，错失许多机会，严重影响了创业

的成功。

（二）融资渠道单一，创业企业发展缺乏动力

初次创业者没有资金来源，更无资金积累，社会关系简单，人际交往单一，很少能够从别处筹措创业资金。他们的创业资金更多的是靠父母、亲戚的帮助，融资渠道单一，资金来源不稳定，资金数额较小，创业之初资金的局限性为后期的发展埋下隐患。企业创办起来后，由于缺少发展资金，造成企业的现金流中断，不能支持企业的正常运作，使企业发展缺乏动力、企业发展停滞不前甚至倒闭，出现创业者初次创业失败的结局。

（三）创业企业形态选择盲目，缺乏针对性

创业者的创业激情高，但创业选择盲目，多数没有进行前期调查及绩效分析，看到别人干什么自己也跟着模仿，缺乏针对自己特长及条件的调查分析，企业形态选择盲目。如加盟连锁经营型创业模式虽可以直接享受品牌的影响，复制他人的成功经验，并能获得资源支持、降低经营成本，但也存在着虚假宣传、交纳大量加盟费，甚至以合法形式掩盖非法目的等不良现象，很多创业者一旦被天花乱坠的宣传语所迷惑，没有收集资料，也不进行实地考察和市场分析，就盲目选择加盟连锁，由于不适宜自己的实际情况，企业发展风险较大，影响创业成功。

（四）管理经验不足，没有良好的创业团队

高效的管理经验，团结的管理队伍，是创业成功的关键因素。不少初次创业者缺少实际管理经验，在理财、营销、沟通、协调等方面普遍能力不足，往往会造成经营理念单薄、产品营销方式单一、信息闭塞、团队不齐心等，不能驾驭企业游走于复杂万变的市场经济之中。

（五）法律观念不强，维权意识淡薄

由于创业者缺乏经验、市场敏感度不强、法律观念薄弱，在创业开始乃至整个过程中都有可能深陷法律陷阱，甚至对企业造成致命的打击。如合伙企业投资者要承担无限连带责任，如果企业对他人的人身造成损害或对财产造成损失，企业不但要以自身财产赔偿对方的损失，在企业财产不足以赔偿对方的损失时，投资合伙人还要以个人财产赔偿对方的损失，所以，初次创业者选择合伙企业模式一定要慎重考虑。再有，创业者在与客户签订合同时不注意审查对方的主体资格，不调查了解对方的信用、履行合同的能力以及还债能力等情况，往往会造成合同无效，对方无力履行合同甚至钱款或货物被骗等情况发生。在权利受到侵害时，有的创业者维权意识淡薄，不是通过法律途径解决，更多的是托人情、找关系，私下解决，法律风险极大。

二、创业机会风险管控对策

由创业机会风险分析与对策可知，创业虽存在诸多风险，但机遇和挑战并存，唯有冷静地分析风险，勇敢地面对挑战，创业者才能防范风险，克服困难，走向创业成功。针对

创业机会中可能隐藏的风险,可以从以下方面加以管控。

(一)调整心态,做好创业准备

对自己充分了解,是创业者进行创业的前提。创业时要对自己的个性特征、特长等有充分的了解,选择适合自己个性特征、符合个人兴趣爱好的项目进行创业,同时创业者要掌握广博知识,具有一专多能的知识结构,才能进行创造性思维,做出正确的创业决策。创业前还要积累一些有关市场开拓、企业运营方面的经验,通过在企业工作或者实习,参加创业培训,接受指导来积累创业知识,提高创业成功率。创业者还应当锻炼受挫能力,遇到挫折后应放下心理包袱,仔细寻找失利的原因,属于主观原因的,要适当调整自己的动机、追求和行为,避免下次出现同样的错误。属于客观或社会因素中自己无能为力的因素的,也不要过于自责、自卑或固执,应坦然面对,灵活处理,争取新的机会。即使失败,也要振作起来,使自己始终保持昂扬的斗志、必胜的信心,直至创业成功。

(二)审时度势,创业应量力而行

创业路途充满艰辛,绝不是一蹴而就、毕其功于一役就能成功的。因此,创业应找到合适的切入点,选择合适的时机、合适的项目和合适的规模来进行。初次创业者大多手中资金较少、创业经验不足,可以选择起点低、启动资金少的项目进行创业。

再者,创业要选择一种适合自己的企业法律形态,创业者选择个体工商户、合伙企业的形态模式时,虽没有最低注册资本的要求,但创业者或投资人要对企业承担无限连带责任,企业如果经营不善欠下债务,股东要对企业的债务承担继续偿还的责任,因此创业时应慎重选择所创企业的形态。创业时如果设立的是有限责任公司,公司具备法人资格,能够独立承担法律责任,公司如果资不抵债宣告破产,对公司不能清偿的债务,股东仅以其出资额为限承担法律责任,超出的部分不承担法律责任。同时一些人为的因素可能会导致合伙人之间、股东之间因经营理念、利益分割有歧义而发生冲突,因此,创业者在选择合作伙伴时,应注意选择志同道合、善于沟通、以企业利益为重的合作者,这是非常重要的。

(三)树立团队意识,与他人合作共赢

新东方教育集团总裁俞敏洪认为,创业除了自己成功,还要与别人一起成功。一个人的能力是有限的,创业一定要抛弃单打独斗、孤军奋战的个人英雄主义思想,牢固树立团队合作共赢的理念。创业应建立一个由各方面专才组成的合作团队,大家既有共同的理想,又能有效地使技术创新与经济管理互补,保证团队形成最大合力,在市场竞争中取胜,推动企业发展,取得创业成功。

(四)重法制淡人情,在法律框架内稳步发展

市场经济是法制经济,从企业的产生到发展必须在法律框架内进行,符合法律规定。虽然中国人很重视人情、关系,但要想使企业稳步发展,把企业做大做强,创业者从一开始就应该依法办事,淡化人情,让法律成为创业成功的基石。具体来说,创业之初选择企

业形态要慎重，合伙企业一定要制订合伙章程，明确合伙人之间的权利义务以及收入或亏损的分配方式，最好找法律人士审查把关。企业形态最好选择有限责任公司的模式，分清公司责任和个人责任，降低个人风险。企业运营应严格遵守法律规定，安分守己，合法经营，切不可为小利而做违法乱纪之事。依法为员工交纳社会保险，降低企业风险。出现纠纷最好通过法律途径解决，依法维护企业的合法权益。

漫漫创业路，你都掉进过哪些坑？

"很多年轻人在学生时代觉得读书很无聊，整天想着自己创业。有些人拿到一笔融资，就轻易放弃学业。但当创业者把到手的资金烧光却没有实现成果的时候，会惊觉社会欺骗了自己。"尽管有比尔·盖茨这样的"辍学"成功者，但中欧国际工商学院院长雷诺还是提醒，创业也是一门学问，如果连资产负债表、企业现金流这些基础问题都无法理解，那么创业的失败率会相当高。

创业热潮得到政府支持，固然是一件好事，不过，一旦政策转向，创业者可能反陷捉襟见肘之境。雷诺介绍，欧洲曾经掀起一阵鼓励太阳能发展的热潮，政府支持之下，太阳能企业如雨后春笋般兴起，不过，当政府补贴减少之后，许多企业才发现，产能过剩之下，生意根本无以为继。

政府想要鼓励创业最有效的办法并非直接补贴，而是可以对盈利的企业减税，以此促进优胜劣汰。

创业企业的资金来源，往往是家人、朋友的支持，然而发展到一定阶段后，通常会有专业的投资者介入其中，双方各取所需。如何在合作中不被资金方挤出局？

当公司拿到天使投资人或VC（venture capital，风险投资）基金的投资时，他们往往会要求获得大部分股权，这是很好理解的，因为他们考虑的是，如果以后项目失败，很容易做打包出售处理。对于创业者，你们可以理解并接受这个条件，但同时提出，如果公司实现某个预期目标，创始人可以拿回部分股权，投资人往往也更愿意看到这个结果。

危机，有危险亦有机遇。雷诺认为，尽管目前全球经济环境萧条，资本市场亦颇受创伤，但创业和经济环境并无必然联系。即使在经济危机之中，也会有大量的机会，有些情况下，创业企业甚至会受益于危机，因为它们提出了新的问题解决方法。

如今无人不知的星巴克咖啡的创始人舒尔茨（Howard Schultz）原来也是出生草莽。雷诺称，自己曾与舒尔茨交流创业之路，舒尔茨原本在一家销售咖啡豆的公司工作，工作期间向老板建议，另辟蹊径销售咖啡。不过，老板并未采纳他的意见，于是舒尔茨自立门户，打造出咖啡行业的商业帝国。

因此，所有创业的起点就是一个机会，能否发现身边的生意机会，正是对创业者迈出第一步的考验。不过，雷诺坦言，机会只有在其他人没有发现的时候，才是真正的机会。

资料来源：中欧国际工商学院. 创业有风险，一定要避开这9个坑！| 教授观点［EB/OL］. 新浪财经. http://finance.sina.com.cn/roll/2016-03-24/doc-ifxqsxic3134824.shtml

 ## 本章小结

创业机会，是在市场经济条件下，社会的经济活动过程中形成和产生的一种有利于企业经营成功的因素，是一种带有偶然性并能被经营者认识和利用的契机。同时创业机会的来源也是多种多样的，但机会总是伴随着变化而变动的，对于创业者而言，就要善于创造性地利用变化，在创业发展的各个阶段都要动态地看待机遇与挑战。创业者认定创业机会适合自己，就要对创业机会进行评价，但也应仔细分析创业机会的风险。在现实生活中，有不少人具有创业幻想，甚至不乏创业主意，但能否在诸多的创业想法中发现真正的创业商机，并且能够抓住机遇，最终成为一个成功的创业者，要受到来自各种方面各种因素的影响。

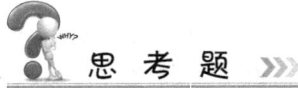 ## 思考题

1. 如何正确地理解创业机会的概念？
2. 你觉得识别创业机会是一个过程吗？为什么？
3. 识别创业机会受哪些因素影响？
4. 发现创业机会的方法有哪些？
5. 有价值创业机会的特性有哪些？
6. 学习完本章，你如何评价创业机会？

 ## 案例分析

联邦快递（Federal Express）公司成立于1973年，全球总部设在美国的田纳西州孟菲斯，另在中国香港、加拿大安大略、多伦多和比利时布鲁塞尔设有区域总部。

目前，联邦快递在全球拥有148 000名员工、大约1200个服务中心，超过7800个授权寄件中心，435 000个投递地点，45 000辆货运车，662架货机，服务机场覆盖全球365座大小机场，服务范围遍及全世界210多个国家和地区，日平均处理的货件量多达330万份。联邦快递以其无可比拟的航空路线权以及强大的信息技术基础设施，在小件包裹速递、普通递送、非整车运输、集成化调运系统等领域占据了大量的市场份额，成为全球快递运输业泰斗，并跃入世界500强企业。

联邦快递公司的创立者、总裁弗雷德·史密斯的父亲是位企业家，创立了一家经营得很好的巴士公司。20世纪60年代，弗雷德在耶鲁大学读书，他撰写过一篇论文，提出超越传统上通过轮船和定期的客运航班运送包裹，建立一个纯粹的货运航班，用以从事全国范围内的包裹邮递的设想。这是一个开创性的创业设想。

弗雷德在论文中提出，在小件包裹运输上采纳"轴心概念"理念，并利用寂静的夜晚通过飞机运送包裹和邮件。可是老师并未认可这个创新理念，这篇论文只得了C。毕业后弗雷德曾在越战中当过飞行员。回国后他在可行性研究基础上，把从父亲那里继承的1000

万美元和自己筹措的7200万美元作为资本金,建立了联邦快递公司。

实践证明,弗雷德的"轴心概念"的确能为小件包裹运输提供独一无二、有效的、辐射状配送系统。弗雷德的出奇之处不仅在于小件包裹运输采纳"轴心概念"的营销模式创新,更在于他能够把人们忽略的时间运用起来,把本来是低谷的时段变成生意的高峰期。

田纳西州的孟菲斯之所以被选择作为公司的运输"中央轴心"所在地,原因如下:首先,孟菲斯为联邦快递公司提供了一个不拥挤、快速畅通的机场,它坐落在美国中部地区;其次,孟菲斯气候条件优越,机场很少关闭。正是由于摆脱了气候对于飞行的限制,联邦快递公司的竞争潜力才得以充分发挥。

每到夜晚,就有330万份包裹从世界各地的210多个国家和地区起运,飞往田纳西州的孟菲斯。

成功的选址对其安全运行有着重大贡献,在过去的30多年里,联邦快递从来没有发生过空中事故。联邦快递公司的飞机每天晚上将世界各地的包裹运往孟菲斯,分拣再运往联邦快递公司没有直接国际航班的各大城市。虽然这个"中央轴心"的位置只能容纳少量飞机,但它能够为之服务的航空网点要比传统的A城到B城的航空系统多得多。另外,这种轴心安排使得联邦快递每天晚上的飞机航次与包裹一致,并且可以应航线容量的要求而随时改道飞行,这就节省了一笔巨大的费用。此外,联邦快递公司相信,"中央轴心"系统也有助于减少运输上的误导或延误,因为从起点开始,包裹在整个运输过程都有一个总体控制的配送系统。

弗雷德专门用于包裹邮递的货运航班,为全世界客户提供了方便、快捷、准时、可靠的服务,创新的营销模式为其提供了低成本、高效、安全和全天候的物流系统,因而联邦快递公司迅速发展,从创业到成长为世界500强企业只用了短短20多年。

资料来源:佚名.创新创业典型案例集[EB/OL].豆丁网.http://www.docin.com/app/p?id=1323945

讨论题

1. 你如何理解联邦快递公司的运营方式?
2. 谈谈你对弗雷德"轴心概念"的理解。
3. 如果你是弗雷德,你还有什么好的办法进一步拓展公司业务呢?
4. 请结合案例和所学知识谈谈你的感想。

第三章 创业资源

学习目标

1. 了解创业资源的概念和分类。
2. 掌握创业资源的来源与作用。
3. 熟悉创业资源的开发与利用。
4. 掌握创业资源整合的步骤。

导入案例

胡伟智的山核桃帝国

浙江小伙胡伟智，2002年毕业于中部某大学市场营销专业，在一家传媒文化企业从事品牌规划工作。由于他专业基础扎实、工作态度认真，并且善于钻研，在单位受到领导的重视，工作几年后年薪达到20多万元，在其所在的中部省会城市也算不错的小白领。但是胡伟智觉得自己应该有更大的舞台，给别人"打工"总不是长久之计，他的理想是希望有自己的一个企业，一个被市场广泛接受的品牌。每当和同学提及创业的事情，他都能侃侃而谈，兴奋不已。为了实现自己的创业梦想，他一直在观察和寻找合适的机会。

胡伟智的家乡是浙江临安，临安是我国重要的山核桃产地。2006年国庆假期回家，临行时母亲把自己炒制的山核桃用小袋子分成不同的包装让他带上。胡伟智是个热情开朗的人，由于分包的山核桃便于携带，他便带了好几包分给办公室的小伙伴。没承想大家吃过后，赞不绝口，都询问他这个山核桃哪里可以买到。当时的山核桃在淘宝上并没有什么知名的品牌，大多还是以线下渠道为主。于是他灵机一动，自己一直苦于寻找的项目不就在眼前吗？深思熟虑后，胡伟智以山核桃作为拳头产品、以网络零售为主要销售渠道的创业项目得到了女友和家人的支持。

俗话说，一个好汉三个帮。胡伟智认为以他个人的能力或许可以做得不错，但是想做大做强，还是需要一个很好的创业团队以及更多元的创业资源。于是他联系了大学时在学生会认识的林业专业的张思亮和计算机专业的瞿元以及他在老家的发小郑佩。在他的牵头下，4个人组建了一家线上零售企业，以山核桃作为主打产品的坚果网店。

正所谓万事开头难。在项目筹建伊始，胡伟智的工作经历和阅历告诉自己，一定要学会整合各方资源，达到一种协同效应，为企业的发展创造更好的条件。创业团队的4个成员在项目启动阶段进行了有序的分工。在项目正式启动时，为了保证货源的质量和稳定性，胡伟智和郑佩回到临安，一方面发动父母通过各种方式扩大种植面积，另一方面联系当地的山核桃种植户，讨论山核桃收购合作问题。而林业专业的张思亮为人比较认真和严谨，是知乎论坛上的林业专业"大神"，主要负责为项目提供技术支撑；计算机专业的翟元为人性格比较内向，之前是个码农，算是技术宅男，善于网站建设和 SEO（search engine optimization，搜索引擎优化）；郑佩虽然和其他两人并不熟悉，但是对胡伟智的为人非常认可，很快融入了团队，其做事比较严谨，主要负责货源问题；胡伟智开朗热情，在产品品牌规划和市场推广方面比较有经验，主要负责营销以及团队的外联工作。

由于充分的准备和精准的营销定位，外加整个团队的齐心合力，产品进入淘宝网当年，就获得淘宝网坚果销售前三名的业绩，年销售额达到3000万元，团队由当初的4人扩展为50多人。山核桃一直是临安重要的经济作物，但是由于销售不畅，尽管农民每年辛辛苦苦劳作，收益却并不喜人。胡伟智的团队解决了销售问题，得到了当地政府的支持，并给予了相应的配套政策，在后续土地以及税收方面均给予了优惠政策。

同时胡伟智有几个好朋友在新闻媒体部门工作，在一次聚餐中，得知最近媒体都在收集有关大学生创业的案例，于是胡伟智逐个联系和拜访那些在媒体圈的老朋友，在得知胡伟智的创业活动做得不错，加上创业主题比较符合当前媒体报道的偏好，他们在各自的报刊上刊登了胡伟智等的创业事迹。

过硬的产品质量、紧抓年轻人消费心理的趣味包装、政府和媒体等公共资源的支持，在集聚天时、地利、人和的利好下，胡伟智的网店很快口口相传，成为网货知名品牌。上线第二年，胡伟智的网店便成为淘宝网和淘宝商城（天猫商城前身）的销售冠军，销售额已经破亿，团队扩展到100多人，并拥有了国内领先的坚果加工工厂，打造了一个名副其实的山核桃帝国。

创业者能否成功地把握机遇，进而创建新企业或者开辟新的事业，很大程度上取决于他们所拥有的资源以及整合资源的能力。导入案例中打造山核桃帝国的胡伟智很好地发挥了自己的营销专业知识、良好的人脉关系以及敏锐的洞察力，在创建企业的过程中，集聚了不同能力的创业伙伴，善于利用信息资源、政府政策资源和媒体资源等，在资源整合的过程中，企业得到了飞速的发展。创业活动的一个显著特点就是在资源高度约束的情境下开展创业活动，大多数创业者在企业初创期都会面临创业资源匮乏的瓶颈。因此，对创业资源的掌握和了解，尤其是掌握资源整合的应用是创业者开展创业活动的必修课程。在现实创业活动中，成功的创业者大都具备充分利用创业资源并发挥其杠杆效应的优秀技能。

第一节 创业资源的概念、来源与作用

一、创业资源的概念

（一）资源

《现代汉语词典》关于资源的定义即生产资料或生活资料的天然来源，这一概念强调从生产投入的角度来界定资源的范畴。资源是一个动态演化的概念，其受到科学技术环境的

影响。只有在特定的科技环境下，可以发掘出来作为社会生产活动的投入要素的自然物，才能称为资源。经济学将资源定义为能够投入生产过程中的一切要素，包括物质资源和人力资源等。从管理学角度来说，资源就是企业作为一个经济实体，为了实现特定的组织战略目标，所拥有和可以支配的各种要素及其组合。这些资源主要可以概括为有形资源和无形资源。前者是可见的企业资产，如机器、厂房、办公场所的设备等；后者是不可见的无形资产，如企业声誉、专利技术、产品品牌、市场口碑等。

（二）创业资源

创业资源是成功实现创业活动的关键要素之一，同企业资源类似，它包括有形资源和无形资源，不同的是经营已久的企业资源多数比较成熟和丰富，而创业资源更需要创业者进行拼凑和整合。简单点说，创业资源就是创业企业为了实现创业目标，在整个创业过程中使用的各种有形资源和无形资源的总和。具体而言，创业资源的类型主要有物资资源、技术资源、人力资源、声誉资源、组织资源、财务资源、信息资源等。

二、创业资源的来源

（一）人力资源的来源

人力资源是所有资源中最宝贵的资源，在创业活动中起着至关重要的作用。在组建创业团队后，企业的初创进入实施阶段，与此同时，企业需要大量的人力资源，以保证企业运转良好。对创业企业而言，一个成功的团队可以为企业带来各种各样的竞争优势，除创业者的个人能力与经验外，团队成员的社交网络也是新企业重要的无形资源，除创业团队外，董事会、核心员工以及企业顾问委员会等，对一个企业的生存发展都有着极为重要的影响。

创业企业的创业团队可以提供两种关键资源，即人力资本和社会资本。人力资本是指创业团队的初始能力、技能、知识、经验等，而社会资本是创业者与社会中其他个体或团体之间的关联——社会网络、互惠性规范以及由此产生的信任关系，是人们在社会结构中所处的位置给他们带来的资源。这种资源是企业所拥有的原始资源，它的多样性和广泛性，对于企业的发展有非常重要的意义。Davidsson 和 Honig（2003）的研究表明创业团队的社会资本越高，发现潜在的创业机遇并开发它们的可能性越大。Dimov 和 Shepherd（2005）研究发现，创业企业的人力资本和社会资本越高，成功的可能性就越大。因此，鉴于人力资本和社会资本的重要性，创业企业应该想方设法地开发和利用人力资源。

出色的创业团队是创业企业取得成功的重要条件之一。成功的创业企业通常都会吸收具有不同才能和背景的人加入创业团队中，以此构建具有竞争力的人力资源。这些人力资源的来源具有多样性，但是最重要的主要分为三类，即董事会、核心员工以及企业顾问委员会，他们具备的知识、经验、技能以及背景都有助于创业企业的成长和发展。

董事会是由董事组成的、对内掌管公司事务、对外代表公司的经营决策机构，由公司股东选举出来的。董事会作为连接股东与经理层的"中枢"机构，是公司的控制者和决策制定者。根据"交银-复旦中国中小微企业成长指数研究"课题组研究数据显示，目前我国有50.5%的中小微企业成立了董事会。不难看出董事会制度开始受到中小微企业的重视。董事会行使的职权较多，但是对于创业企业而言，董事会的主要职责是提供意见和建议。因此具有丰富知识和经验的人，通常会成为创业公司董事会成员的首选。他们一方面可以提供比较有价值的决策建议和相关指导；另一方面由于他们自身的社会地位和声誉，可以为创业企业增加一定的声望。他们的加入，可能会吸引更多优秀人才，同时也会引起潜在风险投资者的关注。因此，如何组建一个卓越的董事会对于创业企业来说是一项重要的战略举措。

高素质的企业核心员工，是企业可持续发展的关键。对于创业企业而言，由于企业声誉、培训体系、晋升机制和社会保障等方面都不太成熟，很难吸引优秀的员工。在人力资源市场招聘中，创业企业通常处于劣势地位。这个时候创业团队成员个人的社会网络关系，便可以弥补不足。创业团队成员可以直接聘用他们社会网络关系中熟悉的人，或者接受他们好朋友的推荐人选。Leung等（2006）认为，与成熟的知名公司相比，创业企业通常没有足够的精力或者资金去培训新员工，因此他们必须从市场招聘有经验的员工，而社会网络关系有助于他们实现这一点。通过雇用亲戚、朋友、以前的同事、同学和校友等，创业企业可以在无需花费过高的人力资源搜寻成本和招聘成本的前提下，快速实现人力资源的扩充。同时，基于熟人社会的网络关系，企业家和员工之间更容易建立一种良好的互信关系，彼此间的关系纽带有利于企业制度和企业文化的制定。

企业顾问委员会这一制度起源于美国，在美国无论是大型企业还是中小企业，很多都设立了顾问委员会。在国内，近年来很多大企业也设立了顾问委员会，同时部分创业企业也开始尝试设立顾问委员会。顾问委员会的顾问通常是某一领域的专家、学者，行业内资深的从业者、管理人员、行业协会人员，以及其他利益相关者如供应链合作伙伴代表、客户代表等。顾问委员会成立的主要目的就是利用顾问成员各自的知识技能以及与企业有关的合作经验，为创业企业提供相关的指导和建议。此外，尽管董事的地位较高且有固定薪酬，但还是有一些专家倾向于担任相对非正式的职能，发表一些更自由的意见和建议，顾问对于部分专家就是一个很好的头衔。通常企业家们会在一年中定期与顾问委员会的成员面谈或者以其他方式进行沟通，以征求他们的建议和指导。在设立顾问委员会时，成员的选择要以真正能为企业提供指导和建议为原则，如顾问委员会成员的知识技能以及经验等能对企业的发展起到重要的补充和推动作用，或在某一行业是广受尊重的知名人物。

除了董事会、核心员工以及顾问委员会成员，创业企业通常也会获得其他利益相关者的帮助，如投资者和政府机构。投资者在投资一家创业企业后，通常会密切关注企业发展情况并要求其提供详细的企业报告。当企业运营遇到困境时，投资者可以通过阅读企业报告发现问题，此时投资者也会利用其资源和能力多方面帮助企业打破困境。此外，由于当前创业活动已经纳入我国政府的考核指标，创业企业的发展也会受到地方政府的高度重视，如地方政府可以为企业提供相应的人力资源培训等帮助。

因此，作为创业企业的管理者，应该尝试从不同方面获取人力资源。即使是卓越的创业团队也不可能具备一个创业企业所需要的全部知识、技能和经验，此时，如果企业家能利用各种社会网络关系来合理运用企业的人力资本，那么创业企业成功的概率就会得到大大的提升。

（二）技术资源的来源

在知识经济时代，另外一项重要的资源就是技术资源。创业企业在发展过程中，不但要在企业内部创造新技术、从外部获取已有技术，更需要整合内外部技术资源，并在技术上不断创新，以保持技术的领先性。根据我国学者傅家骥的观点，对于创业企业来说，技术资源主要包含三个层面：一是根据自然科学原理和生产实践发展形成的各种工艺流程、加工方法、劳动技能和诀窍等；二是将这些流程、方法、技能和诀窍等付诸实践的生产工具和其他物质装备；三是适应现代劳动分工和生产规模等要求的对生产系统中所有的资源（人、财、物）进行有效组织和管理的知识经验与方法。

无论对于技术类企业还是非技术类企业，技术资源无疑都是非常关键的。Ardichvili（2000）认为创业资源中的技术资源是一项关键的基础性资源，有助于创业企业实现创业绩效。创业企业在起步阶段的技术资源获取途径主要有五种：自主研发；吸引技术持有者加入创业团队；购买他人的成熟技术，并进行市场技术寿命分析；购买他人的前景性技术，再通过后续的完善开发，使之达到商业化要求；同时购买技术和技术持有者。

1. 自主研发

自主研发可能是大部分科技型创业企业采用最多的获取技术资源的方式。尤其在高新技术领域，技术持有者自己创业的案例较为多见。如美国的亚马逊公司、苹果公司，我国的方正科技、科大讯飞、百度等，都是自主研发或技术持有者创业成功的例子。通常，自主研发或技术持有者自己创业具有较高的成功概率，不过由于创业者不可能同时具备管理等其他知识技能，因此组建一个优秀的团队能提高创业成功的概率。

2. 吸引技术持有者加入创业团队

在一些情况下，一些创业者发现了商业机遇，但是他们自身却并不具备创业需要的技术。此时，创业者就需要设法吸引技术持有者加入自己的创业团队。例如，2016年制作国内热卖的国产动画影片《大鱼海棠》的彼岸天文化有限公司（以下简称彼岸天）。彼岸天的创始人梁旋是清华大学热能动力专业的退学生，他对动画市场的前景比较看好，同时善于提出一些独特的创意，但是对动画制作并不了解。而同校美术学院的好友张春的美术功底扎实，擅长动画制作。于是梁旋邀请张春一起创业，成立了彼岸天。目前该公司已经是中国创意产业最具创意与品牌价值的公司之一，也是中国动画领域公认的高品质动画电影创意制作团队。不难看出，张春的加盟，是彼岸天得以起步的关键因素。

3. 购买他人的成熟技术

如果进行的是高科技创业，所采用的技术越成熟，则创业成功的概率就越大。20世纪80年代中期，一些军工企业解密成熟的军用技术，用于民用新产品的生产，在短时间内迅速占领了新市场，即为这方面的典型例子。不过，在购买成熟技术的同时，务必要进行深入、详尽的技术鉴别，对技术的市场生命周期进行分析，以防购买的是过时的技术，误入一个竞争激烈的红海市场。

4. 购买他人的前景性技术

在动荡的市场环境和激烈的市场竞争背景下，购买他人的前景性技术，并进行后续的研究开发，使其达到商业化的程度，进而推出适合市场需求的产品，也是创业的一条可行路径。不过，购买他人的前景性技术，要求创业者具有优异的技术辨识能力，能够把握新技术的发展方向和商业前景，同时有能力进行后续的完善开发。典型的例子是，一些企业从科研院所购买技术，用以拓展自己的新业务、新事业，它们得到的往往就是前景性技术。企业通过进一步的完善开发，可能会推出富有市场竞争力的产品。正是一些成功案例的存在使不少创业者通过购买他人的前景性技术来进行创业。

5. 同时购买技术和技术持有者

在经济许可的条件下，同时购买技术和技术持有者，是购买他人技术进行创业的最佳途径。购买技术的同时拥有掌握技术的人，必然有助于创业企业迅速吸收、消化、理解和使用所购买的技术。例如，我国台湾地区的"工业技术研究院"推行技术和人才的整体转移机制，以推动当地的高新技术创业。一般的做法是，某个创业者欲创办新企业时，只要对方给予研究院一定的补偿，在科技人员自愿成为创业团队成员的前提下，该研究院即同时向外输出技术成果和技术人员。

（三）信息资源的来源

企业的信息资源是企业经营决策的基础，具体包括信息及其载体、信息处理和通信的软硬件设施、制造上述设施的关键设备以及有关标准规范与政策法规。信息资源不仅体现为信息系统中的资料、表格、图形和运算能力等，更成为企业中独立于人力、原材料、资金、技术和设备等资源之外的一种重要的新型战略性资源。一般而言，信息资源的来源主要有以下几种。

1. 互联网

随着信息技术和网络技术的发展，互联网已经成为企业获取信息资源最有效的途径之一。通过互联网获取信息的途径主要有三种：一是大量的公开网站，如企业网站、商业门户网站、政府网站、行业协会网站等。二是各类搜索引擎，如百度、搜狗、必应等。三是基于互联网技术的新媒体信息资源，如企业 APP、微信公众号等。互联网获取信息的优势主要具有速度快、信源广、信息量大、互动性强以及成本低等特点。但是，互联网上的信息资源也存在一个悖论，即网上的信息资源多，但是真正适合企业的有用信息相对较少。因此，创业企业要学会在浩瀚无边的网络信息海洋中，发掘和提取有价值的信息为企业所用。

2. 传统媒体

尽管互联网的发展快速，但是传统媒体如电视、广播、杂志、报纸等，由于可信度较高，影响力依然很大。各种主流报纸、电台、电视台现在和将来很长一段时间仍是重要的战略性媒体资源，它们每天都在收集并传播着各个领域的科技、市场、经济和政策信息，具有强大的生命力。同时这些传统媒体也开始拓展线上渠道。不难看出，传统媒体也是重要的创业信息来源。因此，创业者可以根据传统媒体报道的新闻信息和线索，进行提取和分析，追本溯源，进一步获取与本企业发展有关的信息。

3. 政府机构

政府机构是政策信息的制定者和发布者，同时部分政府机构还掌握着某些权威官方信息，如经济统计数据、商业零售信息等。可见，政府机构也是一个重要的信息集散地，汇聚大量的技术、经济与政策信息。目前，政府网站已经成为政府信息公开的主要渠道、第一平台。因此，紧密关注政府机构发布的与创业企业有关的产业政策等方面的信息，有助于创业决策和经营管理。通常，收集与本企业创业活动有关的政府出版物以及相关文件、参与政府机构召集的有关会议和活动都是获取一些重要信息资源的手段。

4. 同行创业者或同行企业

在当前的市场环境下，创业企业与竞争对手的关系已经不只是以前的零和博弈关系，合作共赢正成为时代潮流。竞争对手收集的信息通常对创业者也是非常有益的，因此，要经常关注同行创业者或同行企业的企业内刊、相关新闻报道、企业网站信息等。同时，要积极参与同行创业者或同行企业举办的各种活动，加强联系与沟通，要善于收集相关公开、非公开的资料等。但是，在获取信息的同时要注意甄别信息的真伪，因为同行之间必定存在竞争关系，有时出于竞争策略，对方可能会制造和发布一些非真实的市场干扰信息，以此来误导市场其他竞争者。

5. 专业信息机构

鉴于信息的重要性，以信息作为主要资源的机构应运而生。这些机构持有大量与创业相关的产业政策、市场和技术等信息。这类专业信息机构一般可以分为两种：一种是综合性的信息机构，集聚着政策、市场、技术、经济等各方面的信息，如国家信息中心、中国科学技术信息研究所等；另一种是行业信息机构，如各个行业的信息中心、专业性咨询机构等，如中国互联网络信息中心等。创业企业需要结合所在行业，分析创业活动中所需要的信息，也可以通过相关信息机构获取企业需要的信息。

6. 会议

各类会议，特别是专业性会议，也是重要的创业信息来源。例如，政府机构、行业协会、科研机构、信息机构、媒体机构举办的信息发布会、研讨会、展览会等。企业通过参与各种会议和展览会、洽谈会等，可以进行面对面、交互式的互动交流、探讨，以此获得相关公司产品说明、技术资料以及合作需求等有重要价值的信息。可见，这些会议是获取市场信息、技术信息和人才信息的重要渠道。

（四）创业资金的来源

对于创业企业而言，资金是所有创业资源中最为关键的，资金的匮乏会直接导致创业企业的倒闭。根据资金的来源方式可以将创业资金分为内部资金和外部资金。内部资金主要包括个人资金，如自有资金、亲朋好友的借款等；外部资金主要包括商业银行贷款、天使投资、风险投资、政府机构的赞助与支持以及互联网金融等。

1. 内部资金

1）自有资金

对于创业者而言，通常面临一定的风险和机会。当准备创业时，创业者应全力以赴投入创业企业中，包括物质和精力的双重投入。当前，创业者把自有资金作为创业初始资金，是惯常的做法。

使用自有资金创业具有非常重要的意义：首先，体现创业者的决心。创业者个人积蓄甚至变卖个人资产所得钱款的投入，体现了创业者对于项目前景的看法，只有当创业者对创业项目充满信心，并有坚定的决心，才会毫无保留地投入自己的自有资金。同时，这也是一种信号，它告诉其他潜在投资者等利益相关者，创业者是全心全意、踏踏实实地做事业。其次，保证经营的自主性。如果创业初始资金的主要来源为借贷或者外部投资，外部债权人或多或少都会对企业经营进行一定程度的监督或干预，这可能会给企业运营管理带来一些不利影响，甚至会使企业错失一些有利的商机。但是，当创业资金为自有资金时，创业企业不用担心别人来干涉资金的用途和使用方向等，可以依据既定的经营理念和策略去运营企业。最后，减轻创业者的压力。创业者本身就面临各种各样的压力，如果创业资金全部是借贷或投资而来的，那么企业一方面要承担资金借贷的利息费用；另一方面如果创业者面临投资失败，还要承担沉重的债务风险。这种无形压力本身就束缚了创业者的手脚。如果资金是自有资金，那么即使创业者的投资出现意外，也可以通过其他的方式缓和当前不利的局面，并可以东山再起。

2）亲朋好友的借款

对于创业者来说，除了个人积蓄之外，身边亲朋好友的资金也是创业资金的重要来源。尤其对在读和刚毕业的大学生来说，自身的个人储蓄可能较少甚至没有，这些创业者一般都是从父母和亲戚朋友那里获得他们创业的第一轮投资。此外，在创业初期，由于创业项目发展前景的高度不确定性和对创业者的不了解，创业企业很难获得银行和其他投资者的资金。基于熟人社会网络的亲朋好友，由于对创业者的了解和信任，他们愿意给予投资。因此，非正规的金融借贷——从亲朋好友处获取创业资金是非常有效和常见的融资手段。我国温州的一些民营企业的典型融资特征就是：在创业初期，以自有资金和亲朋好友融资为主；在企业发展到一定规模后，以自由资金和银行借贷为主，亲朋好友的借款仍然作为关键时期的重要补充。

在向亲朋好友借款时，创业者最好用现代市场经济的契约原则和法律形式来规范融资行为，以保障各方利益，减少不必要的纠纷。首先，创业者要明确融资性质，以此确定彼此的权利和义务，如融资属于股权融资还是债权融资；其次，无论是借款还是投资，最好能用书面协议的形式将相应的事项确定下来，以防止未来发生纠纷。

此外，创业者还需要考虑两点：一是这种融资给亲朋好友带来的影响，尤其是万一创业失败，企业者有何应对措施；二是要了解亲朋好友对创业企业的融资应该是建立在对项目成功的信心之上，而并非是他们有这个义务。

2. 外部资金

1）商业银行贷款

向商业银行贷款是企业常见的融资方式，创业者可以通过银行贷款来填充最初的创业资金。2015年国务院《关于大力推进大众创业万众创新若干政策措施的意见》明确提出，要通过优化资本市场、创新银行支持方式、丰富创业融资新模式，推进"大众创业，万众创新"。目前，我国商业银行除推出了各种类型的个人经营类贷款项目，包括个人生产经营贷款、个人创业贷款、个人助业贷款、个人小型设备贷款、个人周转性流动资金贷款等。如浙商银行在2015年推出双创系列贷款，首期包括"创业助力贷""双创菁英贷""圆梦·创客贷"三款产品，分别为小微企业、高层次人才、年轻"创客"提供贷款产品的私人订制，实现"智慧变现"。

由于创业企业的经营风险较高，企业估值比较困难，商业银行一般不轻易向创业企业提供贷款。此时，适合创业企业银行贷款的形式主要有两种：一是抵押贷款，指借款人以其所拥有的财产作为抵押，以此作为获得银行贷款的担保；二是担保贷款，指借款人向银行提供符合法定条件的第三方保证人作为还款保障的借款方式。

在我国，由于金融体制等制度原因，中小微企业利用银行融资的渠道不够通畅，"融资难"问题是创业企业面临的最突出问题之一。随着国家层面对这一问题的重视，未来创业企业通过商业银行融资困难的瓶颈有望得到解决。

2）天使投资

"天使投资"（angel investment）一词源于纽约百老汇，特指富人出资资助一些具有社会意义的文艺演出。后来天使投资被运用到经济领域，引申为一种对高风险、高收益的创业企业的早期投资。天使投资人，是指用自有资金以债券或股权的形式向非朋友和家人的创业者或创业企业提供资本的个体。天使投资人主要有两类：一是创业成功人士；二是企业的高管或高校科研机构的专业人员。他们不仅拥有一定的财富，还具有理财或某方面的专长，对市场、技术有很好的洞察力。他们参与天使投资不局限在自己熟悉或感兴趣的行业，还希望以自己的资金和阅历帮助那些有创业激情与创业能力的志同道合者创业，以完成和延续他们的创业梦想。

天使投资主要有三大特点：一是天使投资的融资程序简单快捷。由于"天使"只是代表自己进行投资，投资决策行为具有一定的偶然性和随意性，没有复杂的投资决策程序，因此投资决策做出得较快，资金能够快速到位。二是天使投资不仅提供资金，还伴随着专业知识和社会资源等方面的输入。例如，天使投资人雷军在2006年投资UC浏览器时，UC浏览器已经处于弹尽粮绝的状态，雷军不仅注入200万元的天使投资，又拉着其他机构注入200万元。此外，在UC浏览器的经营方面，雷军提供了很多不错的意见，并引进相关的专业人士加盟UC浏览器，后来UC浏览器发展迅速，在市场上获得了巨大成功。三是天使投资是一种高风险、高收益，直接面向企业的权益性投资。

先前天使投资比较集中的区域是在美国硅谷。随着我国经济的发展，近些年天使投资有了快速发展，一部分富人在希望财富增值的同时寻求新的挑战，开始充当天使投资人。随着市场机制的完善、个人信用制度的建立以及个人财富的增加，天使投资在未来的创业活动中会发挥更大的作用。这对于处在"大众创业，万众创新"时代背景下的创业者来说，或许是一种非常值得期待的融资方式。

3）风险投资

风险投资是指由专业机构提供的投资于极具增长潜力的创业企业并参与其管理的权益

资本。创业企业一旦发展顺利，风险投资可以通过股权退出获得资本增值收益，是一种高风险、高回报的投资方式。风险投资起源于15世纪的英国、葡萄牙、西班牙等西欧岛国创建远洋贸易公司时期，到19世纪美国西部创业潮时期，"风险投资"一词在美国开始流行。目前，风险投资业在美国的经济发展中扮演着不可或缺的角色，被誉为高新技术的"孵化器"和经济动力的"发动机"。风险投资培育了美国一大批知名公司如微软公司、苹果公司、Google公司等，也塑造了一大批成功的创业企业家，如比尔·盖茨、史蒂夫·乔布斯、杨致远等。我国的风险投资业从20世纪80年代起步，随着几次创业浪潮的兴起，我国已经成为全球风险投资的中心之一。2017年1月，咨询机构毕马威发布的报告显示，中国2016年的风险投资总额达到310亿美元。

风险投资的内涵主要体现在以下几个方面：第一，以股权方式投资；第二，积极参与所投资企业的创业过程；第三，以整个创业企业作为经营对象；第四，看重"人"的因素；第五，高风险、高回报；第六，是一种组合投资。

4）政府机构的资助与支持

目前，创业企业对经济增长、就业岗位创造、技术创新和经济效益等方面的推动作用，已经得到各国政府的普遍认可。尤其是高科技产业或当地优势产业的创业活动对增强区域竞争力具有重要意义。因此，政府开始关注创业企业的发展，创业企业在融资方面面临的困境，也是政府着力解决的核心问题。

政府的资助一般来说适用于企业的初创阶段，此时投资资金获取难度大，现金流紧张。政府机构通常不直接向创业企业投资，而是提供担保由商业银行向创业企业提供贷款，但这种贷款需要相关政府机关进行审批，因为要承担担保引起的责任。此外，政府还提供一些其他支持，如人员培训和咨询服务等，如美国联邦小企业管理局（Small Business Administration，SBA）、英国的培训与企业委员会（Tranining and Enterprise Councils，TECs）、我国的国家发展和改革委员会中小企业司等。

在我国，由于经济发展呈现带状分布的特点，不同地区在经济实力、产业基础、区域文化等方面存在较大差异，因此政府要因地制宜地推出相应的创业政策。目前，政府机构的资助和支持主要体现在中小企业融资担保基金、科技创新基金、大学生创业基金、地方性优惠政策等。例如，上海市在2015年发布了《上海市鼓励创业带动就业三年行动计划（2015—2017年）》。该行动计划充分发挥上海市大学生科技创业基金的政策效应，将基金扶持的对象范围扩大到高校毕业5年以内在沪创业的高校毕业生。同时，上海市加大创业贷款担保和贴息政策支持力度，将小额担保贷款调整为创业担保贷款，其对象范围扩大到该市高校在校及毕业且在沪创业的青年大学生。符合条件的对象，按规定可以申请个人最高50万元、法人最高200万元的创业贷款担保，其中20万元以下的创业贷款免于个人担保。

5）互联网金融

近年来，随着互联网的普及，互联网金融得到快速发展，新型融资模式如P2P（person-to-person，互联网借贷平台）融资、众筹等正在成为创业企业获取资金的新渠道。P2P是指个人与个人之间的借贷，一般是基于网站模式或者APP模式，创业者通过资金池以约定好的利率借贷资金，同时向中介及服务机构支付一定费用，拖延还款时附加赔偿费。通过P2P的方式，创业者可以快速获取资金。但是，这一渠道也存在不足，如泄露商业计划、不确定的监管环境等。众筹，即大众筹资或群众筹资，是指个人或企业为了实现自己的创意和项目，通过互联网众筹平台向大众筹资的融资模式，投资者可以获得产品、债券或者股权作为回报。众筹的主要特征是低门槛、多样性、依靠大众力量和注重创意等。

目前，P2P 和众筹均得到了快速的发展，然而相关的法律法规还存在较大的缺失，这需要理论界和实务界共同去思考与破解。

三、创业资源的作用

创业企业的设立和运营需要的不是某种单一的资源，而是不同要素资源的组合。创造价值是所有创业活动的核心，创业活动就是要把资源从生产效率低、成果小的地方转移到生产效率高、成果大的地方，通过资源转移和优化整合，进而创造出更大的经济价值或社会价值的过程。因此，创业者本质上是在资源拼凑和资源整合中获得个人价值的增值。创业者通过出让预期收益的方式，向不同要素资源持有者筹措创业所需的资源，以正规或非正规的契约形式来集聚创业企业特定时期所需的要素资源，以此发挥资源的杠杆撬动作用。创业资源的重要性在学术界也受到了普遍认可。Crosa 等（2002）分析了资金、人力资本在创业活动中的决定性作用，并认为资源无疑是企业创建初期最重要的因素。Brown 和 Bruce（1997）把资源获取作为创业活动中不可或缺的组成部分，Wickham（1998）的创业模型不仅把资源作为创业活动的重要因素，而且还定义了资源的范畴，即金融资本、人力资本以及技术。

虽然创业资源是创业企业获得成功的必要非充分条件，但是优秀的创业者对如何集聚和管理资源都有一套独特的策略。在创业企业的不同阶段，创业者都会努力做到用尽可能少的资源实现企业的有序运行，保证资源效益产出的最大化。

（一）不同时期创业资源的作用

创业企业在发展的不同时期，面临的问题和困境有所不同，因此需要的资源类型和数量也会存在区别。同样，不同的资源在企业不同生命周期的作用也存在差异。目前，学界对创业过程阶段的划分没有得出一致的结论，但是从本质上来说可以划分为两个阶段，即企业创立之前的机会识别阶段和新企业的生存与成长过程阶段，在以上每一个阶段中创业资源都发挥着重要作用。

1）机会识别阶段创业资源的作用

创业活动开始于商机的发现。面对众多看似有价值的创意，创业者从中发现真正具有商业价值和市场潜力的商机，进而寻找与商机相匹配的商业模式，需要审慎而独到的眼光，这是创业成功的基本保证。机会识别与创业资源有着紧密的关系。Kirzner（1973）认为，机会代表着一种通过资源整合、满足市场需求以实现市场价值的可能性，但机会实际上是一种迫切需要满足的市场需求。因此，机会本质上是部分创业者能够敏锐地察觉到其他人未能发现的特定资源价值的现象。例如，同样的市场需求或者商业模式，有的人可能会付诸行动，取得成功；而其他人或许只能望而兴叹，放任机会流失，原因可能就是缺乏必要创业资源。

2）企业生存与成长过程中创业资源的作用

新企业建立之后，创业者一方面要积极争取更多的创业资源；另一方面要对已有的资源进行整合优化，以构建创业企业的竞争优势。资源整合对于创业活动的推动作用是通过创业战略的制订和实施来实现的。一定数量和质量的创业资源是企业制订与实施战略规划的基础和保障。同时，丰富的创业资源可以改进企业的战略方向，有助于创业企业制订正确的战略。因此，有效的资源整合，有助于创业者重新审视企业的竞争优势，制订切实可行的企业战略，为创业企业的生存和可持续发展打下坚实的基础。

（二）不同创业资源的作用

创业是通过整合资源将商机转化为价值的过程，创业离不开资源。创业资源是企业创立以及成长过程中不可或缺的支撑条件，不同的创业资源其存在的作用也存在差异。如上文所述，创业资源按性质可分为物资资源、技术资源、人力资源、声誉资源、组织资源、财务资源、信息资源等。以下根据创业资源的分类，将其作用分开阐述。

1. 物质资源

物质资源是指建立企业和经营活动所需要的有形资产，如土地、厂房、设备等，有时也包括一些自然资源，如矿山、森林和河水。物质资源是企业创建和赖以存在的根本保障，企业的诞生和发展都需要以物质资源为基础。物质资源在创业企业的初始阶段尤为重要，物资资源通常不属于战略性资源，竞争对手也可以通过交易的方式获取它们。

2. 技术资源

一般来说，技术是企业存在和发展的基石，对于高新技术行业而言更是如此。企业只有不断地加大研发投入，开发新技术、新产品，建立一支有梯队的、强大的技术储备和产品储备，才能在激烈的市场竞争中立于不败之地。创业初始阶段，在创业资金得到满足的情况下，技术便成为最关键的资源。因此，对于创业企业来说，积极引进和寻找有商业价值的科技成果，加强和科研院所的产学研合作，将有助于加快产品研发速度，为企业在市场上的竞争提供有力的支撑。

3. 人力资源

人是创业活动的主体，在整个创业过程中起着根本性的决定作用。人力资源包括创业者与创业团队的知识、技能、经验，也包括团队及其成员的专业能力、判断力、视野、愿景，甚至是创业者本身的社会关系网络。打造一流的团队，是企业成功的砝码，这已成为业界的共识。因此，高素质的人力资源的获取和开发，是现代企业可持续发展的关键，特别是高新技术行业，优质人力资源的作用更加明显。同时，借助创业团队的网络关系可以降低潜在的风险，加强合作者之间的信任关系。

4. 声誉资源

声誉资源是企业留给社会公众的综合印象，是企业无形资产的总和，是由口碑、形象、表现、行业地位、舆论反应、社会责任等组成的综合性"名声指标"的统称。在商业活动中，声誉资源已成为企业能否成功运营的决定性因素，其重要性甚至超越了有形资产。声誉资源通常具有战略性资源的特征，由于其获取和积累需要较长的时间，因此竞争对手很难通过交易和模仿等快速方式获得。良好的声誉资源可以形成企业持久的核心竞争力，为企业带来更多的忠诚客户、销量和市场份额。

5. 组织资源

组织资源通常是指组织内部的正式管理系统,包括信息沟通、决策系统以及计划活动等。一般来说,人力资源要发挥作用需要借助组织资源的支持,企业文化的培养也离不开良好的组织环境。同时,组织资源对其他资源的利用效率也起着决定性的作用。

6. 财务资源

财务资源是指企业拥有的资本以及企业在筹集和使用资本的过程中所形成的独有的不易被模仿的财务专用性资产,包括企业独特的财务管理体制、财务分析与决策工具、健全的财务关系网络以及具有独特财务技能的财务人员,等等。创业初期,财务资源主要来自个人、家庭成员和朋友。财务资源对于任何一个企业来说,都是一种重要的战略性资源。对于创业企业而言,前期的产品研发、中期的生产以及后期的上市推广和销售,都需要大量资金的支持。因此,如何获取创业的财务资源,是每个创业者都极为关注的问题。财务资源的短缺也是很多创业企业夭折的一大重要原因。

7. 信息资源

知识经济时代的到来使信息资源的重要性变得更加突出。对于创业者而言,信息资源不仅会影响创业者的创业决定,而且会影响创业项目的选择、创业资源的获取以及创业成功的概率。

在创业实践中,不同类型的资源组合与创业企业所处阶段、主营业务类型、市场竞争态势等都有紧密的关系。某种资源是否比其他资源更重要取决于特定的现实背景。如在企业的新建时期,人力资源和经验非常重要,对于高新技术行业而言,技术资源的重要性不言而喻,但是随着企业的发展,组织资源会处于主导地位。

第二节 创业资源的开发与利用

一、创业资源的开发

创业资源是创业者开创事业必不可少的关键因素,在创业活动中创业者总是面临着各种资源的短缺和约束,因此创业企业要持续不断地进行资源开发。资源开发能力的强弱也是衡量创业者能力的重要指标之一,而且这种能力直接决定创业企业能否成长壮大。创业资源的开发能力与创业者的知识、经验和技能等紧密相关,同时也受到管理能力、创业团队研发能力等的影响。

创业资源的开发可以从技术资源、人力资源、信息资源、财务资源和政府资源五个方面展开。

1. 技术资源的开发

创业初期,创业技术是一项极其重要的资源,它在某种程度上决定所需创业资金的多少、创业产品的市场竞争力以及企业的盈利能力等。企业要想成功必须有一款在市场上叫好又叫卖的拳头产品，而打造一个领先的产品，必须有相应领先的技术。美国的苹果公司和 Google 在成立初期，只有几个人，最初的创业资本也较少，它们之所以能够闻名于界，主要就是因为其拥有独特的创业技术。

对于创业企业而言，技术资源开发的方式主要包括两种：一种是通过提高自己的科研能力自行进行技术创新；另一种是通过与社会上的其他机构进行技术资源合作以达到提高技术能力的目的。在自身技术资源开发能力有限的情况下，创业企业应该尝试与大专院校、科研院所合作，实行技术成果的转化。此外，技术资源通常是依赖于人力资源存在的，因此在重视技术资源开发的同时也要结合人力资源的开发。企业要注重营造尊重技术创新、重用创新人才的氛围，打造以人为本、宽容失败的企业文化。

2. 人力资源的开发

创业企业应该把人才战略作为企业发展的重点，并制定符合现代企业要求的人才引进机制，坚持以人为本，求才、爱才、重才、育才，用事业的发展吸纳技术人才和管理人员，利用高素质人才的引进和培养带动公司的发展与新技术的开发，用个人的长远发展及优厚的经济奖励留住人才，从而形成一支支撑企业发展的优秀团队。人力资源的开发应当注意以下几个方面。

（1）建立公平合理的激励机制，树立竞争意识，用奖惩制度去激发员工的积极性，充分发挥员工的潜能。

（2）建立完善的员工培训机制，使员工不断学习新的知识，培养新的技能，增强解决新的矛盾和问题的能力，实现企业与员工的共同可持续发展。

（3）善待员工，让员工有一种家的感觉。这种善待，既包括精神方面的满足，又要配以物质利益。

（4）要量才而用，扬长避短。企业要尽量挖掘并发挥员工的长处，按照员工的才能和特长安排职务，尽量规避其短处，使员工有认同感。

（5）在工作安排方面做到分工明确、职责清晰。

（6）借助外部力量如培训班等协助创业者快速找到急需的人才。

3. 信息资源的开发

当前，富有价值的信息资源对于很多创业者来说就是成功的机遇，创业者也应当像开发其他资源一样对信息资源加以开发。信息资源在创业活动中的最高层次应用就是用以指导决策制定。企业在制定决策时，通常会受到政府、供应商、客户、媒体以及竞争对手等内外部环境的影响。由于信息的不对称性，创业者只有在正确地分析企业内外部环境基础上，所做出的企业战略，才能称得上是科学的战略，才能成为创业企业正确的行动纲领。

对于信息资源，既要开发和管理外部信息资源，即抓住有利的商机，又要开发和管理好内部信息资源，进行信息资源的规划。信息资源规划是指对企业生产经营活动所需要的信息，从采集、处理、传输到使用的全面规划。在创业企业的生产经营活动中，无时无刻不充满着信息的产生、流动和使用。要使信息在部门之间、部门内部以及外部合作伙伴之间实现有效流通，以充分发挥信息资源的作用，不进行全面统一的规划是不现实的。

4．财务资源的开发

财务资源的开发，不仅仅是为了解决创业活动中"钱"的问题，更重要的是关注战略投资者能否为企业带来其他资源，如战略投资者的政府背景、行业背景、市场影响力、营销支撑等。同时，也要关注战略投资者的目标与企业现阶段的发展目标是否匹配。

在寻找到意向投资者之后，创业企业就可以根据实际情况，在众多的意向投资者中选择3~5家作为意向目标，然后与他们接触、面谈。但在接触之前，一定要认真了解这些投资者的基本情况，如资质情况、业绩情况、提供的增值服务情况等，在此基础上选择合适的目标投资者。当选择到合适的投资者之后，就需要与投资者进行接触面谈，在与投资者接触面谈过程中，双方要就企业的发展前景、新项目的经营计划和如何控制风险等重点问题进行协商沟通。

在双方签订的投资合同书中，创业企业和风险投资者双方必须明确下面两个基本问题：一是双方的出资数额与股份分配，其中包括对投资企业的技术开发设想和最初研究成果的股份评定；二是创业企业的人员构成和双方各自担任的职务。

5．政府资源的开发

在当前"大众创业，万众创新"的时代背景下，在社会各界的高度聚焦下，我国各地政府对于创业活动的关注和扶持力度达到前所未有的高度。开发政府资源，即充分关注并利用政府的各项优惠政策，包括财政扶持政策、融资政策、税收政策、科技政策、产业政策、人才政策、中介服务政策、对外经济技术合作与交流政策、政府采购政策等。

二、创业资源的利用

资源的利用，即对已有的资源进行调动、协调和配置的过程。有效的资源利用，有利于提升企业的市场表现，同时企业的主营产品、不同的战略导向都会影响到资源的利用。鉴于创业是在有限资源的前提下开展的，因此对于资源的合理利用所带来的效益有时比单纯追求资源的输入更加有效。

（一）创业资源利用的原则

创业者在创业过程中，不应该无止境地追求拥有更多资源，而是要掌握创业资源的利用原则，让有限的资源发挥最大的价值。创业资源的利用要做到"以用为先"，坚持开放性、经济性和适度性原则。

1．开放性原则

在资源利用过程中，创业企业要以开放的心态对待各种资源，尽可能利用有利于创业活动的一切可用资源。只要有利于创业活动的进行，不论什么类型的资源，不论是企业内部资源还是外部资源，都可以以多种途径或方式进行利用。

2．经济性原则

创业企业的经营活动应该用最少的人力、物力和财力，达到最大的产出。在达到相同产出的情况下，尽量利用那些较低成本的创业资源，同时要注意提高资源使用的效率，关注资源使用的频率、幅度和阶段性等。

3. 适度性原则

鉴于资源的有限性以及获取资源也需要付出相应成本，一次性筹集创业所需的全部资源不现实，也没有必要。创业者需要根据创业企业的发展阶段及其对资源的需求，筹集到足够当前使用的创业资源即可。这里所说的适度性原则，是指能够使创业企业生存下来的最低资源。如果创业者无法或者出于某种原因，没有筹集到维持企业生存的最低资源，则创业企业可能会面临很严重的危机，甚至会威胁到企业的生存。

（二）创业资源的利用方式

哈佛商学院教授霍华·史蒂文森在谈及如何有效利用创业资源时，指出创业者在企业成长的各个阶段都应该努力争取用尽量少的资源来推动企业的发展。他认为创业者需要的不是拥有各种创业资源，而是利用这些资源。创业者利用资源的方法主要包括利用自有资源、创造性拼凑资源和发挥资源的杠杆效应。

1. 利用自有资源

创业初期，大多数创业者都会面临各种资源的短缺。这个阶段，缺乏经营业绩、项目前景不确定等一系列因素使得创业企业与现有企业相比，在资源获取方面处于劣势。创业者可以创造条件来争取资源，但更为可行的策略是利用已有的资源、身边的资源。美国学者杰弗里·康沃尔（Jeffrey Cornell）在其出版的 *Bootstrapping* 一书中指出，步步为营不仅是一种最经济的方法，还是在有限资源约束下获取满意收益的方法。这一方法不仅适用于小企业，还适用于高成长企业、高潜力企业。步步为营是指在缺乏资源的情况下，创业者分多个阶段投入资源，并在每个阶段或决策点投入最少的资源。步步为营策略包括：创业者在资源约束的情况下寻找实现既定目标的途径；最大限度地降低对外部资金的需求；最大限度地发挥创业者自有资金的作用；实现现金流的最佳使用。

至于创业者为什么要选择步步为营的方法，杰弗里·康沃尔给出了九条理由，具体如下。

（1）创业企业不太可能获得来自商业银行或者投资者的资金。创业者，尤其是年轻的创业者，缺乏足够长的工作经历以积累创立企业所需要的资金，缺少足够的信用等级，没有可以抵押和担保的个人资产，所以很难从商业银行或投资者那里筹措资金。

（2）创业企业所需外部资金来源受到限制。很多有关创业企业资金来源的研究报告表明，创业者的初始资金主要来源于创业者本人，或其亲朋好友。其他外部资金来源，如银行贷款等，都不太可能成为初始创业者的选择。即便是天使投资，也只是钟情少数成长潜力大的企业。

（3）创业者推迟使用外部资金的要求。多数创业者为避免丧失对企业的控制权以及不愿意与他人来分享创业的收益，可能主动推迟使用外部资金。此外，在创业初期，从外部筹措资金也会耗费创业者大量的时间和精力，创业者可能更愿意将这些时间和精力投入产品的生产与销售活动中。

（4）创业者对控制企业的愿望。许多创业者不愿意去处理由于外部投资者期望以及银行施加的要求而给企业带来的复杂问题。同时，合伙人的增加会带来人际关系的变化，这会增加创业团队管理和沟通的难度。因此，有的创业者会放弃对他人资金的使用，以免分散企业的控制权和管理权。

（5）使可承受的风险最小化的一种方式。创业初期，创业者或创业企业抗风险能力较低，创业者对自己未来的发展也不是很清晰，故为了尽可能降低风险，创业者往往不使用银行贷款，以减轻还本付息的债务负担，尽可能地通过自有的现金储备保持盈利。

（6）创造一个更高效的企业。有些情况下，占有很多资源并不是什么好事情，反而会带来不必要的开支和浪费。相反，较少的资源有时反而是一种优势，这会逼迫创业者努力依靠自有资源全力以赴地进行创业活动，使企业变得更加柔性、更能随机应变。

（7）使自己看起来"强大"以便争夺客户。利用自有资源，可以给外界一种强大的印象，让其他潜在资源供应者看到创业者自身的实力，增强其未来投资创业企业的信心和吸引力。

（8）为创业者在企业中增加收入和财富。通过步步为营的策略，创业者可以降低成本，做到资源投入产出最大化，这也就等于增加企业和个人的收入与财富。

（9）形成审慎控制和管理的价值理念。习惯于步步为营的创业者会形成一种审慎控制和管理的价值理念。这种价值理念在企业日常的经营管理中体现为设法降低成本，让所占用的资源发挥更大效益，为投资者带来更高的投资回报。不过，这种价值理念也可能会带来负面效应，如事无巨细、谨小慎微，这可能会使企业错失一些高风险和高收益的商业机会。

本着"保持节俭，但要有目标"的原则，创业者在实施步步为营策略时可采取多种措施。如为了降低运营成本，可采取外包策略，让其他企业承担运营和库存的开支，减少固定成本的投资，防止因沉没成本过高而降低企业的灵活性。同时，还可以利用外包伙伴已形成的规模经济和剩余能力来降低创业企业的发展成本。为了降低管理费用，创业者可以到园区孵化器或创业服务中心创业，享用那里提供的优惠租金的办公场所，与其他创业企业共享传真和复印设备，同时结交更多的创业者。为了降低人力资源成本，创业企业可以雇用临时工甚至租借员工，使用实习生等。

2. 创造性拼凑资源

大多数企业在创立之初，都受到严重的资源约束：缺乏购买先进设备的资金，只好去购买其他企业废弃的二手设备；招聘不到合适的员工，创业者便身兼数职，或者全家齐上阵。因此，受资源束缚的创业者通常会利用手头已有的资源，或者身边能够找到的一切资源——尽管这些资源的质量也许并不是最好的——去迈向自己创业梦想的征程，创造独特的产品或服务。这些资源对他人来说也许价值很小甚至是无用的，但创业者依靠自己的经验和技巧，通过将其充分整合，最终实现自己的创业目标。

1）创造性拼凑的概念和要素

创造性拼凑是指在资源束缚下，创业者为了抓住机遇，实现特定目标，通过整合手边现有资源，进而创造出独特产品或服务的活动。对其他人而言，这些资源也许毫无用处或者是"二手处理品"，但是创业者通过自己的知识经验或者某项技能，创造性地整合各种资源，最终实现新的目标和价值。学术界用"拼凑"（bricolage）一词来描述这一现象，拼凑一词最早由人类学家列维·施特劳斯于1967年提出，之后被广泛用于众多学科，如文化人类学、法学、教育学、社会学等，用以描述在各个领域中的创新概念或行为的实现过程。拼凑包含以下三层意思：一是通过加入一些新元素，实现有效组合，进而改变结构；二是新加入的元素往往是手边已有的东西，也许不是最好的，但可以通过一些技巧组合在一起；三是这种行为是一种创新行为，可能会带来意想不到的惊喜。

泰德·贝克（Ted Baker）和里德·纳尔逊（Reed Nelson）拜访与记录了40家中小企业，进行了长达757小时的调查和167次深度访谈，他们发现总有一些企业能够在很少的资源下运营并成长。于是，他们从中挑选出20家特别的企业和9家对照企业进行了为期两年的跟踪研究，发现拼凑能够很好地描述创业者资源利用的行为。学者们发现创造性拼凑有三个关键要素：手边已有的资源、新的目的和将就使用。

手边已有的资源一般是通过日积月累积攒下来的，这些资源常常是免费的或者廉价的处理品。创业者开始积累资源时也许并不清楚它们的用途，只是基于"以后也许用得着"的想法和积累资源的习惯。在适当的时机，创业者会通过创造性的拼凑，使其变成创业所需的必要资源。

善于拼凑的创业者大多都有一双善于发现的眼睛，洞悉手边资源的各种属性，将它们创造性地整合起来，开发新机会，解决新问题。因此，拼凑的另一个重要特点是为了其他目的重新整合已有资源。市场环境日新月异，环境的变化使得一些前所未有的问题层出不穷，但同时机会也接踵而至，现有企业的资源结构不可能适合于所有情况，也不太可能总是能够在第一时间找到合适的新资源。因而，利用手边已有的资源，快速应对新情况便成为创业成功的一大法宝。

将就使用，意味着经常利用手边的资源将就。拼凑者需要打破固有观念，忽视正常情况下人们对资源和产品的常规理解，坚持尝试突破。出于成本和时间的考虑，拼凑的载体常常是手边的一些可用资源。因此，这种办法在资源使用上经常和次优方案联系在一起，也许是不完整的、低效率的、不全面的、不合适的，但是在某种程度上却是当时唯一理性的选择。因此，创业者只能将就使用既有资源，在一次次尝试中不断满足企业的基本要求。拼凑有时候就是在一次次不完美中逐渐蜕变出辉煌。

2）创造性拼凑的模式选择

创造性拼凑主要分为两种模式，即全面拼凑与选择性拼凑。

全面拼凑是指创业者在物资资源、技术资源、人力资源、制度规范和客户市场等诸多方面长期使用拼凑的方法，在企业现金流步入稳定后依然不停止拼凑的行为。这种全面性拼凑的行为会导致企业在内部经营管理上难以形成公正有力、符合标准的规则章程，在拓展外部市场上会因为采用低标准的资源而遇到阻力，使企业很难走上正轨。此外，一旦企业形成这种"全面拼凑型"定位，就会被市场打上标准低、质量次的标签，从此很难拓展新的市场，也会丧失利润更高的细分市场，这进一步阻碍了企业的成长。

与全面拼凑的表现和效果大不相同的另一种模式是选择性拼凑。选择性拼凑是指创业者在拼凑行为上有一定的选择性，有所为有所不为。在应用领域上，他们通常只会选择在一两个领域内进行拼凑，以避免全面拼凑给外界造成的标准低、质量次的企业形象；在应用时间上，只在早期创业资源紧缺的情况下采用拼凑行为，随着企业的发展逐渐减少拼凑的行为，直到最后完全放弃，使企业摆脱拼凑型企业的阴影，逐步走向正规化，满足更广泛的市场需求。

3. 发挥资源的杠杆效应

虽然存在资源束缚，但创业者并不会被当前所拥有的资源所限制，成功的创业者善于利用关键资源的杠杆效应。杠杆效应是指以尽可能少的付出获取尽可能多的收获的现象。由于创业者在创业初期拥有的资源有限，需要创业者在创业过程中尽可能利用资源的杠杆效应，形成杠杆优势。创业初期，由于资金匮乏、时间紧迫，因此，最合适的杠杆就是创业者个人的素质和能力。这些能力主要体现为：识别一种没有被完全利用的资源的能力、看到某种资源能够如何被独特运用的能力、说服那些拥有资源的人让渡使用权的能力等。

资源的杠杆效应体现在以下几个方面：能比别人更加延长地使用资源；更充分地利用别人没有意识到的资源；利用他人或者其他企业的资源来完成自己创业的目的；用一种资源补足另一种资源，以产生更高的复合价值；利用一种资源获得其他资源；等等。

对创业者来说，容易产生杠杆效应的资源，主要包括人力资本和社会资本等非物质资源。特有的人力资本会直接作用于资源获取，有产业相关经验和先前创业经验的创业者能够更快地整合资源，更快地实施市场交易行为。社会资本是社会成员从各种不同的社会结构中获得的利益，是一种根植于社会关系网络的优势。

创业者的个人社会网络为其提供了开发不同市场的信息，也有利于社会上的有关信息通过网络中的亲朋好友传递给创业者，为其提供创业的机会，以及提高创业成功的概率。

第三节 创业资源的整合

在现实生活中，有些人有很好的创意，但却无法整合实现创意所需的资源。另外一些人可能没有资源，但依靠自己的知识、经验、技能和社会关系，总能找到资源实现自己的创业梦想，打造自己的商业王国。

资源整合就是创业者通过协调各种资源的关系，做到有进有退、有取有舍，充分发挥各种资源的效用，通过资源整合机制使得资源运用达到"1＋1＞2"的效果。成功的创业者通常都是资源整合的高手，创业资源的整合不仅仅是一个技术问题，更是一项系统性工程。

一、资源整合前的准备工作

所谓机会是留给有准备的人，在创业前做好以下工作，会提升后期资源整合成功的概率。

1. 建立个人信用

市场经济是一种信用经济，规范的信用体系是市场经济的基石，信用对国家、对企业、对个人而言都是一种珍贵的资源。在与外部创业资源打交道时，实质是与人打交道，信息和信誉是决定能否长期利用某些资源的关键因素。例如，创业最初的资源通常来自创业者的熟人社会网络关系，主要为亲朋好友，如果创业者的口碑太差、信用度较低，那么整合资源的难度可想而知。

2. 积累人脉资源

人脉资源是一种潜在的无形资产，与其他资源相比，人脉资源具有长期投资性、可维护性和可拓展性等特点。大量研究表明，创业者的人脉对创业融资和创业绩效有直接的促进作用。积累人脉资源需要创业者善于和陌生人交往，能够与他人分享快乐以及乐于助人等。对于大学生而言，要积极参与学校社团活动和社会实践，建立健康、有益的人际关系，创造和积累基于师生关系、校友关系、同事关系的社会资本，为今后的创业活动打下良好的基础。

二、测算资源需求量

在资源整合之前需要明确创业项目的资源需求量，即资源需求量的测算是整合资源的基础。

1. 估算启动资金

创业启动资金是指企业开办初期所必需的资金，主要用于购买企业运营所需的资产、支付日常开支以及广告宣传费用等。对创业启动资金进行估算，需要丰富的企业管理经验，以及对市场行情的充分了解。为了较为准确地估算出创业所需的启动资金，需要分类列出清单，而且越详细越好。从有形的商品（如厂房、库存、设备和固定设施）到专业的服务（如注册登记、广告和法律事务），一应俱全。然后，就可以逐项测算创业启动所需要支付的费用。创业者在估算启动资金时，既要保证启动资金满足企业运营，又要千方百计节省开支，以减少启动资金的花费。

2. 测算营业收入、营业成本、利润

对于创业企业来说，预估营业收入是确定财务计划和财务报表的第一步。为此，需要立足于市场研究、行业销售状况以及试销经验，利用购买动机调查、推销人员意见综合、专家咨询、时间序列分析等多种预测技巧，估计每年的营业收入。随后，要对营业成本、营业费用以及管理费用等进行估计。由于创业企业在市场上缺乏知名度，因此推广成本很大，营业收入与推动营业收入增长所付出的成本不可能成比例增加。因此，对于第一年的全部经营费用要按月估计，每一笔支出都不可遗漏。在预估第二年及第三年的经营成本时，应该关注那些长期保持稳定的支出，如果第二年、第三年销售量的预估是比较明确的，则可以根据营业百分比法，即根据预估净营业量按固定百分比计算折旧、库存、租金、保险费、利息等项目的数值。在完成上述项目的预估后就可以按月预估出税前利润、税后利润、净利润以及第一年利润表的内容，然后进入预计财务报表过程。

3. 编制预计财务报表

创业企业可以采用营业百分比法预计财务报表。这一方法的优点是，能够比较简便地预测出相关项目在营业额中所占的比率，预测出相关项目的资本需求量。但是由于相关项目在营业额中所占比率常常会随着市场状况、企业管理等因素发生变化，因此，创业者必须根据实际情况及时调整有关比率，否则会对企业经营造成负面影响。

第一，预计利润表是运用营业百分比法的原理预测可留用利润的一种报表。通过预计利润表，可预测留用利润这种内部融资方式的数额，也可以预计资产负债表为预测外部筹资额提供依据。

第二，预计资产负债表是运用营业百分比法的原理预测外部融资额的一种报表。通过提供预计资产负债表，可预测资产和负债表及留用利润有关项目的数额，进而预测企业需要外部融资的数额。

第三，预计现金流量表是反映企业一定期间现金流入与现金流出情况的一种财务预算。它是从现金的流入和流出两个方面，揭示企业一定期间经营活动、投资活动和筹资活动所产生的现金流量。大量的事实表明，现金流量不足是创业企业面临的主要问题之一，因此对创业企业来说，逐月预估现金流量是非常重要的。

4. 结合企业发展规划预测资源需求量

创业者必须能读懂上述财务指标，这是一个创业者必备的基础财务知识。此外，融资需求量的确定不是一个简单的财务测算问题，而是一个将现实与未来综合考虑的决策过程，需要在财务数据的基础上全面考察企业的经营环境。

三、编写商业计划书

商业计划书是创业的行动导向和路线图，既为创业者提供指导和规划，也为创业者与外界沟通、寻求帮助提供基本依据。不难看出，商业计划书对于创业成功具有重要的作用，因此，无论创业企业规模大小，有商业计划书的企业通常表现得更好。特别对那些想要获得风险投资青睐的创业企业，一份有说服力和体现创业前景的商业计划书是必不可少的。商业计划书在本书第五章有详细的介绍，在网络上也可以检索到很多不错的计划书模板。

四、确定资源来源

在编写好商业计划书后，紧接着的工作就是确定资源的来源。首先，创业者要对自己的人脉进行一次全面的排查，初步确立可能成为资源来源的各种关系。其次，创业者需要收集各方面的信息，以获得政府、商业银行、行业协会等各种能够提供资源支持的资料。在"大众创业，万众创新"的号召下，各地政府积极响应并出台了一系列创业创新的补贴措施，从政策到资金到场地全方位地对创新创业予以支持，创业者要抓住这个政策红利。

五、进行资源整合谈判

资源整合谈判是以取得双赢结果为目的的谈判。无论前期工作做得多么充分和完美，在与资源供应者谈判时表现糟糕的创业者可能很难达成交易。因此，创业者要做好充分的准备，这个准备主要体现在两个方面：一是要有一定的谈判技巧，可以通过咨询相关有经验的人士或者阅读关于谈判技巧的书籍来弥补这方面的不足；二是要对资源供应者感兴趣的问题做个预先的准备，要提前设想对方可能会问的问题以及有关对方投资回报的收益问题等。

本章小结

创业活动通常发生在资源高度约束的情境下，大部分创业者在创业开始之初都面临各种各样的资源瓶颈。成功的创业者通常离不开以下几种创业资源：物质资源、技术资源、人力资源、声誉资源、组织资源、财务资源、信息资源等。

优秀的创业者需要不断地开发和利用各种创业资源，同时学会借助内外部力量对各种创业资源进行整合，以达到协同效应。

每种创业资源通常都有不同的来源方式，这需要创业者去挖掘。同时，创业阶段、经营业务以及企业类型的不同，不同创业资源发挥的效用也存在明显的差异。资源开发能力的强弱是体现创业者能力重要的指标之一，它与创业者的教育背景、管理能力、性格特质、企业研发能力等紧密相关。创业企业必须注重资源的开发。在资源利用中，要强调"以用为先"，坚持开放性、经济性和适度性原则；利用资源的方法主要包括利用自有资源、创造性拼凑资源和发挥资源的杠杆效应。

创业者面临的资源除了内部资源外，还有各种各样的外部资源，资源的整合能力成为创业者必备的技能之一。创业资源的整合主要有五个步骤，即整合前的准备工作、测算资源需求量、编写商业计划书、确定资源来源和进行资源整合谈判。

思 考 题

1. 创业所需的资源主要有哪些？如何获取？
2. 创业者一般要拥有哪些资源？
3. 为什么创业者经常会受到资源匮乏的约束？
4. 如果你去创业，你打算怎样整合资源？

案例分析

尿布师：只卖纸尿裤的母婴电商

尿布师的创始人郭文俊是一名80后，大学毕业先后在淘宝、优众网和品味汇工作，一直在电商圈里兜兜转转。2014年年初，郭文俊回到杭州决定创业。

彼时"单独二孩"政策正逐渐在全国落地，母婴行业呈现出前所未有的发展势头。在郭文俊看来，0~3岁品类是母婴行业中最敏感的，无论是奶粉、辅食还是喂哺洗护用品，在中国都发生过安全危机，线上也缺少一个可以信任的0~3岁阶段品类的购买渠道。

"0~3岁的品类里，奶粉排第一，纸尿裤第二，辅食第三，喂哺洗护第四。我们对纸尿裤这个品类的理解是最强的，无论是供应链还是营销。"郭文俊说，目前主流的纸尿裤都是进口的，而尿布师是一支有着强跨境电商基因的团队，在进出口贸易、海外仓储建立和国际物流方面都有丰富的经验。"我们希望在一两年的时间里将纸尿裤这个品类的供应链优化到最短，仓储和物流亦优化至最好，至少成为消费者线上购物的一个放心品类。"

郭文俊认为，从企业的角度来说，做综合母婴品类容易丧失辨识度，"什么都卖，消费者记不住你"。抓住纸尿裤这一个品类做扎实，反而能让消费者留下深刻印象。

那么，纸尿裤这个品类怎么做扎实？其实逻辑很简单：既然垂直，就要重度，要做别人不愿意干的脏活累活。尿布师既然深耕一个品类，更没有不去做重的理由。

一是信息尽可能透明。信息的透明包含品牌信息和商品来源两方面。在品牌信息上，郭文俊发现，中国消费者一般只认识花王等几个品牌，还停留在完全靠熟人推荐的阶段。由此，尿布师在商品描述里添加了"尿布师说"的环节，从专业人士的角度教消费者如何甄别纸尿裤的真伪、如何区别纸尿裤的每一个版本等。"这样做的好处是：在月销售额已经过百万的情况下，我们只有一个客服，节省了人力成本。"郭文俊说。

在商品来源上，跨境电商的商品来源比较复杂，即使是同一品牌，来源不同，价格和品质也会略有不同。例如，有的品牌有直采版和官方指定进口版。直采版指在国外卖场采购，是当地原版，价格略低，但运输过程中可能会污染和损坏。官方指定进口版是原包原装，运输过程由官方监督，但商品有可能是专门为中国定制的。尿布师都会如实向消费者说明这些信息。

二是从质检到包装事无巨细。除了海关商检和国检部门的抽检与独立检测，尿布师还会对每一包纸尿裤进行检测，从检查是否破损，到验证紫外光防伪码，再到随机拆包验证每一片纸尿裤的防伪码。这些细节都是被综合型电商所忽略的。郭文俊表示，即便未来订单量扩大后，尿布师还是会坚持每包质检。

在包装上，尿布师向厂家定制了特别加厚加硬的5层瓦楞纸箱，还专门购买了一台价值8万元的机器用于封装缓冲气泡袋。"消费者开箱时，一般是拿刻刀去割封箱带，最上面一包纸尿裤可能就会被划破，我们在封箱前都会剪一片硬纸板垫在里面，类似的优化还做了很多。"郭文俊说。

在国内，似乎垂直电商只有做特卖，才能在巨头的挤压中存活下来。尿布师同样选择了特卖路线。郭文俊认为，纸尿裤是很适合特卖的，因为消费者的购买模式就是囤货，所以捕捉用户"下一次想起来"的时机特别重要。

尿布师的节奏基本上就是进一柜纸尿裤，立刻快速清掉，同时保持稳定的频率。同一款纸尿裤每隔两三天重复上新，保证用户能够及时买到。

现阶段，郭文俊更看重市场份额而不是盈利。"三年后，当我的原有用户已经进入3～6岁阶段，届时至少会加入服装等非标品，如何持续获取并且留住用户是我们最核心的考量。"

资料来源：娄月. 尿布师：只卖纸尿裤的母婴电商[J]. 创业家，2015（1）.

讨论题

1. 从尿布师创业初期的快速发展来看，哪些创业资源起到关键作用？
2. 尿布师是如何运用资源开发策略，实现企业快速扩张的？

第四章 创业者与创业团队

学习目标

1. 了解创业者的定义与类型。
2. 了解创业者创业的动机。
3. 了解创业者创业须具备的素质与能力。
4. 了解创业团队的含义、特点,以及知道如何组建与管理团队。

导入案例

2015年4月17日,备受业界瞩目的毛大庆首次公开其创业项目——优客工场,并正式公开其天使投资人与联合创始人团队,同时通过融资,实现了资本的提升,通过布局全国主要城市,包括北京、上海、天津、深圳、西安等城市,完成整个网络系统的全覆盖。优客工场提供的平台将在创业的道路上引导创业者避开不必要的崎岖,培养创业者的商业能力和企业家精神,从而为创业者提供具有良好黏性的社交环境,扶助创业者实现最初的梦想。因此,优客工场实际上既实现了创业者的原始创业,同时又为原始创业者提供最佳的服务平台。

资料来源:B座12楼. Wework、SOHO3Q、优客工场,什么时候做"二房东"也这么赚钱了?[EB/OL]. 新芽.http://newseed.pedaily.cn/u/12lou/201505271320184.shtml

第一节 创业者的定义与类型

自2014年9月夏季达沃斯首提"大众创业,万众创新"以来,"双创"成为李克强总理最为关切的经济发展动力引擎,国家先后出台了一系列的政策与措施为创业者提供全面的支撑,从而为创业者创业营造最为优良的环境。

一、创业者的定义

何为创业者?创业者与企业家的区别为何?这就要求我们对于创业者有一个全面客观的认识,精准定义创业者。

创业者是指创业活动的推动者,或者是活跃在企业创立和创业企业成长阶段的企业经营者。创业者并不等于企业家,因为多数创业者并不具备企业家必备的品格。创业者只有不断完善个人素质,带领企业获得商业上的成功,才可能逐步转变为真正的企业家。

二、创业者的类型

（一）按创业的背景和动机上划分

按创业的背景和动机，创业者可划分为生存型创业者、变现型创业者和主动型创业者。

1. 生存型创业者

生存型创业者是指自主创业的下岗工人、失去土地或不愿困守乡村的农民及毕业找不到工作的大学生。

2. 变现型创业者

变现型创业者是指过去在党政机关掌握一定权力或者在国有企业、民营企业当经理人期间积累了大量市场关系并在适当时机自己开办企业，从而将过去的权力和市场关系等无形资源变现为有形财富的创业者。目前，后一类变现者是主体，前一类变现者在增加，而且一些地方政府的政策对此起到了推波助澜的作用，如鼓励公务员带薪下海，允许政府官员创业失败之后重新回到原工作岗位。但是，这种做法有可能造成市场竞争环境公平性的人为破坏。

3. 主动型创业者

主动型创业者又可以分为两类：一类是盲动型创业者，另一类是冷静型创业者。盲动型创业者大多极为自信，做事冲动。有人说，这种类型的创业者大多同时是博彩爱好者，喜欢买彩票，而不太喜欢检讨成功概率。这样的创业者很容易失败，一旦成功也往往是一番大事业。

（二）按创业过程中所处的角色和所发挥的作用划分

按创业过程中所处的角色和所发挥的作用，创业者可划分为独立型创业者、主导型创业者与跟随型创业者。

1. 独立型创业者

独立型创业者是指自己出资、自己管理的创业者。其创业动机和实践受很多因素影响，如发现很好的商业机会，失去工作或找不到工作，对目前的工作缺乏兴趣，对循规蹈矩的工作模式和个人前途感到无望，受他人创业成功的影响，等等。独立创业充满挑战和机遇：可以自由发挥创业者的想象力、创造力，充分发挥主观能动性、聪明才智和创新能力；可以主宰自己的工作和生活，按照个人意愿追求自身价值，实现创业的理想和抱负。但是，独立创业的难度和风险较大：可能缺乏管理经验，缺少资金、技术资源、社会资源、客户资源等，生存压力大。

2. 主导型创业者与跟随型创业者

主导型创业者与跟随型创业者是相对的。在一个创业团队中，带领大家创业的人就是团队的领导者，即主导型创业者，其他成员就是跟随型创业者，也叫参与型创业者。

第二节 创业的动机

一、创业的动机的类型

对于大部分的创业者尤其是广大的青年创业者来说,创业的动机必须与当前经济社会的发展保持一致性,才能实现良性的创业,让创业者保持活力,为此,创业者的动机实际上就是鼓励和引导个体为实现创业成功而行动的内在力量。

创业的动机大体上可以归为以下四类:生存的需要、积累的需要、自我实现的需要和就业的需要。大学生创业是适宜的创业环境与做好创业准备的大学生相结合的产物。

(一)生存的需要

首先,由于经济的原因,许多家庭越来越难以负担昂贵的学费,国家的助学贷款、奖学金制度并不能完全解决问题。在沉重的经济负担压力之下,为了顺利完成学业,这部分学生中的一部分只好利用课余时间打工来维持正常的学习和生活。在打工的过程中有一部分具有创业素质的人会发现商机并且去把握它,开始走上创业的道路。

其次,当前我国高校学生中城镇生源的学生95%均是独生子女,培养他们的独立性已经成为当务之急。目前已经有一部分学生开始独立承担自己的学习、生活费用,他们中也产生了一定数量的创业先行者。这部分创业者通常都以学习为主要目的,从事一些投入时间、精力较少的行业,对经济回报要求较低。

(二)积累的需要

按照克雷顿·奥尔德弗的ERG理论,人有生存(existence)、相互关系(relatedness)和成长(growth)三种核心需求。这三种核心需求并不一定按照严格的由低向高的顺序发展,可以越级。当代大学生随着年龄的增长,对于相互关系和成长的需要逐渐强烈。一部分大学生为了增加自己的实践经验,丰富自己的社会阅历,或者为了自己以后的发展或实现自己的某个目标做好经济上的准备,在条件成熟的情况下也会利用课余时间走上创业的道路。这种类型的创业者往往以锻炼为目的,承受失败的能力较强。同时由于压力较小,失败和半途而废的比例也比较高。

(三)自我实现的需要

青年正处于创造能力的觉醒时期,对创新充满了渴望和憧憬。他们思维活跃、创新意识强烈,同时所受的约束和束缚较少,按照ERG理论对成长的需要也更为强烈。另外,由于大学生所处的环境,他们往往更容易接触一些新的发明和学术上的新成果,或者他们中的一部分本身拥有具有自主知识产权的科研成果。为了能早日实现自己成功的目标,他们中的一部分改变了自己的成功观念,也开始了自己的创业生涯。

(四)就业的需要

当前,我国的大学生就业形势相当严峻,一方面表现为需求不足,另一方面表现为大学生的工资待遇降低。在这种情况下，为了找到一份自己满意的工作，有一部分大学生开始了创业。

二、大学生创业动机探讨

大学生的创业模式，按照大学生参与创业的时间可以划分为以下三种：兼职创业、休学创业和毕业后创业。这三种模式是大学生创业实践的选择结果。本章我们将分别讨论它们的特点和适用性，并且对这三种模式进行比较，以期为大学生在创业模式的选择上提供一些帮助和指导。

（一）兼职创业

兼职创业是指学生不放弃或中断自己的大学学习而采取的在课余时间从事创业活动的创业模式。这种模式要求学生在创业的同时不能影响大学课程的学习，因此选取此种模式的创业者在创业活动中所涉及的行业通常都是对创业者时间投入要求较灵活的行业，而创业者本人对于学习和创业的时间、精力安排必须合理，否则将会一事无成。从大学生创业者的角度来看，选择此种模式主要有以下几种情况。

（1）创业的目的是为大学学习服务的，即大学生创业是为了更好地完成大学的学习，通常可以归为两类：一是为了筹集学费而开展创业，二是为了锻炼自己的实践能力开展创业。

（2）创业的风险性太高，即大学生创业者认为创业的风险太高，为了给自己创业失败后多一种选择，因此选择了兼职创业。

（3）迫于社会、家庭的压力，我国大学生对于家庭、社会的依赖使大学生在对创业模式进行选择时，往往需要征得家庭、社会的同意。

兼职创业模式具有如下特点。

（1）企业经营模式多样性。由于不仅要面对创业的风险和挑战，还要完成繁重的大学课程，创业者只能利用课余时间从事创业，而由于我国的教育体制不灵活，企业的运营模式只能根据创业者的实际情况进行调整。

（2）企业组织形式的多样性。一方面这是创业资本来源的多样性造成的；另一方面由于大学校园相对于社会的独立性，一些创业者的创业活动仅限于校园甚至没有明确的法律形式。

（3）企业的技术含量较低。这一方面是由我国创业大学生的整体现状决定的，另一方面在校大学生尤其是低年级学生的专业技术知识不完备也是一个重要的原因。

（二）休学创业

休学创业是指学生为了创业而申请休学从事创业活动的一种模式。这种模式受教育体制的影响较大。选择这种模式的大学生不仅要面对创业的风险和挑战，还要应对周围环境的压力。从另一个角度看，由于这部分创业者创业失败后还有另外的选择，即回到大学继续读书，在创业过程中要有充分的应对风险和困难的准备，否则容易半途而废。这种模式也可以称为缓冲模式，即创业大学生在休学期内通过自己的实践和创业企业的发展能更有针对性地对创业模式做出选择。

休学创业模式具有如下特点。

创业大学生有较为充裕的时间和精力进行创业，休学可以为大学生创业者提供更为充足的实践和经历，这对于创业的成功是大有裨益的。

创业者承受失败的能力相对较强，在同等条件下这种模式又给创业者提供了一种退出机制。

创业模式具有可变性，由于休学的时间限制，大学生创业者还可根据实际需要，变换创业的模式。

（三）毕业后创业

毕业后创业是指大学生在结束大学课程之后走上创业的道路。选择此种模式的大学生其动机通常都是出于自我实现或就业的需要。这种模式对于高等教育的冲击较小。同时由于自身的素质提高，其在创业的过程中可选择范围也较大。这对创业成功有很大的作用。从大学生的从业意义角度来讲，这种模式的大学生创业对于社会经济发展和缓解大学生就业压力的作用非同一般。因此，这种模式应该是我国大力提倡和引导的。

毕业后创业模式具有如下特点。

（1）创业企业的组织形式、经营模式相对稳定，大学生毕业后创业直接面对市场经济的机遇和挑战，正规的企业形式是不可缺少的，因此选用此种模式要求创业者必须提高自己的管理技能。

（2）创业企业的平均技术含量较高，大学生在接受完大学教育之后，自身的专业技能、社会实践能力都有很大的提高，使得利用自有技术创业的可能性得以增大。同时对于相关技术领域的发展也会更好地把握，这提高了创业企业利用先进的技术的可能性。

第三节　创业者的素质和能力

根据我国的创业环境，创业者的基本素质包括创业意识、创业心理品质、创业能力和创业知识结构四大要素。四个方面的要素中每一项要素均有其独特的地位与功能，任何一个要素发生变化或残缺不全，都会影响其他要素的形成、发展与作用的发挥，乃至影响创业的成功。创业意识、创业心理品质、创业能力、创业知识结构要素之间既相互独立又相互影响，是相互制约的一个有机的整体。因此，一个未来的创业者，不仅要注意在环境和教育的双重影响下培养自己的创业素质，而且要重视其整体结构的优化，在创业实践中不断提高自己的创业素质。

一、创业者的素质要求

对于广大的创业者来说，一般需要具备以下的素质要求，才能在创业中占据先机，把握好市场的需求。

（一）文化知识丰富

在竞争日益激烈的今天，单凭热情、勇气、经验或单一的专业知识，要想成功创业是很困难的。创业者要进行创造性思维，要做出正确决策，必须掌握广博的知识，具有一专多能的知识结构。具体来说，创业者应该充分了解、掌握国家的有关政策、法规，做到用足、用活政策，依法行事，用法律维护自己的合法权益；了解科学的经营管理知识和方法，提高管理水平；掌握与本行业本企业相关的科学技术知识，依靠科技进步增强竞争能力；具备市场经济方面的知识，如财务会计、市场营销、国际贸易、国际金融知识等；具备一些有关世界历史、世界地理、社会生活、文学、艺术等方面的知识。

（二）心理素质好

心理素质是指创业者的心理条件，包括自我意识、性格、气质、情感等要素。作为创业者，其自我意识特征应为自信和自主，其性格应刚强、坚忍、果断和开朗，其情感应更富有理性色彩。成功的创业者大多是不以物喜、不以己悲的、成功时不沾沾自喜，得意忘形；碰到困难、挫折和失败时不灰心丧气、消极悲观。

（三）身体健康

创业是一项繁重和复杂的工作，创业者对健康风险要有充分的准备。创业者工作繁忙、压力大，如果身体不好，必然力不从心、难以承受创业重任。因此创业者无论在什么情况下，都要培养一种积极乐观的心态、宽广坦荡的胸怀，要力争做到身体健康、体力充沛、精力旺盛、思路敏捷。

（四）坚持不懈

"只有坚持不懈，才有可能成功"，伟大的创业者无一不把这句话作为座右铭。爱迪生强调指出，创造力依据的是99%的努力和1%的灵感。他认为，一连串的失败，乃是不断尝试错误的探索性实验，是成功的创新所必需的。经历一次又一次的失败而绝不放弃是创业者的主要行为特征。创业领域，没有任何捷径可走，只有专心致志和坚持不懈的人，才能克服在通往目标的道路上所遇到的危机和障碍。

（五）敢冒风险

在市场经济大潮中，机会与风险共存。只要从事创业活动，就必然会有某种风险伴随；且事业的范围和规模越大，取得的成就越大，伴随的风险也越大，需要承受风险的心理负担也就越大。成功的创业者总是事先对成功的可能性和失败的风险进行分析比较，选择那些成功的可能性大而失败的可能性小的创业项目。创业者还要具备评估风险程度的能力，具有驾驭风险的有效方法和策略。

（六）善于交流

在创业道路上，必须摒弃"同行是冤家"的狭隘观念，学会合作与交往。创业者要通过语言、文字等多种形式与周围的人进行有效的交流与沟通，提高办事效率，增加成功的机会。在创业过程中，需要与客户打交道，与公众媒体打交道，与外界销售商打交道，与企业内部员工打交道，这些交往、沟通，可以排除障碍、化解矛盾、降低工作难度、增加信任度，有助于创业的成功。

（七）克服盲目冲动和私利欲望

创业过程中，创业者要善于克制，防止冲动。克制是一种积极的有益的心理品质，它可使人积极有效地控制和调节自己的情绪，使自己的活动始终在正确的轨道上进行，不会因一时的冲动而做出缺乏理智的行为。创业者在创业过程中要自觉接受法律的约束，合法创业、合法经营、依法行事，自觉接受社会公德和职业道德的约束，文明经商、诚实经营、互助互利。当个人利益与法律和社会公德相冲突时，要能克制个人欲望、约束自己的行为。

（八）树立危机意识

一个国家如果没有危机意识，迟早会出问题；一个企业如果没有危机意识，迟早会垮掉；一个人如果没有危机意识，难免有一天会遭受挫折。未来是不可预测的，因此，创业者要有危机意识，在心理上和行动上有所准备，以便应付突如其来的变化。在创业实践中你要有"万一……怎么办"的危机意识，居安思危，未雨绸缪，预作准备。创业者本身的经验、学识、能力，尤其是对要涉足行业的了解，将对创业成功起重要的作用。在熟悉的行业中创业，市场熟、产品熟、人脉也熟，就能"驾轻就熟"。因此，创业者要注意自身知识的积累以及对自身创业能力的培养。

二、创业者应具备的能力

创业者的能力就是创业者在创业阶段所应具备的专业素养，同时也是创业者实力的体现。

（一）专业技术能力

专业技术能力包括专业知识和专业技能。专业知识是指从事某一专业工作所必须具备的知识，一般具有较为系统的内容体系和知识范围。掌握专业知识是培养专业技术能力的基础。专业技能包括智力技能和操作技能。智力技能是在大脑内部借助内部语言，以缩简的方式对事物的映象进行加工改造而形成的。操作技能是由一系列外部动作构成的，是经过反复训练形成和巩固起来的一种合乎法则的行动方式。

（二）经营管理能力

在现代社会中，经营管理能力为人的生存和发展提供了较好的主体条件；同时，也能形成人、财、物、时间、空间的合理组合。管理能力直接关系到创业活动的效率和成败，因此管理能力也是生产力。经营管理能力主要包括善于经营、善于管理、善于用人和善于理财四个方面。

1. 善于经营

成功的创业者，不仅要有果敢的开拓精神，还必须精通经营之道，熟悉市场行情，了解和掌握生产经营活动的内容、策略和手段。掌握信息要及时准确，对比选优要多设方案，不同意见要兼收并蓄；要懂得市场经营策略、销售策略、定价策略，熟悉生产经营的组织和管理等。

2. 善于管理

所谓管理，就是根据企业的内在活动规律，综合运用企业中的人力资源及其他资源，从而有效地实现企业目标的过程。善于管理，必须了解生产环节，掌握管理的窍门，精通经营核算，做好生产过程的组织、生产计划的编制、生产的调度、产品的质量控制等。

3. 善于用人

在生产力诸要素中，人是最活跃的、起决定作用的因素，也是企业能否发展的决定性因素。善于用人，就能调动人的积极性，使人尽其能、人尽其才，使个人的长处得到充分的发挥。要做到善于用人，必须统一指挥、权责相配、建立规章、民主管理，还必须论功晋级、按劳取酬。

4. 善于理财

创业者从事生产经营，要获得利润，就必须善于理财。理财是对资金运动过程进行正确的组织、指挥和调节，保证生产活动顺利进行，从而减少劳动和物质资源的耗损，降低产品成本，提高资金利润率的重要环节。不言而喻，善于理财能使资金增值，提高经济效益，这是创业成功的重要保证和标志。

（三）综合能力

（1）学习能力。学习能力包括逻辑思维能力、综合应用能力、分析比较能力、归纳总结能力、阅读理解能力和口头表达能力等。

（2）驾驭信息能力。驾驭信息能力即对信息的获取、分析、加工、处理、传递的能力，是理解和活用信息的能力。

（3）激励员工能力。激励员工能力包括目标激励、评判激励、榜样激励、荣誉激励、逆反激励、许诺激励、物质激励七个方面。

（4）应变能力。应变能力就是灵活机动、锐意创新，能根据社会和市场的变化，迅速采取相应对策的能力。

（5）独立工作能力。独立工作能力包括独立思考能力、组织决策能力、自我控制能力、经营管理能力、承受挫折能力、人际交往能力以及在市场经济条件下的竞争能力等。

（6）开拓创新能力。创新是创业的基础，创新是指主体为了一定的目的遵循事物发展的规律，对事物的整体或其中的某些部分进行变革，从而使其得以更新与发展的活动。创新意识主要由好奇心、求知、竞争、冒险、怀疑、灵感、个人求发展的动力等心理因素和创造性思维、独立性思维等因素组成。

（7）社交能力。社交能力是指学会认识人际关系、正确理解人际关系、培养良好人际关系的能力。创业的过程就是不断熟悉社会，同时让社会熟悉自己、接纳自己的过程。为此，创业者一定要敢于面向社会、闯入社会，把社会看成自己获得支持，从而获得能量、信息与材料的源泉，即在社会实践中逐步提高自己的创业意识，从而获取创业能力。同时，必须把社会的需要、社会的利益、社会的价值标准与评价原则作为自己行动的一个参照系，把自己所从事的事业与集体的、社会的事业联系起来,提高自己的社交能力,扩大交往,与人合作,取信于他人,取信于社会,为自己创造一个开放的创业环境。

第四节 创业团队的含义与特点

一、创业团队的含义

创业团队是指在创业初期(包括企业成立前和成立早期),由一群才能互补、责任共担、愿为共同的创业目标而奋斗的人所组成的特殊群体。

一般而言,创业团队由以下四大要素组成。

一是目标。目标是将人们的努力凝聚起来的重要要素,从本质上来说创业团队的根本目标就在于创造新价值。

二是人员。任何计划的实施最终还是要落实到人的身上。人作为知识的载体,所拥有的知识对创业团队的贡献程度将决定企业在市场中的命运。

三是团队成员的角色分配,即明确各人在创业企业中担任的职务和承担的责任。

四是创业计划,即制订成员在不同阶段分别要做哪些工作以及怎样做的指导计划。

对于创业团队来说,在企业的发展过程中,作用还是比较明显的,必须重视团队的建设。从现代企业的发展角度出发,需要的是少走从前的弯路,而从一开始就走规范化管理道路,因此,创业者在注册公司时就应该组建创业团队。一个好的创业团队对新创科技型企业的成功起着举足轻重的作用。新型风险企业的发展潜力(以及其打破创始人的自有资源限制,从私人投资者和风险资本持有者手中吸引资本的能力)与企业管理团队的素质之间有着十分紧密的联系。一个喜欢独立奋斗的创业者固然可以谋生,然而一个团队的营造者却能够创建出一个组织或一个公司,而且是一个能够创造重要价值并有收益选择权的公司。创业团队的凝聚力、合作精神、立足长远目标的敬业精神会帮助创业企业渡过危难时刻,加快成长步伐。另外,团队成员之间的互补、协调以及与创业者之间的补充和平衡,对新创科技型企业起到了降低管理风险、提高管理水平的作用。创业是一个包含众多人的组织形成过程,特别是创业过程更为复杂的技术型公司要求输入更多的能力。创业团队成员的素质能提高创业企业的生存状况;创业团队对新创科技型企业影响最大的并不是团队本身的大小,而是团队成员的经历。

二、创业团队的特点

(一)富有魅力的领导者

一个创业团队能否有效地发挥团队精神,直接影响到创业能否成功。一个创业团队,应该相互协作,共同承担风险,但是绝对不能出现多头领导。否则在执行命令的过程中,就会出现决策的冲突,甚至出现各做各的情况。这样只能让实际效果和美好的初衷背道而驰,更有甚者,还会导致公司的破裂。这就要求领导者有魅力。

(二）创业激情

建立优势互补的团队是创业成功的关键。团队是人力资源的核心，"主内"与"主外"的不同人才，耐心的"总管"和具有战略眼光的"领袖"，技术与市场两方面的人才，都不可偏废。创业团队的组建还要注意个人的性格与看问题的角度，如果一个团队里同时拥有总能提出建设性建议和总能不断发现问题的批判性的成员，对于创业过程将大有裨益。

（三）凝聚力

团队是一体的，成败是整体而非个人，成员能够同甘共苦，经营成果能够公开且合理地分享，团队就会形成坚强的凝聚力与一体感。每一位成员都应将团队利益置于个人利益之上，而且充分认识到，个人利益是建立在团队利益基础上的，因此团队中不存在个人英雄主义，每一位成员的价值，表现为其对于团队整体价值的贡献。团队成员愿意牺牲短期利益来换取长期的成功果实，而不计较短期薪资、福利、津贴，将利益分享放在成功后。

（四）互信

猜疑会令企业瓦解。建立和维护创业团队成员之间的信任，简单地说，一是要增强信任；二是要防止出现不信任，避免信任转变为不信任。信任是一种非常脆弱的心理状态，一旦产生裂痕就很难缝合，要消除不信任及其带来的影响往往要付出巨大的代价，所以防止不信任比增强信任更加重要。

（五）要有打败恶意竞争者的经验

市场竞争中，创业者必须勇敢面对那些希望彻底打败你的人，不仅要收集这方面的信息，而且要和员工一起打赢这场战争。

（六）持续的风险管理

创业团队从一开始就知道它们必须对市场的走向做出预测，但意料之外的变化常常令企业措手不及，所以坚持不懈地与潜在客户和当前客户保持沟通，了解最令客户苦恼的问题，才能捕捉到市场快速的变化，保证企业有足够的能力应对一些潜在的风险。

（七）创业团队的成员最好具有不同寻常的经历

市场销售技能、产品开发知识、销售领导才能，这是创业时创业者频繁接触的领域。如果创业团队成员具备相关的经历，则可以有效地推进企业运作。创业者还可以雇用一些知名顾问，借他们的经验助力自己的创业。

第五节　创业团队的组建

一、创业团队组建的基本原则

（一）目标明确、合理原则

目标必须明确，才能使团队成员清楚地认识到共同的奋斗方向是什么。与此同时，目标也必须是合理的、切实可行的，这样才能真正达到激励的目的。

（二）互补原则

创业者之所以寻求团队合作，其目的就在于弥补创业目标与自身能力间的差距。只有当团队成员在知识、技能、经验等方面实现互补时，才有可能通过协作发挥出"1＋1＞2"的协同效应。

（三）精简高效原则

为了减少创业初期的运作成本、最大比例地分享成果，创业团队人员构成应在保证企业能高效运作的前提下尽量精简。

（四）动态开放原则

创业过程是一个充满不确定性的过程，团队中可能因为能力、观念等多种原因不断有人离开，同时也有人要求加入。因此，在组建创业团队时，应注意保持团队的动态性和开放性，使真正满足需求的人员能被吸纳到创业团队中来。

二、创业团队组建的主要影响因素

创业团队的组建受多种因素的影响，这些因素相互作用，影响组建过程并进一步影响团队建成后的运行效率。

（一）创业者

创业者的能力和思想意识从根本上影响创业团队的组建。创业者只有在意识到组建团队可以弥补自身能力与创业目标之间存在的差距时，才有可能考虑是否需要组建创业团队，以及对什么时候需要引进什么样的人员才能和自己形成互补做出准确判断。

（二）商机

不同类型的商机所需要的创业团队类型也不同。创业者应根据自身与商机间的匹配程度，决定是否要组建团队以及何时、如何组建团队。

（三）团队目标与价值观

共同的价值观、统一的目标是组建创业团队的前提，团队成员若不认可团队目标，就不可能全心全意为此目标的实现而与其他团队成员相互合作、共同奋斗。不同的价值观将直接导致团队成员在创业过程中脱离团队,进而削弱创业团队作用的发挥。没有一致的目标和共同的价值观,创业团队即使组建起来,也无法发挥协同作用,即缺乏战斗力。

(四)团队成员

团队成员的能力的总和决定了创业团队的整体能力和发展潜力。创业团队成员的才能互补是组建创业团队的必要条件,而团队成员间的互信是形成团队的基础。互信的缺乏,将直接导致团队成员间协作障碍的出现。

(五)外部环境

创业团队的生存和发展直接受到制度性环境、基础设施环境、经济环境、社会环境、市场环境、资源环境等多种外部要素的影响。这些外部环境要素从宏观上间接地影响着对创业团队组建类型的选择。

三、企业团队组建的主要工作

(一)明确创业目标

创业团队的总目标就是要通过完成创业阶段的技术、市场、规划、组织、管理等各项工作实现企业从无到有、从起步到成熟。总目标确定之后,为了推动团队最终实现创业目标,可将总目标加以分解,设定若干可行的、阶段性的子目标。

(二)制订创业计划

在确定一个个阶段性子目标以及总目标之后,紧接着就要研究如何实现这些目标,这就需要制订周密的创业计划。创业计划是在对创业目标进行具体分解的基础上,以团队为整体来考虑的计划,创业计划确定了在不同的创业阶段需要完成的阶段性任务,通过逐步实现这些阶段性目标来最终实现创业目标。

(三)招募合适的人员

招募合适的人员也是创业团队组建关键的一步。关于创业团队成员的招募,主要应考虑两个方面:一是互补性,即能否与其他成员在能力或技术上形成互补。这种互补性既有助于强化团队成员间彼此的合作,又能保证整个团队的战斗力,更好地发挥团队的作用。一般而言,创业团队至少需要管理、技术和营销三个方面的人才。只有这三个方面的人才形成良好的沟通协作关系后,创业团队才可能高效地开展工作。二是适度规模,适度的团队规模是保证团队高效运转的重要条件。团队成员太少则无法实现团队的功能和优势,而过多又可能会产生交流的障碍,团队很可能会分裂成许多较小的团体,进而大大削弱团队的凝聚力。一般认为,创业团队的规模控制在2~12人最佳。

（四）职权划分

为了保证团队成员执行创业计划、顺利开展各项工作，必须预先在团队内部进行职权的划分。创业团队的职权划分就是根据执行创业计划的需要，具体确定每个团队成员所要担负的职责以及所享有的权限。团队成员间职权的划分必须明确，既要避免职权的重叠和交叉，又要避免无人承担职责造成工作上的疏漏。此外，由于还处于创业过程中，面临的创业环境又是动态复杂的，不断会出现新的问题，团队成员可能不断出现更换，因此创业团队成员的职权也应根据需要不断地进行调整。

（五）构建创业团队制度体系

创业团队制度体系体现了创业团队对成员的控制和激励能力，主要包括团队的各种约束制度和激励制度。一方面，创业团队通过各种约束制度（主要包括纪律条例、组织条例、财务条例、保密条例等）指导其成员避免做出不利于团队发展的行为，对其的行为进行有效的约束，保证团队的稳定。另一方面，创业团队实现高效运作要有一定的激励机制（主要包括利益分配方案、奖惩制度、考核标准、激励措施等）作为手段，使团队成员知道随着创业目标的实现，其自身利益将会得到怎样的改变，从而达到充分调动成员的积极性、最大限度发挥团队成员作用的目的。要实现有效的激励首先必须把成员的收益模式界定清楚，尤其是关于股权、奖惩等与团队成员利益密切相关的事宜。需要注意的是，创业团队的制度体系应以规范化的书面形式确定下来，以免带来不必要的混乱。

（六）团队的调整融合

完美组合的创业团队并非在创业一开始就能建立起来，一般是随着企业的发展逐步形成的。随着团队的运作，团队组建时在人员匹配、制度设计、职权划分等方面的不合理之处会逐渐暴露出来，这时就需要对团队进行调整融合。由于问题的暴露需要一个过程，因此团队的调整融合也应是一个动态持续的过程。在进行团队调整融合的过程中，最为重要的是保证团队成员间经常进行有效的沟通与协调，培养强化团队精神，提升团队士气。

第六节　创业团队的管理

创业团队是两个或两个以上具有一定利益关系的、拥有所创建企业所有权或处于高层主管位置，并共同承担创建和领导新企业责任的人所组成的工作群体。对于创业团队的管理，必须结合团队的建设，从目标导向出发，才能把握好创业团队的管理工作，实现整个创业团队的活力的焕发。为此，创业团队要提高机会识别、开发和利用能力，提高新企业运作能力，发挥协同效应，同时要加强组织发展和管理工作以提供独特的社会角度，不断营造轻松愉快的心理环境。

一、创业团队的管理模式

创业团队的管理模式主要分为分权管理、漫步管理、结果管理、目标管理和例外管理五种。

（一）分权管理

分权就是转交责任，上级不是什么决策都自己做，而是将确定的工作委托给他的下级，让其有一定的判断和独立处理工作的范围，同时也承担一部分责任。分权管理可以提高下级的工作意愿和工作效率。上级可以从具体工作中解放出来，将更多的精力投入领导工作。

（二）漫步管理

最高领导不埋头在办公室里，而尽可能经常地让下属看见其像"漫步"那样在企业转悠。企业领导直接从职工那里获知职工有什么烦恼和企业流程在哪里存在异常。

（三）结果管理

上级要注重结果导向，达到在目标管理中既定的目标。像目标管理一样，考核职工的工作意愿和参与责任。但在结果控制时不一定要细化评价每一个职工，而可以是一个部门或他所从属的一个岗位。

（四）目标管理

上级给出一个他的下属要达到的（上级）目标。例如目标为：销售额提高15%。各部门的下属要共同确定达到这个目标应该完成的（下级）目标。上级则有规律地检查销售额变化的情况，提高工作意愿和参与责任。此外，下属共同追求要达到的目标，促进了团队精神。

（五）例外管理

例外管理指领导只对例外的情况亲自进行决策。例外管理模式同样可提高职工的工作意愿，职工有独立处理工作的能力，可减轻上司的负担。

二、加强创业团队管理的方法

（一）明确的架构

接手任何一个部门最重要的事情，是明确或者重新调整组织架构。架构的关键是：谁在什么位置，负责什么内容，一定要明确。所谓明确，就是指不允许两个人交叉负责，也不允许集体领导，更不允许有职责模糊的领域，出了问题，大家都清楚谁应该出来承担责任；取得了成绩，是谁的功劳也很清楚。

（二）明确的目标

团队领导不是决定怎么爬梯子的人，而是决定把梯子搭在哪个墙上的人。所以他必须明确地指出这个方向，向全员传达。如果这个没有做好，再优秀的团队也不会拿出好的结果。

（三）向下属授权

天底下没有既让马儿跑又不让马儿吃草的道路。上级明确地委提出委托要求，就要明确地授权和投入资源给下属。否则，出了问题责任不在下属，而在上级。上级的一个重要职责，是为下属解决他们解决不了的问题。而上级能提供的，其实就是权力和资源。

本章小结

创业者是即将创办企业或者是刚刚创办企业的领导人，具有正向外部性、试错反馈性、价值扩散性等价值特点。在创业过程中所处的角色来看，创业者可以分为独立创业者和创业团队，还可按创业者的人格特质、创业内容、创业者所处创业领域等来对创业者进行分类，其在心理、行为、背景、知识、能力等方面拥有一些与众不同的特征和能力。

创业团队由一定数量的创业者组成，为了实现共同的创业目标，是一个能使他们彼此担负责任的程序的群体。创业团队领袖是创业团队的灵魂，是团队力量的协调者和整合者，在团队管理中发挥重要作用。创业团队的组建是一个相当复杂的过程，大致的组建程序包括明确创业目标、制订创业计划、招募合适的成员、职权划分、构建创业团队制度体系和团队的调整融合。

1. 创业者如何带领创业团队取得实效？
2. 如何组建创业团队？
3. 创业者如何管理好创业团队？

案例分析

俞敏洪，1962年10月出生于江苏江阴，1980年考入北京大学西语系，毕业后留校担任外语系教师。1991年9月，俞敏洪从北京大学辞职，开始自己的创业生涯。1993年，俞敏洪创办了新东方培训学校。创业伊始，俞敏洪单枪匹马，仅有一个不足10平方米的漏风的办公室。他甚至冒着零下十几摄氏度的严寒，自己拎着糨糊桶到大街上张贴广告，招揽学员。

"任何事情都是你不断努力去做的结果，当你碰到困难的时候，你不要把它想象成不可克服的困难，在这个世界上没有什么困难是不可克服的，只要你有勇气！"正是凭借这种不怕困难、勇于克服困难的精神，新东方不断发展壮大，俞敏洪还把"从绝望中寻找希望"

作为新东方的校训。

1994年，俞敏洪已经投入20多万元，新东方有几千名学员，在北京也是一个响亮的牌子，他看到了一个巨大而诱人的教育市场。俞敏洪喜欢教书，他曾经说过："我这辈子什么都可以离开，就是不可以离开讲台。"对教师职业的热爱和新东方的发展壮大，让他决定他不仅要做一个教师、一个校长，还要做一个教育家。

在创办新东方之前，北京已经有三四所同类学校，参加新东方培训的学员多是以出国留学为目的。新东方能做到的，其他学校也能做到。就当时的大环境而言，随着出国热，以及人们在工作、学习、晋升等方面对英语的多样化要求，国内掀起了学习英语的热潮，越来越多的优秀教师加入英语培训这个行业，如何先人一步，取得自己的竞争优势，把新东方做大做强，俞敏洪认识到英语培训行业必须具备一流的师资。培训学校普遍做不大是有原因的，由于对个别讲师的过分倚重，每个讲师都可以开一家公司，但是公司都做得不大。所以，俞敏洪需要找到更多的合作伙伴，帮他控制住英语培训各个环节的质量。而这样的人，不仅要有过硬的专业知识和能力，更要和俞敏洪本人有共同的办学理念。他首先想到的是远在美国的王强、加拿大的徐小平等，实际上这也是俞敏洪思考了很久所做的决定——这些人不仅符合业务扩展的要求，更重要的是这些人作为自己在北京大学时期的同学、好友，在思维上有着一定的共性，肯定能比其他人更好地理解并认同自己的办学理念，合作也会更坚固和长久。

这时他遇到了一个和他有着共同梦想的惺惺相惜的朋友——杜子华，杜子华像一个漂泊的游侠，研究生毕业后游历了美国、法国和加拿大，凭着对英语的透彻领悟和灵活运用，在国外结交了各色朋友，也得到了不少让人羡慕的机会。但是他在国外待的时间越久，接触的人越多，就越是感觉到民族素质提高的重要和迫切。要提高一个人、一个民族的素质唯有投资教育。1994年，在北京做培训的杜子华接到了俞敏洪的电话，几天后，两个同样钟爱教育并有着共同梦想的"教育家"会面了，谈话中，俞敏洪讲述了新东方的创业和发展、未来的构想、自己的理想、对人才的渴望。这次会面改变了杜子华单打独斗实现教育梦想的生活，杜子华决定在新东方实现自己的追求和梦想。

1995年，俞敏洪来到加拿大温哥华，找到曾在北京大学共事的朋友徐小平。这时的徐小平已经来到温哥华十年之久，生活稳定而富足。俞敏洪不经意地讲述自己创办新东方的经历，文雅而富有激情的徐小平突然激动起来："敏洪，你真是创造了一个奇迹啊！就冲你那1000人的大课堂，我也要回国做点事！"随后，俞敏洪又来到美国，找到当时已经进入贝尔实验室工作的同学王强。1990年，王强凭借自己的教育背景，3年就拿下计算机硕士学位，并成功进入著名的贝尔实验室，可以说是留学生中成功的典型。王强陪着俞敏洪参观普林斯顿大学时，感到震惊的是，只要碰到一个黑头发的中国留学生，都会向俞敏洪叫一声"俞老师"，这里可是世界著名的大学啊。王强后来谈到这件事时说自己当时很震惊，受到了很大的刺激，俞敏洪说，你不妨回来吧，回国做点自己想做的事情。就这样，徐小平和王强都站在了新东方的讲台上。1997年，俞敏洪的另一个同学包凡一也从加拿大赶回来加入了新东方，新东方就像一个磁场，凝聚起一个个年轻的梦想，这群在不同土地上为了求学、洗过盘子、贴过广告、做过推销、当过保姆的年轻人，终于找到一个突破口，年轻人身上积蓄已久需要爆发的能量在新东方充分得到了释放。就这样，从1994年到2000

年，杜子华、徐小平、王强、胡敏、包凡一、何庆权、钱永强、江博、周成刚等陆续被俞敏洪网罗到新东方的门下。

作为教育行业，师资构成了新东方的核心竞争力，但是如何让这支高、精、尖的队伍最大限度地发挥作用，俞敏洪从学员需求出发，秉持"比别人多做一点，比别人做得好一点"的朴素的创新思维，合理架构自己的团队，寻找和抓住英语培训市场上别人不能提供或者忽略的服务，使新东方的业务体系得以不断完善。例如，当时新东方就开辟了一项由加拿大人主持的出国咨询业务，学员可以就近咨询，获得基本申请步骤、各个国家对待留学生的区别、各个大学颁发奖学金的流程和决策有何不同、攻读硕士和博士学位的区别等必要知识。

1995年，俞敏洪逐渐意识到，学生们对于英语培训的需求已经不只限于出国考试。例如，1995年加入新东方的胡敏面对这种需求，开发出雅思英语考试培训，大受欢迎，胡敏本人也因此被称为"胡雅思"。徐小平、王强、包凡一、钱永强等分别在出国咨询、基础英语、出版、网络等领域各尽所能，为新东方搭起了一条顺畅的产品链。徐小平开设的"美国签证哲学"课，把出国留学过程中大家关心的程序问题上升到一种人生哲学的高度，让学员在会心大笑中思路大开；王强开创的"美语思维"训练法，突破了一对一的口语训练模式；杜子华的"电影视听培训法"已经成为国内外语教学培训极有影响力的教学方法。新东方的老师很多都根据自己教学中的经验和心得著书立说，并形成了特色，让新东方成为一个有思想、有创造力的地方。

俞敏洪的成功之处是为新东方组建了一支年轻而又充满激情和智慧的团队，俞敏洪的温厚、王强的爽直、徐小平的激情、杜子华的洒脱、包凡一的稳重，五个人的鲜明个性让新东方总是处在一种不甘平庸的氛围当中。谈到团队的组建，《西游记》中由唐僧率领的取经团队被公认为"黄金组合"的创业团队。四个人的性格各不相同，却又同时有着不可替代的优势。例如，唐僧慈悲为怀，使命感很好，有组织设计能力，注重行为规范和工作标准，所以他担任团队的主管，是团队的核心；孙悟空武功高强，是取经路上的先行者，能迅速理解、完成任务，是团队的业务骨干和铁腕人物；猪八戒看似实力不强，又好吃懒做，但是他善于活跃工作气氛，使取经之旅不至于太沉闷；沙僧勤恳、踏实，平时默默无闻，关键时刻他能稳如泰山、稳定局面。但是，创业路上，并没有那么巧的机缘和条件，能幸运地集聚这样四个不同性格的人。所以，如果只能从这四个人中挑选出两个人来作为创业团队成员的话，你会挑选哪两位？

在一次活动中，牛根生客串主持人，向马云和俞敏洪提出了上述问题。俞敏洪选择了沙僧和孙悟空，马云选择了沙僧和猪八戒。两人都选择了耿直忠厚的沙僧，但是关于另一个人选，两人的选择却很有意思。马云这样解释他为什么选择猪八戒："最适合做领袖的当然是唐僧，但创业是孤独寂寞的，要不断温暖自己，用左手温暖右手，还要一路幽默，给自己和团队打气，因此我很希望在创业过程中有猪八戒这样的伙伴。当然，猪八戒做领导是很欠缺的，但大部分的创业团队都需要猪八戒这样的人。"俞敏洪不赞同马云的选择，他认为猪八戒不适合当创业伙伴，猪八戒是很能搞活气氛，让周围的人轻松起来，但是缺点也很突出，就是不坚定，需要领袖带着才能往前走。而且猪八戒没信念，哪有好吃的就往哪去，很容易在创业过程中发生偏移，企业有钱时会（大赚一笔后）离开，企业没钱时也很可能放弃企业而去。孙悟空就不会这样，他是一个很理想的创业成员。俞敏洪列举了他的理由，孙悟空的优点很明显：第一，有信念，知道取经就是使命，不管受到多少委屈都要坚持下去。第二，有忠诚度，不管唐僧怎么锤炼他，他都会一路走下去。第三，有头脑，总是能想到办法解决问题。第四，有眼光，能看到别人看不到的机会和磨难。当然，孙悟空也有很多小毛病，如会闹情绪、撂担子，所以需要唐僧必要时念念紧箍咒。但是，在取经路上，孙悟空所起到的作用是至关重要的。如果将西天取经比喻成一次创业过程，孙悟空就是其中不可或缺的创业成员。新东方的创业团队就有些类似于唐僧的取经团队。徐小平曾是俞敏洪在北京大学时的老师，王强、包凡一同是俞敏洪北京大学西语系1980级的同班同学，王强是班长，包凡一是大学时代睡在俞敏洪上铺的兄弟。这些人都是能人、牛人。所以，新东方最初的创业成员，个个都是"孙悟空"，每个人都很有才华，个性也很独立。

俞敏洪敢于选择这帮朋友作为创业伙伴，并且真的在一起做成了大事，成就了一个新东方传奇，从这一点来说，他是一个成功的创业团队领导者。他知道新东方人多是性情中人，从来不掩饰自己的情绪，也不愿迎合他人的想法，打交道都是直来直去。因此，新东方形成了一种批判和宽容相结合的文化氛围：批判使新东方人敢于互相指责，纠正错误；宽容使新东方人在批判之后能够互相谅解，互相合作。这就是新东方人的特点：大家互相之间不记仇、不记恨，只计较到底谁对、谁错、谁公正。这种源自北大精神的自由文化，是俞敏洪敢用"孙悟空"，而且是多个"孙悟空"的前提条件，这是新东方成功的关键因素之一。而另一个关键因素就是俞敏洪本人所具备的包容性，帮助他带领一帮比他厉害的"牛人"能人，不仅将新东方从小做大，而且完成了让局外人都为之捏了一把汗的股权改制。最令人意料不到的是，俞敏洪还将新东方带到了美国的资本市场，成为中国第一个在海外成功上市的民营教育机构。这一份成绩虽然还不能定义为最终的胜利，但是仍然有着非同寻常的意义，它告诉了人们，对于中国教育来说，一切价值正有待重估。

资料来源：佚名. 创业团队案例［EB/OL］. 百度文库. https://wenku.baidu.com/view/faa85109 bb68 a98271fefa5d.html

讨论题

1. 俞敏洪身上体现了创业者的哪些能力？
2. 俞敏洪是如何组建自己的创业团队的？

第五章　商业计划书

1. 了解商业计划书的概念。
2. 了解商业计划书的设计流程。
3. 了解商业计划书的结构和主要构成要素。
4. 学会撰写商业计划书。

▶▶ 导入案例

　　作为出生于西部农村的孩子，小陈很不容易才考上大学，所以，他深深地知道教育对于农村或者西部边远区域的孩子意味着什么。在大学期间他也陆续地做过一些创业项目，但都只是小打小闹。大学毕业后，小陈没有急着去找工作，而是决定自己创业。事实上，他已经萌生了做在线教育网站的想法。至于他为什么要做在线教育网站，则是基于以下两个需求维度的考量：第一，好的师资都通常都集中于名校，学生只有考一所好高中或者在一座好城市就读基本上才意味着好教育、好升学率，因此他想通过自己的努力改变这一个现状。第二，互联网与教育结合一定是大趋势，只有互联网这样开放的工具与平台才可以改变资源分配不合理和师资垄断的现状。基于以上两点，他决定做主要面向三、四线城市的在线中小学家教培训网站。

　　有了这个点子，下一步就是资金，当时小陈手上并没有太多钱，也没有筹集资金的经历。幸运的是，正在一筹莫展之际，一次偶然的机会，一个在会计事务所工作的师兄在一次校友聚会上谈及自己认识一个风险投资人，同时告诉他或许可以从这个投资人那里获取所需资金。起初，投资人并不想见小陈，认为刚毕业的大学生创业经验不足且社会资源太少，不容易成功。但在这位师兄极力引荐和小陈百般努力下，投资人终于答应和小陈见上一面。然而，让人意想不到的事，小陈期待已久的见面落得个交谈不到 5 分钟就草草结束的结果。后来据小陈回忆，他们见面之后投资人开门见山地问了几个问题：项目概况、用户痛点、项目核心竞争优势、产品分析、项目的商业模式以及投资风险和收益状况等。对于这些问题，小陈当场就蒙了，因为他的创业项目还停留在点子上，并没有细化到这种程度，然而，这些问题又恰恰是投资人非常关心的，因此谈话结果就可想而知了。

　　资料来源：佚名. 一个大学生自述：我是如何把我的公司做死的［EB/OL］. 人人网. http://page.renren.com/601140159/note/908680474

事实上，在商品经济社会，资金是一切企业生存和发展的命脉。如今银行对向企业贷款持谨慎态度，很多企业普遍感到申请贷款已经成为日益困难的事情，特别是新企业和准备创立的企业更是一金难求。因此，如何为企业找到所需的资金是企业生存的关键。我们引用金融投资领域常讲的一句话作为本章的开始："寻找资金没有窍门，唯有好的想法、好的技术、好的管理、好的市场。"

商业计划书是创业者吸引投资人的一份报告性文件，商业计划对于任何创业者都是需要的，因为创业并不是只凭热情和冲动，而是理性的行为。因此，在创业前做一个较为完善的计划是有非常有意义的。第一，在做创业计划时，会比较客观地帮助创业者分析创业的主要影响因素，能够使创业者保持清醒的头脑；第二，一份完善的创业计划书，可以成为创业者的创业指南或行动大纲；除此之外，也可以用于向风险投资家游说以取得创业投资。从这个意义上讲，一份优秀的商业计划书会成为创业者吸引资金的"敲门砖"和"通行证"，而小陈恰恰就缺失了这样一份商业计划书。

第一节　商业计划书概述

商业计划书是指公司、企业和项目单位为了达到招商融资或者其他发展目标，根据一定的内容要求和格式，通过编辑整理而完成的向受众全面展示公司和项目现状、未来发展潜力的书面材料。作为一份全方位的项目计划，商业计划书的主要作用是递交给投资商，使得他们能对企业及企业的项目做出初步评判，有利于企业获得融资。商业计划书有着相对固定的格式，它几乎包括投资商所有感兴趣的内容，从企业成长经历、产品服务、市场营销、管理团队、股权结构、组织人事、财务、运营到融资方案。只有内容翔实、数据真实丰富、体系完整有序、装订精心细致的商业计划书才能吸引投资商，让他们了解项目的运作计划，才能使得融资需求成为现实，因此，商业计划书的质量就对项目融资至关重要。

目前中国企业在国际上融资成功率普遍不高，究其原因，不是项目本身不好，也不是项目投资回报率不高，而是项目方对于作为重要展示材料的商业计划书编写的草率与策划能力的欠缺让投资商感到失望。作为一项复杂的系统工程，商业计划书的起草与创业本身一样，不但要对行业和市场进行充分透彻的研究，而且还要求具有很好的文字功底。对于处在发展期的企业来说，商业计划书的重要性体现在，它既是寻找投资的必备材料，又是企业了解自身现状、确定发展战略的重要文件。

商业计划书的内容包括企业筹资、融资、企业战略规划与执行等一切与企业相关的经营活动的蓝图与指南。作为企业的行动纲领和执行方案，商业计划书为投资者提供一份翔实的创业项目介绍，以此展示创业项目的潜力和价值，最终达到说服他们对项目进行投资的目的。

商业计划书对于创业而言是一个技术性问题。

管理包括三个层面：一是管理理论，它是对企业管理规律的高度抽象和概括；二是管理实践，它是为了实现企业在市场经济中的经济目标和价值目标而进行的实际运作与管理；三是介于上述两者之间的管理技术，即连接理论和实践的一个层面，这个层面把最新的和适用的管理理论转变为可操作、可执行的管理实践，把世界上先进的、实用的和成熟的管理理念迅速介绍与运用于所需要的人和企业。事实上，创业作为一门独立的学科，还未形成理论体系，一般情况下只能借鉴经济学、管理学的理论来阐述，但创业作为实践活动自古就有，到现阶段更是呈蜂拥之势。在这种实践先行而理论体系一时难以建立的情况下，从技术的角度探讨创业行为不失为一种有效的方法。

商业计划书的撰写就可以看成创业中所广泛涉及的一个技术问题。

一个风险投资公司每月都要收到数以百计的各式各样的商业计划书，每个风险投资家每天都要阅读几份甚至几十份商业计划书，往往仅有几份能够引起他进一步阅读的兴趣，更多的则被无情地扔到废纸篓中去了。所以为了确保你的商业计划书能够引起风险投资家足够的注意力，你必须进行充分周密的准备工作。总的来说包括以下几点。

（一）简洁

一份完整的商业计划书最长不要超过 50 页，最好控制在 30 页左右。

（二）完整

要做到全面披露与投资相关的信息。根据证券法等相关法律的规定，风险企业必须以书面形式披露与企业业务相关的全部重要信息。如果计划书中没有做到披露完全，当投资失败时，风险投资人有权收回其全部投资并起诉企业。

（三）把握撰写原则

商业计划书的撰写原则主要有：简明扼要；条理清晰；内容完整；语言通畅易懂；意思表述精确。

硅谷企业家的成功有目共睹，而他们经常挂在嘴边的问题，其实跟做小买卖的生意人是一样的：产品是什么？消费对象是谁？成本是多少？一份看似复杂的商业计划书，只要把握其脉络，就可以看到，其中包括的无非就是企业（不论是作为传统企业还是高科技企业）在经营中要回答的几个关键问题，即产品是什么？消费对象是谁？经销渠道在哪里？谁来卖？客户群有多大？设计与制作成本是多少？售价多少？何时可达到损益平衡？在撰写商业计划书之前，若无法扼要地就这几个问题说出你的想法，就很难做到向别人解释清楚。

因此，一份好的商业计划书，要做到使人读后对下列问题有清楚的了解：公司的商业机会；创立公司所需的资源；把握这一创业机会的进程；风险估计和预期回报。

商业计划书与学术论文不同，它面对的是非技术背景，但对计划有兴趣的人，如可能的团队成员，可能的投资人和合作伙伴、供应商、客户、政府机构等。因此，一份好的商业计划书应该做到让大多数人看过之后能明白，避免使用过多的专业词汇，重点应该聚焦于特定的策略、目标、计划和行动。商业计划书的篇幅要适当，太短容易让人产生项目成功率不是很高的错觉，也不宜太长，否则会被认为太啰唆。

（四）直入主题，开门见山

撰写商业计划书的目的是获取风险投资者的投资。因此，在进行商业计划书写作时，应该避免与主题无关的内容，做到开门见山。风险投资者不会花费太多时间来阅读一些在他看来没有意义的东西，初次创业者在写作商业计划书时应当格外注意这一点。

（五）对市场进行充分调研

当一个创意或者投资项目从你的大脑中萌发时，它并不是孤立地存在于真空中的，因此要把你的创意或者投资项目付诸实践绝不是想当然的事情。在写作商业计划书之前，进行充分的市场调研是很有必要的。市场调研应主要围绕以下内容进行。

（1）投资项目中的产品或服务处于什么样的范畴？
（2）投资项目是研发性质、生产性质、分销性质还是服务性质？
（3）该领域目前的情况如何？
（4）你的产品或服务处于怎样的阶段？
（5）你的产品或服务市场前景如何？（务必做到不遗漏任何可能的细节）
（6）你的竞争对手情况如何？
（7）目前的市场状况怎样？是繁盛还是萧条？

（六）评估你的商业计划

在进行商业计划书的写作过程中，创业者应该始终站在风险投资者的角度（或立场）对自己的商业计划书进行评估，并努力审视以下六个问题。

（1）我能获得多少回报？
（2）我会遭遇什么损失？（可能遇到的风险，包括贷款担保、法律诉讼、时间等方面的损失）
（3）谁认为这个计划可行？（对商业计划书的各项内容做出第三方验证）
（4）交易当中发挥作用的人员有哪些？（管理团队班子、投资群体以及他们在各自领域中的地位）
（5）这个市场有多大？
（6）你的企业如何争取潜在客户？（对市场开拓能力的验证）
（7）我的投资何时撤出以及撤出方式是什么？（公开上市或并购后的退出战略）

（七）展示管理团队

在你的商业计划书中，风险投资者十分注重"人"的因素，即在你的企业中管理团队的情况。因此，商业计划书应当翔实地向风险投资者展示管理团队的风貌。可以从如下几个方面展示管理团队。

（1）领导者是否是一个具备应有素质的领袖式的人物？
（2）管理团队是否能做到信念坚定、目标一致？
（3）管理团队是否具有强大的凝聚力，始终努力地追求事业成功？
（4）管理团队是否具有强大的市场战斗力？
（5）管理团队是否熟悉市场现状，善于开发潜在的市场？

（八）组织具有过人战斗力的写作智囊团

越来越多的事实表明，仅仅依靠创业者个人的力量是很难做到尽善尽美的，因此，在商业计划书的写作过程中，需要一个有很强战斗力的智囊团来弥补个人能力的不足。可以寻求有丰富经验的律师、会计师、专业咨询家的帮助，他们的建议有时能让你的商业计划书更加完美。

第二节　商业计划书的构成要素

商业计划书形式多样，包括尺寸、格式，甚至色彩等都各有不同，但商业计划书的制作须遵循一个共有的框架。因此，在还没有被各种各样的形式淹没之前，要先了解一下它们的共同点。一般商业计划书应包括以下主要内容。

一、目录

目录使读者很容易定位到商业计划中的关键部分，尤其是在计划书的内容多达几十页时尤其需要。

二、摘要

摘要是商业计划中关键点的简要概述。在你的计划书超过10页，并且你想在计划书的前面部分就表明重要信息的情况下，摘要十分有用。在大部分情况下，计划书的阅读者只看摘要部分，因此要确保摘要尽可能简短、美好且具有吸引力，内容最好浓缩在2页之内。

三、公司简介

公司简介是对你的公司以及业务性质进行介绍，你可以在其中写上你公司的使命、愿景以及你的价值观、提供的产品或服务、你公司拥有的独一无二的途径和正在利用的商业机遇。如果是一家成立多年的公司，还可以在本部分记载历史沿革、发展中的重大事件和里程碑。

四、商业环境

商业环境部分需要展示你的企业所在市场的定位分析，包括对你的直接或者潜在竞争者的深层次描述以及对你的客户（包括他们是谁、他们在想什么以及他们怎样买东西）的近距离观察。为了达到更好的分析效果，可以引用权威统计调查资料或权威人士的分析。

五、公司描述

公司描述部分需提供你的管理团队、组织结构、你所具有的新技术、你的产品或服务、公司运营以及你的营销潜力等方面的信息。尤其要突出你在哪些方面具有真正的优势。

六、公司战略

战略是你走向未来的路标。该部分要做到将你知道的相关商业环境以及你公司的资源情况集中起来（分析），进而制订出公司向前发展的战略。你应该写明你认为这是一个正确的战略的原因。与此同时你也应当明确，你准备用来避免不可预见的陷阱和利用新的机遇的各种可能的方法。

七、财务检查

财务检查即对资金的精打细算，包括你的财务现状和你希望你的财务在未来达到的目标，一般包括投资数据、资产负债表以及现金流情况。必要时还包括在不同还款方式下的还款期限和能力。你的有些读者将在看到这里时可能会打瞌睡，而其他人会睁大眼睛，对它着迷。

八、行动计划

行动计划涉及商业计划的实际执行。一般这部分的内容主要是关注你是如何看待你使计划得以实施的重要的步骤的，包括如何看待你已经为自己设定的任何直接目标和结果。

九、附录

附录是支持你的商业计划的文件和其他材料，这部分可以是论文、报告、调查，也可以是法律文件或表格。简言之，你可以在此附上你认为重要的，但不在计划书正文中的任何材料。

一份商业计划书是否应该包含上述所有内容呢？应该根据你的需要来确定。例如，短的商业计划书可以省去摘要部分，若是自我经营的个人公司则不会有组织结构方面的内容。但是，你的商业计划书应该做到越完善越好。篇幅长短不限，但要言简意赅；形式精美，千万不能有错别字。

第三节　商业计划书的编写

商业计划书主要包括执行概要、产品或服务、管理团队、市场和竞争、市场营销和销售、业务体系和组织结构、实施日程、机遇和风险以及财务计划和融资等内容。

一、执行概要

一份好的执行概要能使我了解这个新公司的吸引力所在。我希望在那里看到关于公司长期发展目标的明确说明以及公司人员、技术和适应市场的总体情况。

——Ann Winblad，风险投资家

执行概要应当包括对商业计划书的多数要点的概括，因其目的在于引起风险投资者的兴趣，故应当强调产品或服务以及对消费者的价值、相关市场、管理技能、融资要求以及展示可能的投资回报。

执行概要是风险投资者首先看到的部分，他们通常只会略读商业计划书的这一部分。概要如果写得不好，可以使投资者做出不投资的决定。对创业意图清楚、客观且简洁的描述可以给投资者树立一种你的确了解你要创立的业务的心理形象，在此前提下，描述要做到对外行人而言是浅显易懂的。因此，你应当做到认真准备概要，使投资者产生继续阅读商业计划书其余部分的欲望和兴趣。

作为商业计划书的一个独立部分，要把执行概要与首页中介绍的创业理念区分开。应当反复用批判的眼光审视你的商业计划书，尤其是在其他部分已经完成的情况下，应当不停追问自己是否已经尽可能清晰有力且简洁地表述了创业理念。

执行概要的内容及长度要使投资者能在 5～10 分钟读完并了解你要表达的意思。对这一点应当进行测试，具体可以这样进行：请一个没有相关技术背景的人甚至是对你的创业理念一无所知的人来阅读你的执行概要，以测试结果来确定你的执行概要写得是否符合上述要求。

在执行概要内容部分，应该重点向投资者传达以下信息。

（1）你的基本经营思想是正确的，是合乎逻辑的。
（2）你的经营计划是有科学根据和经过充分准备的。
（3）你有能力管理好这个企业。你有一个坚强有力的领导班子和执行队伍。
（4）你的财务分析是实际的。
（5）投资者不会把钱扔到水里。
（6）你清楚地知道进入市场以及退出市场的最佳时机。

同时，撰写执行概要应注意以下事项。

（1）执行概要一定要放在最后完成。动笔写概要内容之前，先完成商业计划书主体的抛光润色。然后反复阅读主体文章，提炼出整个计划书的精华所在之后，再开始动笔撰写执行概要。做到胸有成竹，一气呵成。写完之后，再请周围的人检查，提出意见。重点了解他们的反馈，看他们能否马上被你的文章所打动。如果不能，则需要重新撰写，直到可以马上打动你身边的人为止。

（2）执行概要的内容一定要有针对性。在撰写执行概要时，你要常常问自己："谁会读我的计划？"不同的投资者有不同的兴趣和背景，他们看商业计划书的侧重点也不同。银行等投资者通常对企业以前的成功业绩感兴趣，而投资公司通常对新技术感兴趣。所以在撰写执行概要之前先要对投资者做一番调查研究，突出投资者最感兴趣的方面。对不同的投资者，要突出不同的方面。由于一项投资通常要由几个人或几个部门共同做决定，在调查投资者情况时要对整个投资机构有一个较为全面的了解，兼顾多人。

（3）一定要文笔生动。风格要开门见山，夺人眼目。切忌行文含蓄晦涩，让人难以琢磨。记住，投资者是没有时间去琢磨你的文章的。

（4）在写作完成之后，一定要自己先检查有无错别字、病句等，切忌在文章中出现这些错误。自己检查完之后，再请别人检查，直到确认无误为止。如果用英文撰写商业计划书，完成之后，可以用专业的软件检查一遍拼写和语法。现在市场上通用的文字软件都有检查拼写和语法的功能。如果文章中出现文字错误，你又怎么能证明你是一个作风严谨的企业家呢？记住，千万不可由于细小的误差失去重要的机会。

二、产品或服务

商业计划书的主要内容来源于一个创新的产品或服务以及这个产品或服务对终端客户的价值。创业者需要做的是将创新的产品或服务同市场上现有的或即将出现的产品或服务区分开来。另外,还需要对目前的发展进程以及后续工作进行一个简短介绍。

(一)客户价值

如果你的产品或服务无法和现有的产品或服务竞争,那么就无须创立新的公司。你必须确保在商业计划书中详细讨论了产品或服务的作用,更重要的是消费者能从中获取的价值。

在竞争对手已经提供类似产品或服务的情况下,你必须拿出有力的证据来证明消费者从你的新创立企业中能获取更多价值。要做到这一点,就必须从消费者的角度出发对你的产品或服务进行仔细评估,了解你的产品或服务相对于其他类似产品或服务有什么优势和不足。

如果你提供的是一系列创新性的产品或服务,你需要做的是根据一定的标准把它们归入符合逻辑的业务领域,并对各个业务领域进行详细的界定,尽量使它们之间没有重叠。

(二)产品或服务的开发状况

为了说明产品或服务的开发状况,最有效的方式是假设你自己正是一个风险投资者,而你试图把参与这个项目面临的风险降至最低。因此要尽可能以简单明了的非技术语言解释你的产品或服务。提供已完成的产品模型会让潜在投资者了解到你已经准备好应对技术挑战。此外,不妨在商业计划书中加入一些照片或草图,以此加强风险投资者对产品的理解。如果能够表明已经有客户在试用你的产品或服务,那就更好了。

同时,应当说明的是你的创意本身的优势,以及与竞争对手相比你的优势所在。在商业计划书中,你应当表明会通过申请专利来保护你的产品或服务以免除盗版或模仿的危险,还可以通过注册对产品原型进行保护。如果在开发过程中仍存在问题,一定不要避讳,要指出这些问题并给出解决方案。

产品或服务不可避免会涉及法规要求,这又是另一种形式的风险。因此在商业计划书中要写明你已经获得的许可、已经提出的许可申请或即将提出的许可申请,如技术控制协会、邮政服务或者卫生部门的许可证。

产品或服务的开发状况的阐述重点如下。

(1)产品或服务的名称、特征及性能用途。
(2)产品或服务的研究开发过程。
(3)产品或服务所处的生命周期。
(4)产品或服务的市场前景和竞争力。
(5)产品或服务的技术改进和更新换代计划及成本。
(6)市场上是否已经或即将有同类产品或服务?
(7)同市场上同类产品或服务相比,你的产品或服务有何独特之处?

三、管理团队

在读完执行概要之后,风险投资者首先关注的当属管理部分。投资者希望知道这个管理团队是否有能力经营一个有前景的企业,是否值得进行投资。但是创业者却常常低估了这一部分的重要性,并错误地采取了在内容上进行省略或使用毫无意义的句子来充数的方式。

你应当花一些时间对你的管理团队进行详细的介绍。尤其是在讨论管理层的资历时,一定要强调那些对实施你的商业计划书的具体项目起到关键作用的管理者。在投资者看来,拥有专业经验和过去获得的成功有时候比学历更为重要。如果你打算任用没有经验的人来担任关键职位,一定要给出你这么做的理由。

同时,你还需要对公司内部的职权分配做出介绍,并指出哪些职位还需要进一步加强。没有人可以拥有创立公司所需要的所有资历和经验,空缺职位的存在与管理团队现有成员的能力背景相比较是一个非常有用的方法。此外,指明对你最有影响力的顾问,顾问的大量参与,如有经验的企业家、会计、人力资源公司或管理咨询公司等的参与,是公司专业化的表现,并且会使风险投资者相信你拥有获取公司发展所需资源的能力。

最后,需要注意的是虽然对管理团队的评估是在商业计划书发展的第三个阶段才会展开,但是最好尽早寻找适合的搭档。拥有合适的人选,并把他们集中到一起来组成一个"梦之队",需要投入大量的时间和精力,对以后的创业成功也是极其重要的。

管理团队应该回答以下问题。

(1)具有特别管理经验的管理队伍和关键性人物的职业道路是什么?
(2)管理团队具有怎样的管理技巧?
(3)管理团队具有怎样的专业经验?
(4)公司的组织结构如何?
(5)出任小组或个人的上级的人选是否确定?
(6)什么情况下应加强管理队伍?
(7)如何制定及实行惩奖制度?

四、市场和竞争

对于所有成功的企业来说,一个最基础的要求就是对自身客户及其需要进行深入了解,因为拥有客户的公司才得以存在。此外,客户拥有购买或者不购买你的产品或服务的权力,这对于你的公司能否获得成功以及你的公司将获得多大的成功具有决定性作用。你需要做的是必须让客户确信这样一点:购买你的产品或服务比购买同类产品或服务或者什么都不买能获得更大的价值,这样才会使他们产生购买行为。同时,对市场和竞争做到充分了解也是你事业成功的关键。

(一)市场规模和增长

在市场潜力很大的情况下,公司的价值将会产生迅猛的增长。市场规模能够以具体的数字表示,如客户数量、单位销售额以及总销售额等。你对于市场增长的预期很重要。你还应当指出对于该行业市场细分的现状产生影响或者可能产生影响的主要因素。还应说明会影响市场增长（包括技术、立法等）的因素，并理清这些因素与你的企业的关系。要想节省精力，你可以遵从以下步骤：以假设为出发点，列出清单，注明你希望回答的问题、所需信息以及获得信息的来源。

你可以获得进行分析所需要的外部资料，在此基础上，你需要做的是要有创造力和决心，充分收集所有可能的资料来源，包括行业文献（市场研究、杂志、学术文章等）、行业名录、协会和政府机构（商会、统计局、专利局等）、行业调查机构、数据库、互联网（注意要做到有重点地进行查询），此外还有访谈录。当然，直接的电话询问通常也能获得有用的信息。在进行资料收集的过程中尽量使用简短的讨论提纲，这不但会提高你的效率，而且能使对方愿意透露更多的信息。

需要注意的是，你所收集到的数据只是单个数据，因此通常不能直接回答你的问题，你必须在这些数据的基础上进行归纳和分析，并做出正确的预测。在预测时，应遵守以下规则。

（1）做出预测要在可靠的基础上。预测过程通常会遇到很多未知因素，因此，如果你的预测是建立在容易证实的数据资料基础之上，那么预测就很难被推翻。

（2）逻辑思考。你的预测要做到合乎逻辑（不要存在逻辑的跳跃，也不要建立在未经详细说明或者证实的设想上）。

（3）核对资料。对于你所掌握的数据和信息，要利用一切可能的资料来源进行核对，如在访谈中得出的结论、电话沟通中获得的信息等。

（4）富有创造力。通往目标的最短途径并不都是一条直线。例如，当一个变量未知时，可以用另一相关变量来代替。

（5）可信度检查。对每一个预测，都要询问自己："该结论是否可信？"

（二）市场细分

要做到详细说明你的目标客户和你所规划的市场前景（包括销售量、销售收入、市场份额和利润），你就必须细分你的市场。市场细分没有一个统一标准，这个标准由你决定，只要你能确定每个细分市场中的客户量以及他们的行为模式，并能做到同一个营销战略适用于该细分市场上的所有客户。

在考虑到销售战略和竞争行为的情况下，预测每一细分市场在一定时期内的销售收入。另外，由于行业性质的不同，还需要考虑价格下跌这一情况的存在。

（三）竞争

为了明确竞争对手的优势及不足之处，你应当用统一标准来评估你主要的潜在竞争对手，可以从以下方面进行评估：销售量和销售收入（定价）、增长、市场份额、成本定位、产品类别、客户支持、目标客户群和分销渠道等。你还应该使用同样的标准对你的公司进行评估，用以确定你的竞争优势可以持续多久。

（四）竞争中的定位

一个潜在客户之所以购买你的而非你的竞争对手的产品或服务，可能的原因有：①相对于竞争对手的产品或服务而言，你的产品或服务能为客户提供更多的价值（尤其是在一些对消费者很重要的方面）。②你的产品或服务在客观上或者在情感上"更好"。③如营销专家所说，你已经建立了以业务创意为主的价值主张和独特的销售定位。

阐述创意的价值主张并将其深深根植于消费者的脑海中，正是市场营销工作的主要任务。营销专家谈的是一种产品、品牌或企业的定位。综观那些定位成功的产品或服务，都会给消费者留下一个独特的印象。因此，在定位时，要做到从消费者的角度出发来看待产品或服务，此指导方针的重点是更好地满足消费者的需要，而非新产品性能的展示。你的产品或服务能提供给消费者的价值优势要做到一目了然，便于且易于记忆，最重要的是一定是对消费者重要的价值优势。同时，你的产品或服务定位必须做到与竞争对手的产品或服务定位有所区分。这样才能使消费者将你与竞争对手区分开，并将你的价值主张与提供的产品或服务联系起来，从而产生购买行为。

定位对市场营销乃至整个业务的长期发展至关重要，因此你应当对它格外重视。市场定位不是一蹴而就的过程，精准的市场定位也不可能一步到位，而是在不断的努力和不断的修改的基础上完成的，只有这样才能达到最佳的效果。价值定位的出发点必须是产品或服务本身。随着对产品的不断修改，以及针对客户调查所得的资料做出的调整，你将会不断产生对于定位的新的设想。

市场和竞争应该重点回答以下问题。

（1）你的细分市场是什么？
（2）你的目标客户群是谁？
（3）你将怎样赢得你的客户？
（4）让客户产生购买你的产品或服务行为的关键性因素是什么？
（5）可能提供类似产品或服务的主要竞争者是谁？
（6）竞争者的目标市场是什么？
（7）竞争者用的销售渠道是什么？
（8）竞争者的市场策略是什么？
（9）与你的主要竞争者相比，你的发展、市场和地理位置是怎样的？

五、市场营销和销售

判断一个创业理念是否构思完善的一个关键因素就是规划缜密的市场营销和销售活动。你对你的市场进入、市场营销和促销计划的一整套战略的阐述必须具有说服力。你应当遵循"4P"结构框架，即产品（product）、价格（price）、渠道（place）和促销（promotion）。

（一）产品

在你提出最初的产品创意时，已经表明你对产品的特征有了一些了解。你应当以不同客户群的需求为标准来评估你提供的产品是否能满足这些需要，或者你的产品还存在哪些方面需要改进。此时呈现在你面前的一个问题是：是生产一种产品来满足所有客户群的需要，还是针对不同客户群的具体需求来对产品进行调整？

（二）价格

你要制定合理的价格，基于的一个基础就是客户是否愿意支付这一价格，这就和传统的按成本定价的理论存在冲突。众所周知，成本是定价的一个很重要的因素，但是成本价格比只有在你所定的价格在可预见的将来无法收回成本的情况下显得重要。出现这种情况后，你能做的是尽快从该项业务中脱身，甚至是一开始就不进入这一业务。

你的产品能够给客户提供越多的价值，你所能要求的价格就越高。或许你已经在创业理念和产品介绍中定性或定量分析了客户价值。现在，你就需要根据对产品客户价值的定量分析来确定价格。你也可以通过与潜在客户进行讨论来修改和确定你的假定价格。

定价战略很大程度上是根据你的目标来确定的：你是希望通过低价来迅速渗透市场（渗透战略）？或者，你是希望在一开始就创造最高的收益（撇脂战略）？新的公司通常会采用撇脂战略，原因体现在如下方面。

（1）新产品的定位"优于"原有产品，因此有理由定价更高。

（2）高定价通常会产生高利润率，这样就使得新公司获得自身发展所需的资金，或者利用利润来进行新的投资，从而减少对于外来投资者的依赖。

与撇脂战略不同的是，渗透战略通常需要相当高的初期投入以达到供给满足高需求的状态。但是这就增加了投资风险，正是投资者所希望避免的情况。

然而在如下情况下，使用渗透战略是个更好的选择。

（1）确立新标准。网景公司免费发放其互联网浏览器的实践，使其建立了一个新标准。而苹果电脑由于对麦金塔系列使用了撇脂战略，结果使其失去把麦金塔系列设立为一个新标准的机会。

（2）高固定成本。如果你的业务属于固定成本很高的业务，那么你必须尽快拥有大量客户。例如，不管是投递了几千封信还是几百万封信，联邦快递公司在航空运输和分拣设备上进行的固定成本投资都是一样的。

（3）竞争。如果市场准入门槛很低，而竞争又很激烈，使用渗透战略不失为一个好方法，这一战略可以使你比竞争对手更快抢占较大的市场份额。但是这种情况也会导致这样一个疑问，即新创立的公司是否适合或者说是否有能力从事这一类型的业务。

（三）渠道

要使消费者真正接触到你的产品或服务，才能使消费者产生购买行为。这听起来也许很容易，但在这背后却涉及另一个重要的营销决策，即你希望通过哪种方法，以何种分销渠道来销售你的产品？

影响分销渠道的因素有很多。例如，你的潜在客户的数量是多少？他们是公司还是个体？哪种购物方式是他们所习惯的？是否需要提供产品的使用说明？产品的价位是高还是低？你还需要考虑的是由你自己来进行分销还是请专门的公司来运作？这种"自己做还是请别人做"的决策不是形式上的区别，它对你企业的组织结构甚至是业务体系都将产生重大影响。因此，分销渠道与其他的营销决策之间是紧密相连、互相影响的。

分销方式主要有两种：直销和多渠道分销。技术进步，尤其是在信息技术领域的技术进步，在过去几年中使分销渠道的范围大大扩展了。下面是一些可供选择的分销渠道。

（1）第三方零售商。你的产品将由零售商进行销售，因为这些零售商非常接近潜在客户。采用这种方式，最重要的一点是在货架上寻求一个好位置，这一位置显然也会是你的竞争对手想要的，因此，好的位置也会很贵。同时，你还应向零售商证明你的产品能带来更多的利润，只有这样他们才会把你的产品列入选择范围。

（2）外部代理商。外部代理商是指为不同的生产商充当产品分销代理的公司，他们替代内部销售人员进行该项工作。但是，即便外部代理商只针对他们做成的那部分销售业务收费，其收费仍然较贵。有一点可以确定的是，如果他们没有售出任何产品，那么就不会收取佣金，这一点对很多企业，尤其是新建立的公司来说，是一种很有吸引力的分销渠道，因为在这里风险是可以控制的。

（3）特许经营。特许经营店在交付相关许可费用后，就有权独立实施自己的业务理念，而特许经营权的授予人对特许经营店仍然具有控制权（麦当劳就是这样一个例子）。特许经营的好处在于在不进行大量人力资源投入的情况下保证了对销售理念的控制，同时还能够使地域扩张迅速进行。

（4）批发商。一个小公司要同时和大量零售商保持联系是很困难的，而一个与零售商有良好联系的批发商可以代为接管这项工作。一方面，他们可以帮助小公司在降低分销成本的同时提高市场渗透率；另一方面，需要明确的是批发商通常要求分享公司销售的一部分利润。

（5）商店。在客户越来越重视购买体验且为数不多的几个商店就可以覆盖整个市场的情况下，利用自有商店进行销售是个不错的选择。当然，设立自己的商店需要前期投入，但是拥有商店也同时可以使你最大限度地控制分销。

（6）自己的销售人员。在产品很复杂（如资本商品）且需要销售人员对产品有深入了解的情况下，是不适宜使用销售代理商的。上门拜访客户的成本很高，因此采用此种分销渠道时客户数量必须相当的少。用自己的销售人员进行分销相对而言成本较高，且只有在产品很复杂的情况下才值得一试。

（7）直接邮寄。挑选客户，并通过快递服务投递产品介绍。你可以从数据公司那里购买地址，然后根据你所订立的标准对潜在客户进行选择。直接邮寄的有效度取决于该信件是否能够立即吸引读者，否则，这份信件的命运就是被扔进废纸篓。

（8）电话订购。通过电视等广告形式，鼓励客户通过电话订购产品。简单的产品可以通过这种方式分销给许多客户，而不需要在整个销售区域设立商店，你还可以雇用专门的电话中心服务商来为你提供这项服务。

（9）互联网。互联网是一种相对其他渠道而言较为新颖的市场营销渠道，通过这种方式你可以以最低的成本接触到全球的市场。

（四）促销

如果要使潜在客户欣赏你的产品或服务，首先就要先让他们知道这种产品或服务的存在。要做到这点，你可以通过广告来吸引客户的注意力，宣传产品并激发客户对你产品的信任，使他们产生购买行为。以下是一些吸引客户注意力的方式。

（1）传统广告。报纸、杂志、商业周刊、广播、电视、电影等。

（2）直接营销。直接寄信给目标客户、电话营销、互联网营销等。

（3）公共关系。在印刷媒体上刊登你自己或记者所写的与你的产品、业务或你个人相关的文章。

（4）展览会、交易会等。

（5）拜访客户。

市场营销和销售主要关心以下问题。

第一步：

（1）你希望最终的销售价格是多少？你将使用什么样的标准得出这一最终价格？在这种情况下利润率有多高？

（2）你的目标销售额和销售收入是多少？

第二步：

（1）你将从哪些客户群着手进入市场？你打算如何以这个小小的立足点为基础，将其扩展成为一个规模很大的业务？

（2）你制订的目标销售量是多少（根据细分市场给出具体数据）？

（3）描述产品或服务销售的典型流程。在你的客户中，哪些是最终做出购买决定的人？

（4）你会针对不同的目标客户采用哪些不同的分销渠道？

（5）你希望采取低价来迅速渗透市场，还是希望从一开始就获取最高回报？并解释原因。

（6）你将以什么方式使你目标客户注意到你的产品或服务？

（7）你将以什么方式获取参考客户？

（8）计算争取一个客户所需投入的时间和资源。

（9）你将采用何种广告方式来争取客户？

（10）服务、维护和热线分别起到什么作用？

（11）要建立起长期的忠实客户，有多困难？需要的成本是什么？

（12）在正式推出你的产品或服务之前的准备阶段还需要采取哪些计划步骤？确定日程，标出需要完成的重要事件。

第三步：

（1）有效地实施市场营销战略，需要公司运营中哪些因素（雇员人数、资历和配备等）？你预计为此花费的资金数额有多少？

（2）销售额和运营结果将在不同的分销渠道中如何分配？

（3）计算每个分销渠道的市场占有率。

（4）为推出产品及后续计划所花费的费用如何计算？

（5）对不同目标客户群以及分销渠道，你打算为你的产品或服务收取多少费用？

（6）采用何种付款方式？

六、业务体系和组织结构

（一）业务体系

创业活动并不是孤立的，而是由许多单独行为之间的相互作用所组成的。一个业务体系的产生，需要这些相互作用的单独行为被系统地以一种相互关联的方式组织起来。业务体系模型标出了向客户提供一个最终产品所必需的各种活动。为了达到明确的目的，它们以职能块的形式被组合在一起。因为要想设计一个业务体系就必须做到系统地考虑一个公司的所有业务活动并将它们清楚展示出来，所以，设计一个业务体系成为了解一个公司业务活动的最佳途径。图5-1所示为通用业务体系。

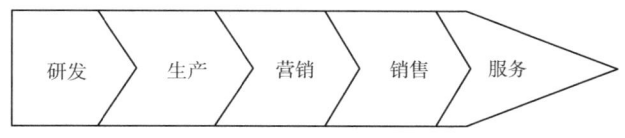

图 5-1　通用业务体系

你可以把上述模型作为设计你自己业务体系的出发点。要想使其付诸实践，你就必须做到根据实际情况加以调整并达到具体化。例如，对生产商而言，把生产目录进一步细分为采购、原材料加工、部件生产、组装等各个单独的阶段是很有用的。再如，你还需要把销售细分为物流、批发、分销以及零售等。

业务创意不同，所需的业务体系也不一样，这不仅取决于你所从事的行业的特点，还涉及业务本身的特点。一个计算机生产厂商的业务体系和一个快餐连锁店的业务体系会有极大的不同，而一个百货公司的业务体系和一个产品直销公司也会存在很大的不同，虽然这二者有着一个共同点：销售大量同种产品。因此，业务体系不存在固定的规则和标准。你自己的业务体系应当具有逻辑性、完整性，并且要对业务规划有所帮助，但切记一点：不要把你的业务体系弄得过于复杂。

要把更多的注意力分配到业务体系的主要问题上。一个3~5人组成的团队仅仅依靠自身是不能够完成所有任务的，这可能是因为他们不具备创业所需的所有能力，又或许是因为他们不能做到有效率地完成工作。你应该和你的管理团队一起，仔细思考哪些活动能创造出新的有价值的东西，以及你和你的员工如何才能做到最有效地利用时间，提高效率来为客户创造更大的价值，并争取在竞争中保持领先地位。这里的关键词是"聚焦"。一旦你确定了业务体系中应当包括的内容，你就应该选择那些你可以比别人做得好的领域。在各个行业中，专业化的趋势日趋重要，而专业化对新创立的公司尤其重要。新创公司应当将所有的精力集中到从业务体系中精心选出的某几项活动上。在刚开始的时候，即使是微软这样的软件巨人也只是将精力完全集中到对DOS（disk operating system，磁盘操作系统）的开发上，而把这一业务体系中的其他所有活动都留给了IBM。

（二）组织结构

在业务体系之外，你还应考虑其他一些组织方面的问题。最基本的就是明确任务和职责，在此基础上设计出一个层次较少、简单有效的组织结构，其他的则在具体运作中视需要而定。你的组织结构必须很灵活，并且能够随时根据新的情况进行调整。你应当做好这样一种准备，即在最初几年内你要不断重组你的公司。明确每个人的任务和职责分配，一旦公司内部职能部门如管理、人力资源、财务和行政管理等确定下来后，你就该做好开始运作的准备了。如果保持组织结构的简单化，那么每一位员工都能很清楚自己的职责所在，并能够独立完成自己的任务。另外,每一位员工都要具备多种技能,以便在必要的情况下能够在短时间内替代其他团队成员进行工作。

(三) 公司地点

切记不要签订长期租赁合同,因为随着公司业务的发展,可能需要搬迁,有时你也许很快就要搬迁。

(四) "自己做还是请别人做"和合作关系决策

在确定公司的核心业务并且拟定公司的业务体系后,你就必须开始物色执行具体活动的最佳人选。此外,将你所选定的业务重点之外的所有活动都交给第三方来处理。新公司内部的支持活动如文书整理和人力资源管理等,也不一定必须由你自己来完成。对于进行的每项活动,都应该问问自己:是由我们自己来做,还是请别人来做,即"自己做还是请别人做"?对于"自己做还是请别人做"的决策需要在权衡利弊后做出。例如,与供应商的合作关系的建立是一个长期的过程。如果存在某些合作伙伴因自身或者外在因素不能继续提供服务时,其替代者是不易找到的。在考虑是"自己做还是请别人做"时,你应该遵循以下一些标准。

(1) 战略意义。你必须掌控那些对你的竞争优势有主要贡献的因素,因为这些因素对你的公司具有战略意义。正如一个技术公司是很难放弃研发工作的,而一个消费品生产商也是决不会放弃其市场营销活动的。

(2) 适应性。管理团队内部不可能具备每一种业务活动都要求具备的相应的能力。因此,你的团队必须考虑是否应该针对具体情况,开展一项特殊任务以获取所需的技能,或者是否应该把该项任务交给专业公司来处理。专业公司的好处在于不仅能够更好地完成任务,而且还能利用大规模生产获取成本优势。

(3) 可用性。在你决定请别人来做之前,你必须弄清是否存在你所需要的特定产品或者服务形式。你应该尽可能地同多个供应商进行协商,因为在这种方式下,你通常可以获取最佳的交易条件,并且还利于你更深入地了解你所购买的服务。此外,你还可以帮助供应商改善其表现。若你需要的产品或者服务没有人可以提供,这时你就可以寻找一个愿意获取必要技能来满足你的需要的合作者。对新创立的公司而言,关键问题在于你愿意以何种方式和别的公司合作,每一种合作方式都有其优势和不足。

(4) 非正式的、没有约束力的合作关系。在这种合作关系下,由于每一方都没有承担极大的义务,因此每一方都可以很容易迅速地结束合作关系。但同时他们也必须清楚,供给和需求也可能同样迅速地消失。另外,供应商不可能做到满足一个客户的所有具体需要,因为此时他们不可能向所有的客户提供量身定做的产品。大宗产品、日常服务和标准化零件等领域中通常会采用这种随意的合作关系,在这些领域中,替代的买方和卖方都是很容易找到的。

(5) 紧密的合作关系。这种合作关系的特征有时表现为高度的相互依赖。它在高度专业化的产品和服务以及交易量极大的商业领域中很常见。在这种领域里,交易各方通常很难更改合作伙伴,或在短期内购买或销售大量的特殊部件。这种合作关系对交易各方的好处在于有约束力的关系能带来安全感,这使得合作关系中的每一方都可以将精力集中在自己的优势上，同时从合作者的优势中获益。要想使合作关系发展成为成功的业务关系，就必须将以下因素纳入考虑范围：选择合适的合作伙伴、建立合作共识，采用严格的道德准则、对合作关系有耐心。

（6）双赢局面。合作中的各方都应该能从中获取相应的利益。如不能使各方都获得相应利益，合作是很难维持下去的。

（7）风险和投资。这种合作关系所涉及的风险通常会在业务进展良好的时候被掩盖。例如，一个有独家供货协议的供应商，在买家突然减少了生产规模和零部件的购买的情况下，就会处于一种很不利的境地。如果供应商购买了专门的工具，而这种工具又不能立即被用于进行其他订单或其他买主要求的产品的生产，这一点就尤其突出了。相应地，如果一个主要供货商停止供货（因为破产、火灾、罢工等原因），其买主就会面临很大的困难。这种形式的风险以及随之可能产生的财务问题应当在一开始就被考虑到，并且在合同中加以规范。

（8）合作关系的终止。同人际关系一样，业务关系也会有紧张的时候，并可能最终导致不可调和的矛盾。因此，在确定合作关系时，一定要详细列出在何种情况下合伙人可以从合作关系中退出。在编制你的商业计划书时，就应该开始考虑你的合作伙伴以及采用的合作方式。合作关系可以使一个年轻的公司从已经具有一定规模的公司的优势中获益，并集中力量发展自己的优势所在。通过合作，你通常可以比自力更生发展得更为迅速。

业务体系和组织结构应该回答以下关键问题。

第一步：

（1）你的业务体系中的产品或服务是怎样的？

（2）你希望亲自处理的事务范围在哪里？

（3）你的业务重点是什么？

（4）你的组织职能构成及其结构是怎样的？

（5）你需要开发的产品或服务所需的资源是什么？包括定性和定量两方面。

（6）你需要多高的技术投入（包括原材料、开发你自己的产品或服务所需的材料等）？

（7）你准备自己做的是哪些？请别人做的又是哪些？

（8）你的合作伙伴是谁？为什么选择他？合作的优势是什么？

第二步：

（1）你的公司选址在哪？

（2）你预计可以具备多大的产品生产能力或服务提供能力（以单位计）？

（3）你的产品或服务的生产和其他成本是多少？

（4）你将投入多少成本在短期内对你的生产能力进行调整？

（5）你在产品或服务的质量保证方面做了怎样的规划？

（6）如果你需要一个仓库，对于存货你是如何安排的？

（7）你有多少产品需要库存？

（8）你的成本结构（包括固定成本、可变成本）是怎样的？

七、实施日程

投资者希望对你的业务发展规划有所了解。如果能提供一个现实可行的 5 年计划，无疑将激发投资者以及业务合作伙伴对你的信任。另外，它还将帮助你仔细思考你的各项活动以及它们之间的相互联系。但是如果你对达到目标所要采取的行动做出了过于乐观，甚至是错误的估计，那么很可能导致业务的最终失败。

（一）拟定实施日程

在进行拟定实施日程这一工作时，你应当把重点放在那些最关键的事件以及那些最重要的相互关联的活动上。通常来说，可以从以下三个方面着手。

（1）甘特执行日程（在关于城市风景 CityScape 的案例分析中，可以找到甘特时间表的样本）。

（2）主要的重大事件。

（3）各工作小组之间的重要相互关系以及相互依赖性。

（二）人力资源规划

伴随着新业务的开展，系统化的人事规划的重要性越来越突出。业务的增长客观上要求你雇用新员工，然而一个事实是：这些新员工必须经过相关业务培训才能融入你的业务体系中。保持一个结构相对简单的工作环境，不仅能帮助你明确职责的定义，而且有利于找到合适的人选。你需要记住的一点是：即便是在高失业率的情况下，想要找到一支高素质的专业化员工队伍也是十分困难的。因为你的优秀员工很可能会被你的竞争对手以更优的条件挖走，所以你应当计算你的人事规划成本，并将其慎重地计入你商业计划书损益表中的人力资源总成本（工资、间接劳动力成本）。人事成本取决于许多因素，如行业本身、员工资历和年龄等。另外，需要注意的一点是，间接劳动力成本有时甚至可以达到工资的 50% 以上。

（三）投资和折旧规划

投资和折旧规划包括所有可以被资本化的投资和相应的冲销。其中折旧的多少取决于该资产的计划服务年限。一般说来，资产在 4~10 年的这段时间内每年冲销的数量是相等的（直线法）。而投资应当算在流动资产之中，投资年度冲销的总金额应当在损益表中列出。

实施日程应该回答以下关键问题。

（1）哪些是你的业务发展中最重要的事件？它们的完成期限是何时？

（2）你打算如何安排业务工作来实现这些目标？

（3）这些任务和重要事件之间是怎样相互联系的？

（4）在哪些任务或重要事件上将会遇到困难？

（5）未来 5 年内，在单个业务领域中，你将需要多少新雇员？为此你将花费多少成本？

（6）要达到预期的销售目标你需要投入多少实际资本？

（7）你计划中的短期投资项目是哪些？

（8）你计划中的长期（3~5 年）投资项目是哪些？

（9）每个重大事件的完成所需要的投资分别包括哪些？

（10）每项投资的年折旧率有多高？

八、机遇和风险

分析机遇和风险的目的在于确定当情况背离你的预期时发生错误的可能性。如果条件允许，我们建议你最好同时进行最佳和最差的远景状态分析（scenario analysis），在这些远景状态分析中你应当考虑关键性的参数，并据此来确定你的机遇和风险。这些分析内容将使风险投资者能够判断出你计划的可行性，并能更好地评估他们投资的风险。你应当通过对你的愿景状态分析中的不同系数（如价格或销售额）的改变来模拟业务状况的改变是如何对你的关键数据（敏感度分析）产生影响的。

机遇和分析应该回答以下关键问题。

第一步：

（1）你的企业面临的基本风险（市场、竞争、技术）有哪些？

（2）为应对这些风险，你将采取何种措施？

（3）你对你的企业将有的非凡机遇和业务发展的预期是怎样的？

（4）资本基础的扩大将会产生的帮助是什么？

第二步：

（1）在最佳（最差）远景状态分析中，你是如何规划未来五个财政年度的？

（2）这将对你的资金需求和收益方面产生怎样的影响？

（3）在你看来，这些远景状态分析有多大的现实可能性？

（4）它们对你的业务规划产生了何种影响？

九、财务计划和融资

财务计划的重要性在于可以帮助你对创业理念进行评估，确定它是否有盈利能力以及得到融资的能力。为了实现这个目的，你必须整理和汇总前面所有章节的成果。预期的价值增长很大程度上来自你对所运作业务规划的现金流量，这一点是通过清偿力规划变现的，同时预期的价值增长也为各种融资需求提供了信息。此外，业务的盈利状况也表现在损益表中，而根据商业和税收方面的法律规定，这一损益表是必不可少的。

（一）预计的损益表

一个公司的资产是增长还是减少取决于其年终时的税前利润。损益表可以帮助你对此进行很好的预测。同清偿力规划（预计的现金流量）相反的是，损益表关注的重点是交易究竟是使公司的净资产（所有的资产减去负债）增加（收入）了还是减少（开支）了。

从整体的视角分析你的商业计划书，确定你的假设究竟是会导致收入还是开支。此外，还要明确这些收入或开支会有多高。如果你确定不了你的业务所需要的成本大小，你可以通过收集报价资料或者以估计的方式得出结论。不要忘了将你个人的生活开支计入成本中。在有限责任公司中，这些就是总经理的工资。你还需要在你的投资和折旧规划中罗列出冲销的项目。投资本身的成本（投资项目的购买价格）是不予计入损益表中的，这是因为该成本并不会使公司的净资产发生变化。材料成本包括的是所有原材料、辅助材料、耗材供应以及所购货物和服务的开支。

人力资源开支这一项将被列在人事成本中，该项包括工资、社保基金以及税收等。为了简单明了，"其他成本"这一项可被当作综合性项目看待，它包括房租、办公设备、邮资、广告以及法律顾问等其他开支。要在严格遵守法律相关规定的情况下分配各项收入和开支。最后，计算一个财政年度中所有收入和支出之间的差额，进而得到年度净利润或净亏损。这会使你对你的总体经营状况有所了解，但它不能作为对你的流动资金级别进行评估的可靠手段。因此，你需要进行清偿力规划。

产品或服务的销售都会被计入当前财政年度，即便要到下一年才对其支付；你需要完整列出销售收入，即便该款项还没有存入你的账户中。开支记录也适用于同样的原则。损益表是以年度为单位的。为了提高你对第一年预测的准确性，你应当逐一预测当年的每月资产损益状况，还需对第二年按季度进行预测。至于对接下来的第三、第四以及第五年，则继续以年度为单位进行预测。你可以利用本书附录中的表格来罗列数据。

（二）清偿力规划

你应该确保公司在任何时候都应有一定量的现金可供使用，以避免资金周转困难，并最终导致破产这一后果。破产就意味着你的公司在财务上的彻底失败。而详细的清偿力规划有利于你拥有一个正的现金流。其原则很简单：将收入与支出直接进行比较。但是需要注意的是，有时候开出发票和收到发票并不意味着你已经支付了该笔款项或者该笔款项已在你的账户之中。清偿力规划要关注的是当资金真正地流入或流出时的支付期。因此，清偿力规划只涉及那些真正引起现金存量变化的交易。以下这些是不包括在清偿力规划中的，如折旧、负债以及非市场产出。

对于你预期支付的数量和时间你应该详细列出来。如果你的公司的收入额是大于支出的，那么你的公司是具有偿付能力的。然而当你的规划不能应付所有的开支时，你就必须从外部引进资金。在规划期间，所有这些单独支付的款项的总和应该和所需的资金总额相等。

规划的时期和不确定性是成正比的关系，即所规划的时期越长，计划中的不确定因素就会越多。因此，在公司第一年的时候，清偿力规划必须做到每月进行一次，第二年可以每季度进行一次，到了第三、第四、第五年则每年进行一次。

（三）预计资产负债表

风险投资者对你的资产如何增长是最感兴趣的，而这种增长正是通过资产负债表来反映的。需要知道的是，在资产负债表中，资产的价值和种类是计入资产项目下的，而资本的来源是计入负债一项中。

同损益表相同的是，资产负债表也遵循着一套法律规定的标准会计格式，也是以年度为单位来记录。

（四）融资需要

清偿力规划的作用在于使你明晰你所需的融资数额以及所需时间，但它并不能说明你将以何种方式获取这些融资。我们通常将外部融资分为两部分：股权（投资者在公司中拥有股份）和贷款（这些资金是从外部资源中借贷的）。你应当尽可能地从无数可能的资金来源中选择最适合的融资组合。

中国有句谚语："天下没有白吃的午餐。"这句话同样适应于资金。你的亲朋好友也许会做到无条件地为你提供资金援助，但专业借贷者绝不会这么做。

在向投资者阐述自己的商业计划时，所有的管理团队所能提供的只是一个承诺，这就使得他们在谈判中处于不利的地位。然而，如果公司业务进展顺利，你就很有可能获得你所希望的援助，因为职业投资者也很看重团队的出色业绩。因此，你必须做到充分了解你自己以及你的投资者的需要和期望。

如果你所寻求的是长期投资，但是你又不打算将公司的规模发展得很大，此时你可以利用家庭资金或向朋友或银行借款。在这种情况下，你对公司有绝对的控制力，因为你拥有公司的大部分股权，但这同时也极大地限制了公司进一步发展的可能性。

如果你所寻求的是快速发展，那么你就需要从外部获取风险资本，但风险投资者出于自身考虑，通常会要求在你的公司中拥有较大的股份，因此，你可能必须放弃对公司的控股权。但是，只要你达到了事先提出的目标，风险投资者即使拥有大部分股权，对公司的管理也不感兴趣。风险投资者已经对管理团队进行了投资，目的就是要让管理团队将企业带向成功。他们会通过提供管理技能及专门知识来帮助你，如法律或营销等方面的专家技能、关系和网络等。

一项交易的完成是一件非常复杂的过程，因此你最好和有经验的创业家联系，并同时听取多方意见，如信托人、税收顾问和律师等专家的意见。你还可以比较不同投资者的出价，这项过程的负责性是出于法律上的原因，如税收减免、对投资者的控制等。重要的是你必须做到非常清楚地了解交易过程中的每一个细节。

（五）计算投资者的收益

投资者主要是通过他们的投资收益来评估一项投资是否成功。因此，商业计划书中的预期收益应当做到一目了然。

从投资者的角度来说，对于新公司投入的任何资金最初都将导致负的现金流。但是即便当企业开始盈利的时候，这些盈利也并不会立刻以红利的形式付给投资者，而是被用来充实资产负债表。投资者的投资最终会返回给投资者。因为现金流会在几年内持续存在，它们必须被折现，即计算出现在的价值（利息和复利计算）。不同年份的折现因子可以用下面的公式来计算。

$$折现因子 = 1/(1+r)^T$$

式中：r 为百分比形式的折现率；T 为现金流出现的年份。

计算回报时通常会采用内部收益率（internal rate of return，IRR）这一方法。内部收益率是所有的正负现金流都以现在的价值进行折现而结果为零时的贴现率。例如，城市风景项目的内部收益率为 72%，这表明投资者资金的年回报率是 72%。在考虑到其中的风险后，可以了解到，这是一个合理的回报率。

绝大多数的计算器和电子表格都有专门计算内部收益率的功能，可用其来计算内部收益率。当然，也可以选择自己动手计算。

对公司的价格进行估计，即是指计算出如果该公司上市的话，其股份在市场上的价值。

就其本身而言，这种估计可以说是一种艺术。评估一家公司优秀与否的简单规则是该公司在首次公开上市的那一年的价值，如果其价值是其现金流量或净利润（税后）的6~8倍，那么可以断定是一家优秀的公司。

如果你对财务规划没有经验，你就应该向有关专家（如税收顾问或会计）咨询。此外，你还必须特别和你的税收顾问探讨一下总销售额和收入税的问题。请注意一点，大多数新创公司的失败都是源于缺乏财务经验，如果现在你的团队中还缺乏具备这方面技能的人才，那么，请开始物色合适的人选吧！

财务计划和融资应该回答以下关键问题。

（1）你的收入和支出发展趋势是怎样的？
（2）你的现金流量将如何发展？何时可以达到收支平衡状态？
（3）根据你的清偿力规划，你需要多少融资？
（4）在最差的远景状态分析情况下，你需要的现金是多少？
（5）你的清偿力规划是基于怎样的假设？
（6）你可以寻找哪些资金来源以满足你的融资要求？
（7）你向潜在投资者提出怎样的交易条件？
（8）投资者可以预期的投资回报是多少？
（9）投资者将如何实现盈利？

第四节　商业计划书的调整

一般来说，大多数公司每年都需要修改一次商业计划书——至少进行一次检查。但是也会存在这种情况，即在公司外部或内部遭遇巨变的时候，公司可能需要不定期地复审商业计划。以下是给出的十种可能需要进行调整的警告标志，当这些标志出现时，就需要马上进行商业计划书的修改工作。所以在你不断地衡量企业形势时，尤其需要留意以下的典型情况。

（一）成本上升，收入下滑

成本上升、收入下滑是公司陷入困境最明显的标志。但是奇怪的是很多企业都忽略了这一点。究其原因，这一问题不是一夜之间产生的，而是一个过程。成本上升是一个逐渐的过程，收入下滑也是缓慢的过程。当警钟敲响的时候，只进行简单的修补工作往往为时已晚。因此在实际工作中，一旦出现利润紧缩的迹象，请马上回头看看你的商业计划书——尤其是财务预测部分。

（二）销售量（额）下跌

如果新产品或劳务的销售情况没有达到你的预期，甚至出现销售量（额）迅速下跌的情况，应尽快找出问题所在。可能的原因有以下几点：提供的产品特性不符合客户需求；质量问题；服务水平下降；行业竞争比你预期得更加残酷。你的应对方法是：找出原因所在，然后有针对性地修订商业计划书的相关部分，如产品设计、运转、市场策略等方面。

（三）员工士气低落

评判为你工作的人的志气高低是不容易的，但是这对你的成功是非常关键的。对于公司员工意志消沉的现象，绝不能袖手旁观。你要跟身边的重要人士进行探讨，最好做到确切地指出到底是什么问题导致这一现象。可能存在的原因如你制订的计划目标不合理，挫伤了员工的积极性；公司陈述的使命和行动计划之间的不相符，导致了混乱不清、目标不明确的局面。这些情况出现的时候，你就要调整计划，而不是等到每年一次的商业计划书复审时再采取措施。

（四）重要项目落后

一份正规的商业计划书需要列出具体的时间期限，即什么时候应该达到哪一步目标都很明确。时间期限的意义在于它是推动企业不断向前发展的动力之一。如果公司没有注意到期限问题的重要性，并且发现存在重要项目不能按时完成的情况，就要和下属一起找出原因，认清问题的来源，这些问题要涵盖目前计划中没有如期进行的各个部分。在团队协作下，采用头脑风暴法可以帮你回到正常的轨道。如果不行的话，就要采取修订时间期限的方式避免员工出现泄气的现象。

（五）财务紧缩

对于公司财务未来状况的预测是一门艺术，而非科学。若你的财务状况开始显得有些不稳定，就要及时采取行动，千万不要等到濒临崩溃的时候才采取行动。你需要花点时间对当初目标的所有假设条件进行复审，并详细地列出可能改变预先计划的所有因素。然后根据新情况，修订财务陈述。在必要的时候，修订你的行动计划。

（六）新的竞争对手出现

进行竞争对手分析也是有效的企业战略的基础之一。所以当一条蓄意破坏的大鱼游入你的小池塘时，应回顾竞争对手分析并且迅速调整商业计划书。要记住：竞争并不都是坏事，它往往逼迫你关注自己做得最好的产品或服务，逼着你采取更有效的方式。

（七）技术动摇了你的世界

技术革新具有强大的力量，几乎可以改变每一件事：客户的需要、企业的运转，甚至竞争对手。技术上的一个跳跃几乎可以在一夜间造成现有产品的一文不名，而又给新产品或劳务创造新市场。所以当一项新技术的产生影响了你所在的行业时，请重新评估你的商业计划书。这个动作要快！还要问问自己这项新技术可能带来的变化，如会怎样改变做生意的方式，或怎样改变你的客户，明确这些问题后制订如何利用它，并使之转化成自己的优势的计划。

（八）重要客户流失

即便是忠实的客户也会存在找到新的供应商的情况，如果你注意到有客户流失的趋势的话，很可能是你的公司有地方出问题了。可能的原因也许是竞争对手比你想象得更强大，你自身的努力不够，或者是市场本身发生了变化。你绝对不能忽略重要客户的流失这一危险信号。可以在恰当的时候，询问这些客户为什么改变了选择，也可以和自己的销售人员探讨更深层次的原因，然后进行改进计划的制订。

（九）公司战略做180度的转变

在做生意的过程中需要进行战略的细微调整，这是很正常的现象。但是公司如果突然进行180度的转变，那肯定是存在问题。你不应该轻易地将公司战略从一个方向转到另一个方向，而需要和管理队伍成员一起通过对商业计划书的研究指出原先的战略方向行不通的原因。花费足够且必要的时间做全面的分析，然后根据你认识到的问题，对原有战略进行理性的改动。

（十）公司发展得太快

企业蓬勃发展的时候企业主不会有所抱怨，但是在他们没有充分准备情况下，公司的发展曲线太陡，那就意味着出了麻烦。例如，客户服务水平受到影响，或者存在供不应求的问题。甚至一些公司发现其基本的组织结构已经不能适应新的要求。如果你遇到了因为成长过快带来的问题，看看你的商业计划书，认清为了适应新形势和成长的规模而需要变动的部分。

本章小结

本章详细介绍了商业计划书的各个方面，主要包括商业计划书的构成要素、内容以及调整等。

商业计划书的构成要素主要包括：目录、摘要、公司简介、商业环境、公司描述、公司战略、财务检查、行动计划以及附录。

商业计划书的内容主要包括：执行概要、产品或服务、管理团队、市场和竞争、市场营销和销售、业务体系和组织结构、实施日程、机遇和风险以及财务计划和融资。

当企业出现以下十种情形时，说明你需要对商业计划书进行调整：①成本上升，收入下滑。②销售量（额）下跌。③员工士气低落。④重要项目落后。⑤财务紧缩。⑥新的竞争对手出现。⑦技术动摇了你的世界。⑧重要客户流失。⑨公司战略做180度的转变。⑩公司发展得太快。

1. 你的管理队伍拥有何种类型的业务经验？
2. 不同层次的管理成员的动机是什么？
3. 你的公司和产品进入行业的方式是什么？
4. 如何才能在你所处的行业中取得成功？关键因素是什么？

5. 何种行业变化会对你公司的利润影响最大？
6. 你的公司与其他公司相比有什么不同？
7. 你的公司具有很高的成长潜力吗？为什么？
8. 你的项目取得成功的关键是什么？
9. 如何做到公司和产品的独特性？
10. 当必须和更大的公司竞争时，如何取得成功？
11. 你的竞争对手是谁？
12. 你具有哪些不同于竞争对手的优势？
13. 和你的竞争对手相比，你如何在价格、性能、服务和保证方面更有竞争优势？
14. 你的产品的替代品是哪些？
15. 你的竞争对手会如何应对你公司的挑战？
16. 在你的营销计划中需要关注的最关键的因素是什么？
17. 你的广告计划会对产品的销售产生怎样的影响？
18. 你的顾客群体在统计上的特征是什么？
19. 你认为公司今后发展的瓶颈在哪里？
20. 你的供应商是谁？他们已经存在多久了？

案例分析

LavaRadio：凭借一份创业计划书超额完成融资任务

专注于为创业者和投资人提供对接服务的 AngelCrunch 天使汇在 2013 年 1 月 17 日推出了"快速合投"——快速团购创业公司股权的活动，并在上线仅仅 14 天就获得开门红——成功为创业项目 LavaRadio 募得了 335 万人民币的资金，比预定融资目标 250 万元多出 34%。

"快速合投"率先在国内开启了"快速团购优质创业公司股权"模式，平台上每个项目都将有 30 天的投资周期。"参与合投"在 AngelCrunch 天使汇平台上线后备受国内投资人的关注，并积极地参与进来。这种模式已经在国外开始流行，AngleList、FundersClub 已经为 1000 多家创业公司完成目标融资。

2013 年 1 月 17 日，LavaRadio 成为天使汇首个通过"快速合投"方式进行融资的项目，预计融资额 250 万元人民币。LavaRadio 是一个软硬件设备结合互联网的环境音乐电台，面向个人用户在合适的位置播放合适的音乐，同时为商家用户提供一站式环境音乐解决方案。

这个项目在平台上线第 5 天时候就超过了目标数额，一周内有 20 多位投资人约见创业公司代表，第 14 天融资达到 335 万元。LavaRadio 成为中国国内第一个众投成功的项目，是中国天使众投的第一单。天使投资人李卓桓赞叹道："这是可以载入中国天使投资历史的一个新的里程碑！"

AngelCrunch 天使汇 CEO 兰宁羽表示："连我们自己也没有想到，LavaRadio 通过我们的平台仅仅用了 14 天就超额完成了融资计划。"

其实，不仅平台方没有想到，LavaRadio 团队也没有想到可以在如此短时间内完成融资。LavaRadio 的创始人兼 CEO 陈曦表示，LavaRadio 在登录 AngelCrunch 天使汇的时候心情非常复杂，"要知道，直到现在，LavaRadio 这个产品都没有正式上线，我们甚至做好了最坏的打算。不过我们有一个非常成熟的商业计划书，这是我最大的'法宝'，我也非常有自信，当投资人看到我的这个 BP 后会下定决心认可这个项目。但是没想这个项目在 7 天后募资就超过预定目标，14 天就可以完成！"

尽管项目完成得非常顺利，也超乎预期，但是看似偶然性的背后蕴藏着成功必然性。实际上 AngelCrunch 天使汇之所以选择 LavaRadio 作为平台的第一个项目不是没有原因的。

第一，LavaRadio 的商业计划书写得非常好，非常成熟。正如陈曦所说的那样，当投资人看到这份 BP 的时候，脑中存在的问题基本都有了答案，从产品形态到商业化模式、执行计划、财务数据、团队介绍，都非常清晰。创业团队对这个项目做了充分的准备和周密的规划。

第二，项目特征十分明显。尽管国内关于音乐的应用已经非常多，但 LavaRadio 这个产品有自己独特的个性。它通过 APP＋Web＋硬件"软硬兼施"的方式，把不同的音乐带给不同的人，把恰当的音乐带到恰当的场合。除了个人用户，他们针对商业用户制订了公共场合背景音乐播放的解决方式，在解决版权问题的情况下，帮助商户高性价比地解决此问题。

第三，团队非常好，分工明确，技术过人，头脑清楚。从 BP 中就可以看出他们的专业素质非常高，几位承诺投资的天使都纷纷表示项目虽然只有 BP，但是团队非常优秀，所以才承诺投资。

LavaRadio 如此快速地完成融资离不开 AngelCrunch 天使汇"快速合投"这个平台。"快速合投"平台的这种方式更灵活、更有效，也非常有潜力。实际上，它就是给国内广大中小企业和创业团队带来一种全新的融资方式。此前"融资难"一直是困扰创业者的一大问题，传统的风险投资公司对创业企业的要求也是非常的苛刻，所以许多创业者都被挡在创业大门之外。

AngelCrunch 天使汇"快速合投"平台的出现很大程度上改变了传统的融资方式，它大大地降低了创业初期资金的问题。它告诉创业者，没有钱不是问题，只要有靠谱的想法，有优质的团队，就可以获得融资。

陈曦表示 AngelCrunch 天使汇给了她很大的帮助，"他们做了他们最擅长的事情，"她说，"LavaRadio 是我第一次创业，在此之前我对融资完全不了解，完全没有这个概念。第一次写的商业计划书'惨不忍睹'，天使汇的同学提供了很多有价值的建议和意见，才拥有了这份非常完美的 BP（即商业计划书，下同）。而且他们还告诉我怎么和投资人接触，怎么用投资人的语言和术语与投资人沟通。此后我信心十足，看到投资人之后也不会紧张和不知所措，让我变得看起来也很专业。"

AngelCrunch 天使汇"快速合投"平台比以往的投资形式相比有以下几个优势。

第一，帮助创业者快速找到优秀的投资人。AngelCrunch 天使汇创办的初衷，就是希望能够缩短投资人与创业者之间时间和空间的距离，让靠谱的项目找到靠谱的投资人。AngelCrunch 天使汇根据天使投资人的投资风格及关注领域，提供个性化的初创项目筛选和推荐。CyberAgent Ventures 北京公司总经理戴周颖说："AngelCrunch 天使汇是非常好的平台，专注于中国早期互联网，特别是移动互联网方面的融资平台，有着非常多优秀又有激情的创业者。"目前天使汇已汇聚了 300 多位验证投资人、6000 多个创业项目及 15 000 多名创业者，包括大姨吗、SnackStudio 等 40 个优秀的创业公司通过天使汇得到了总额超过 1 亿元人民币的投资。

第二，这是个有效率的平台。AngelCrunch 天使汇团队是一个非常专业和高效的团队。陈曦很兴奋地说，天使汇的"快速合投"平台是一个非常有效率和专业的平台，"我刚刚提交了项目，天使汇的工作人员就给我打电话联系我，帮忙完善项目的资料。我的项目上线之后的一两个小时里，就已经有人关注，并打电话安排约谈。在一周的时间里，我前前后后完成了 20 多次约谈，这是我从来没有遇到过的，也非常地惊讶这个平台的效率如此之高。"

第三，大家都可以参与投资。俗话说，众人拾柴火焰高，以往天使投资人一投就投 50 万、100 万，现在用 1 万元也可以快速合投。在 LavaRadio 这个项目中，天使投资人李卓桓和戴周颖就分别投资了 1 万元。这不仅让投资人有更多的投资机会，降低了投资风险，同时也增加了创业者实现梦想的机会。在国外众募平台 Kickstarter 上，不少创业者实现了自己的梦想，而成功则来自"大家"的力量。2012 年，Kickstarter 总共收到了 224 万民间投资者总计 3.197 亿美元的投资，同时有 18 109 个项目成功募资，获得 2.74 亿美元。可以这么说，Kickstarter 众募平台的成功率为 85.7%。

第四，众投增加了天使投资人的信心。在 LavaRadio 这个项目里，著名投资人王利杰"踢了第一脚球"，他个人也成为国内第一个"众投天使"，最后"临门一脚"是陌陌的天使投资人紫辉投资基金的郑刚。俗话说，"群众的眼睛是雪亮的"，天使投资人的眼光是敏锐的，他们能够抓住创业者项目中的闪光点，用专业的眼光评判项目存在的价值。众投增加了投资人的信心，放心跟着靠谱的投资人一起投。

第五，优秀的天使投资者可以带来远远比钱本身更重要的附加价值。天使投资人往往是成功的创业者或大公司前高管、行业资深人士，他们往往能给创始人带来经验、判断、业界关系和后续投资者。另一类是专业人士，如律师、会计师、大型企业的高管以及一些行业专家，他们虽然没有太多创业经验和投资经验，但拥有闲置可投资金和相关行业资源。陈曦感慨道，在这次融资的过程中，天使投资人给了她太多太多的帮助，他们的资源、他们的行业经验，甚至是那些没有投资她的投资者也给予她很多经验上的意见和建议。这些投资人带给她除资金以外更重要的不同层面的附加价值，这是用钱买不到的。陈曦说，他们都是"真的天使"。

第六，融资速度更快。以往，创业者要获得同等数额的融资往往要和投资人谈上好几个月，把精力都耗费在这件事上，到最后也不一定能成功。"快速合投"平台上等待融资的每个项目都有 30 天的投资周期。它就像团购一样简单高效，可以快速帮助创业者筹集到目标资金，让产品的开发和推广更快一步。只要达到目标投资额，此次融资就完成了。让靠谱的项目迅速地找到靠谱的钱。对于创业者来说，他们可以把重心放在产品的开发和推广上，不用再为融资这件事情所拖累。

第七，方便快捷的投资过程。"快速合投"平台让投资简单化，但简单不简约。投资人可以为自己投过的天使项目高效地引入下一轮投资，股权流动性和退出的机会也非常快捷；方便有效地进行投前中后的管理，对于创业者来说，AngelCrunch 天使汇汇集多名投资专家的意见，让创业者项目更好地估值，友好的标准化条款免除创业者的后顾之忧，同时，可以持续的多轮融资，估值平滑增长，实时方便，节约精力用于产品和推广上。陈曦说，投资人不仅给了她很大的帮助，而且他们提出的条款非常的合理，他们为我提前考虑了很多。

LavaRadio 和"快速合投"平台就是在"天时、地利、人和"的情况下获得了成功。

天时。目前的融资方式已经严重阻碍了创业的浪潮，融资不应该成为一个优秀项目的绊脚石，"众投"这种新兴的融资方式开始进入人们的视野，以其灵活、高效的特点赢得了投资人和创业者的肯定。天使投资人郑刚在微博上表示，投资 LavaRadio 的时候，他本人和创业者之前没有任何私下联系（就承诺了投资），他就是认可这个行业、这种方式，认为这个时段适合干这个事。

地利。在众投呼声日益高涨的时候，AngelCrunch 天使汇率先推出了"快速合投"平台，让这一形式的开展成为可能。当初之所以上线"快速合投"，是对目前投资方式的一种实验，是对投资新形式的探索。没想到一开始就获得了成功。

人和。AngelCrunch 天使汇平台上有一群靠谱的投资者。有一群对众投充满信心的投资者，他们不仅为创业者提供资金，而且能够给他们除钱以外的附加价值，让创业者受惠颇多。同时天使汇平台有一群靠谱的创业者，有一群有梦想、有激情、有想法、孜孜不倦地为了自己的项目而努力的创业者。

资料来源：Chaos. 仅凭一份 BP14 天募资 335 万元超额 34%，国内第一个成功的众投项目是怎样炼成的？［EB/OL］. 创见. http://tech2ipo.com/57873

讨论题

1. LavaRadio 能够成功融资的原因是什么？
2. 从 LavaRadio 融资计划书可以得到什么启示？

第六章 创业融资

学习目标

1. 了解创业融资的概念和类型。
2. 掌握创业融资的主要渠道。
3. 掌握创业融资的策略选择。
4. 理解创业融资的过程。

导入案例

小红书是跨境电商领域里杀出的一匹黑马,一年内就成功找到社区电商模式,以社区购物模式切入,升级为社区型电商,并迎来销售额的大爆发。

小红书创立于2013年,最初叫"香港购物指南",用户可以在上面分享自己的海外购物笔记。创始人毛文超很快发现了其中的商机:在社区中卖产品,并试水成功。直到同年12月,小红书搭起了自己的供应链系统,转型为社区型电商平台。以信息驱动,用户生产内容,通过真正的社交信息流方式,将线下逛商场时的冲动消费场景搬到了线上。

作为创业团队中的佼佼者,小红书一夜爆发并不是偶然。在跨境电商的风口上,小红书刚好赶上85后到90后用户高端消费力崛起,以及有淘宝、天猫、京东等多年来培育好的用户网购习惯,这些独到的优势,让小红书快速成为创业风向标。

资料来源:萩菜00. 盘点互联网创业公司10大成功案例[EB/OL]. 百度文库.https://wenku.baidu.com/view/ 8a367c8870fe910ef12d2af90242a8956becaa38.html

讨论题

根据你对小红书的了解,分析小红书为什么能够成功。

第一节 创业融资概述

一、创业融资的概念

融资是所有企业必然要面对的问题,对于创业企业而言,更是将创业从理念转变为现实的最关键一步——恰如马克思说的"从产品到商品,是惊险的一跃"。很多好的创业点子,就是因为没有资金支持,从而胎死腹中,或者艰难维持。因此,对于创业者而言,仅仅有好的创意、好的团队远远不够,还需要充足的资金孵化。

"资金是企业的血液",融资是企业资本运作的起点,也是企业运作资本的前提,更是保障企业生存和发展的关键因素。创业融资就是创业企业根据自身的资金状况和未来的发展所需,运用科学的分析方法,从一种或多种渠道获取创业资金来保障企业未来发展的经济行为和过程。

二、创业企业融资难问题突出

随着商业经济的发展,融资市场也随之发育形成。从传统的私人借贷到商业组织之间的借贷、银行和股份制企业的出现直至证券市场和担保体系的形成,商业融资的平台、渠道和组织方式越来越多样化。但是,尽管如此,融资市场的"大企业偏好"一直没有根本性的改变,这使得中小企业、创业企业的融资难成为各个国家和地区的普遍问题。

根据国家统计局上海调查总队的调查,2015 年,在上海市接受调查的 537 家企业中,60 家处于创业阶段的企业中,48.3%认为资金"紧张";299 家处于发展阶段的企业中,17.4%认为资金"紧张";178 家处于成熟阶段的企业中,认为资金"紧张"的则不到 10%。可见,相比处于其他阶段的企业,创业阶段企业资金"紧张"占比最高。77 家发生融资活动的企业中,表示融资比较容易的占 13.0%,难度一般的占 37.7%,比较困难的占 49.3%。其中处于创业阶段的企业融资难度最大,有 71.4%认为融资困难,分别高出发展阶段和成熟阶段企业 19.2 和 47.9 个百分点。可见,对于创业企业而言,融资难问题更为突出。

三、创业企业融资难的原因

融资是所有企业面临的难题。造成融资难的原因也大多类似,不过,对于创业企业而言,有比处于其他阶段的企业更为突出的原因。

(一)创业企业面临的不确定性更大

在市场环境中,所有企业都面临着经营的不确定性。创业企业因为在市场上立足未稳,没有忠实的消费者(客户)群体,面临的不确定性更大。从企业内部治理来看,创业企业的管理者大多管理知识和经验有限,企业组织形式松散或者不完整,组织竞争力尚未形成,应对市场波动和内部变动的能力不足,增加了企业经营的不确定性。由于创业企业面临的不确定性更大,因此在融资市场上谈判力弱,很难争取到投资者的资金投入。加之创业企业融资规模小,因此投资者更愿意将资金投入经营稳定的大型企业,而不是分散给多个风险较高的创业企业。

(二)缺乏抵押资产

创业企业的启动资金大多为自有资金,资产规模小,几乎没有资产可以进行抵押贷款,要获得融资支持十分困难。同时没有可以参考的经营记录作为声誉保证,使得创业企业通过担保公司融资也十分困难。企业没有可参考的经营记录,就像一个没有任何权威和声誉的年轻人一样,很难得到投资者的信任。与声名远播、信誉良好的大企业相比,创业企业既没有资产,又没有可参考的经营业绩,能够提供的资料不过是一份商业计划书,自然很难取信于投资者。而且就贷款时投资者或投资机构的成本而言,由于要甄别创业企业的信用,其成本往往是大型企业的 5 倍左右,因此相较于投资成本较高的创业企业,投资者更愿意投资大型企业。

（三）信息不对称更为严重

信息不对称在经济生活中普遍存在，在创业融资中，信息不对称同样存在。一般来讲，创业者对于企业的经营状况、产品能力、创新能力、市场前景等情况的掌握更加深入，而投资者则处于信息劣势的地位。由于投资者只能靠自己感知到的信息来进行决策，那些素质不高、技术上有缺陷、经营管理不善的创业企业可能会将投资者考核的各项数据做得漂亮而骗取投资，让真正高收益的创业企业失去投资，从而导致逆向选择的发生。另外，创业企业经营时间短，尚未形成口碑，声誉机制不能发挥作用，信用融资受到制约。

（四）创业企业的外部融资环境更不利

在面临更大的不确定性、无抵押资产及信息不对称更严重等因素的共同作用下，客观上造成创业企业在融资市场上面临着更为不利的市场环境。一方面，创业企业的上述特点，加剧了金融机构的"大企业偏好"，更多地将资金投入大城市、大企业、大项目中，大规模地将资金从基层网点回收，而基层的中小型金融机构则因为贷款能力有限，且与创业企业存在空间分布差异，从而导致创业企业获得投资的可能性不断降低。另一方面，信用担保体系发展滞后，也严重制约了现有金融机构满足创业企业融资需求的能力。由于信用担保机构缺乏后续的补偿机制，风险往往由担保机构独自承担，使得担保机构的信用能力受到极大的制约。此外，创业企业由于没有前期业绩，也不可能依靠证券市场融资。

尽管创业企业融资存在诸多困难与制约，但是融资问题贯穿企业成立与发展的始终，是必须解决的重大经营问题。因此，本章接下来将通过对创业融资类型、渠道、策略选择和过程的介绍，加深创业者对融资的了解。

第二节　创业融资的类型

创业融资分类标准不同，有不同的分类。根据属性，可分为债权融资和权益融资；根据来源，可分为内部融资和外部融资；根据方式，可分为直接融资和间接融资；根据期限，可分为长期融资和短期融资。

一、债权融资和权益融资

根据融资资本的供应方是否拥有企业的控制权，创业融资可以分为债权融资和权益融资。

债权融资是指利用涉及利息偿付的金融工具来筹措资金的融资方式，主要包括银行贷款、民间借贷等方式，其偿付依赖于企业未来的销售收入与利润。由于债权人并不直接参与企业的经营运作，出于保障资金安全的需要，往往要求有诸如厂房、设备、地产、汽车等资产作为抵押品。采用债权融资方式，创业者可以在所得税前支付债务利息，从而享受避税利益。然而由于面临定期支付利息、到期偿还本金的压力，在资金使用上可能受到债务契约限制。一般而言，短期债务（期限少于一年）筹措的资金主要充当流动资本，用于购置货物、垫付应收账款、融通经营资金，资金的偿还主要利用当年的销售收入和利润；长期债务（期限长于一年）筹集的资金则用于置办固定资产，如设备、建筑物、房产等，并且需要以资产的部分价值（通常占总价值的50%~80%）作为贷款抵押。不过，债权融资使得创业者能够保有企业较多的股份，从而在权益上获得更大的回报，特别是利率低迷时。

权益融资是指为了筹集资金，向其他投资者出售企业所有权的融资方式，即用所有者权益来交换资金。采用这种方式融通资金，可以避免债权融资中还本付息的硬性约束，有利于为创业项目筹措长期的固定资金。作为回报，出资者以股东身份分享企业利润，并按照预先约定的方式获得资金的分配权力。但是，追加权益融资会使创业者所占的企业股份比例下降，造成控制权的稀释。权益资本的筹集主要有自有资本、亲朋好友、风险投资公司等渠道来源。

权益融资相对于债权融资来讲，风险大，资金成本也高，同时还需要承担一定的发行费用。一般来说，企业融资成本包括会计成本和机会成本。相对于会计成本，机会成本是企业决策行为的主要依据。从目前国内情况来看，企业通过银行贷款所花费的机会成本是较高的。如企业根据对未来市场变化的预期，制订了相应的产品开发计划，但其所需资金往往受贷款规模的限制，等到银行逐级申报增加贷款规模批下来以后，市场情况已经发生了变化，使企业失去一次捕捉巨大商机的投资机会。可见，商业银行贷款的"时滞"增加了企业债权融资的机会成本。同样，债权融资的限制条件多，对创业者来说也有其不利的一面。

总的来看，使用债权融资还是权益融资，关键看获得资金的可能性、企业资产以及当时的利率水平。表6-1列出了债权融资与权益融资的优缺点，创业者可以通过比较，将两类融资类型有机结合起来，以满足创业的资金需求。

表6-1 债权融资与权益融资的优缺点

比较项目	债权融资	权益融资
融资成本	低	高
控制权影响	保持现有控制权	控制权被稀释
风险	按期付息和到期还本	不存在还本付息

资料来源：苏小娟. 股权融资与债权融资的对比：关于企业融资模式的解析[J]. 时代经贸，2007（7）：92-93

二、内部融资和外部融资

根据资金的获取渠道不同，创业融资可以分为内部融资和外部融资两种类型。

内部融资是指将企业自身的资金转化为投资的过程，这部分资金主要包括留存的未分配利润、固定资产折旧和出售资产的收入，营运资本减少、应收账款回收、应付账款增加等也可以视为内部融资的手段。内部融资在企业内部"自然地"形成，一般无须花费筹资费用。通常，企业在发展初期会将利润全部投入经营中去，而不分配给股东，即内部积累；有时候，企业还会出售使用率不高的资产来获得必要的资金；采用租赁而不是购买的形式获得资产使用权，也能够有效地节约资金，降低追加融资的频率。短期内部融资则主要依赖营运资本的有效管理：一是尽量减少不必要的存货和现金；二是加强应收票据或应收账款的回收；三是尽量争取供货商的延期付款条件。

外部融资是指企业在内部融资不能满足资金需求时，向企业外部筹集资金而形成的资本来源。一般方法是通过发行债务或权益凭证，吸引外部投资者提供资金。外部融资大多需要花费一定的筹资费用。

比较而言，内部融资不需要企业实际对外支付利息或股息，不减少企业现金流量，也不伴随融资费用发生，因而成本远低于外部融资，成为企业首选的融资类型。然而，内部融资的能力大小还取决于企业利润水平、净资产规模和投资者预期等因素。处于创业初期的企业，内部融资的可能性是有限的。很显然，从企业成长方式来看，内部融资是一种依靠自身积累逐渐成长的过程，当生产和规模扩大到一定程度，内部融资不能满足资金需求时，企业必然会转向外部融资。因此，外部融资是企业借助外部资金加速成长的过程。

三、直接融资和间接融资

根据企业是否通过金融机构进行融资，创业融资可以分为直接融资和间接融资。

直接融资是指企业不经过银行等金融机构，直接从社会上（如企事业单位、居民等资金剩余者）筹集资金。一般来说，是通过发行债券、股票以及商业信用等形式筹集所需资金。直接融资的优点在于：资金供求双方联系紧密，有利于资金快速合理配置和使用效益的提高，而且筹集资金的成本降低，有利于获得较大的投资收益。其缺点是：资金供求双方在资金数量、期限、利率等方面受到的限制多；融资使用的金融工具的流通性较间接融资要弱，兑现能力较差，且直接融资的风险较大。

间接融资是指企业向金融中介机构（如商业银行、信用中介、储蓄机构等）申请贷款，从而取得资金的方式。间接融资的优点是：灵活方便、安全性高、融资规模大。其缺点在于：资金供求双方的直接联系被割断，在一定程度上会降低投资者对企业生产的关注与筹资者使用资金的压力和约束力，且融资成本较高。

直接融资和间接融资，既有区别，又有联系。在现代市场经济条件下，直接融资一般是企业以发行证券的形式在资本市场上公开进行融资活动，其发行的证券代表着一定的财产权（如股票）或债权（如国债、企业债券），这些有价凭证一般可以在市场上公开交易。筹资者发行证券往往是以自身的财产、信誉、盈利前景等为保证进行的。在发行证券之前，必须进行资产评估、会计审计、律师公证等工作；证券发行之后，筹资者必须定期进行信息公开，政府对证券市场进行严格的监督管理，贯彻公开、公正、公平、诚实守信的原则，保护广大投资者的利益。这样的直接融资具有筹资范围广、规模大、可连续筹资、具有社会宣传效应等特点。但是，处于初创期的企业知名度不高，盈利前景不明朗，很难具备面向社会发行证券的资格和条件；其直接融资主要表现为绕开金融中介，直接寻求民间资本的支持。创业企业的间接融资主要是向银行申请贷款，这种融资方式虽然成本较低，但可能存在抵押担保品不足的困扰，这时，寻求第三方担保就变得十分重要。向中小企业互助基金申请贷款，也不失为一种有效的融资手段。

四、长期融资和短期融资

创业融资按照资金的使用期限可以分为长期融和短期融资,也就是一些书上所说的长期资本和短期资本。

长期融资是指企业使用期限在一年以上的资本,通常包括来源于所有者的股权资本和来源于债权人的长期负债资本。长期融资具有双重属性,既有股权资本,又有债务资本,主要用于满足长期资产占用的需要,如构建固定资产和垫付长期流动资产等。长期融资一般采用投入资本、发行股票、发行债券、银行长期借款和租赁等方式获得。

短期融资是指企业使用期限在一年以内的资本,一般包括短期借款、应付账款和应付票据等项目,通常通过债权人短期借款、商业信用等筹集方式取得或形成,属于债务性质。短期融资主要用于经营过程中资本周转调度等原因引起的资金短缺。

借助金融创新型工具可以实现短期融资金融工具和长期融资金融工具的转换,以提高长期融资金融工具的流动性,如国债逆回购、质押式回购等。

第三节 创业融资的渠道

所谓创业融资渠道,就是指筹措资金的方向和途径,体现资金的源泉和流量。对创业者而言,所有可以获得资金的途径都能够成为创业融资渠道。创业融资渠道可分为人际融资渠道、权益融资渠道、债务融资渠道和创造性融资渠道。

一、人际融资渠道

创业者在初创期的融资优势不明显,难以通过机构融资的方式获得资金,所以企业开始运营的种子资本主要来自创业者自己或其关系网络。人际融资主要有自我融资、家人和朋友和步步为营三个融资来源。

(1)自我融资。几乎所有创业项目的初创资金都来自创业者的自有资金。一方面,自有资金的成本较低,不涉及利息偿付,且自有资金的投入有利于创业者保持对企业的经营控制权,在创业成功后能够获得更多的股份分红;另一方面,对于其他投资者,如银行、私人投资者或风险投资家来说,创业者个人资本的投入是一种有效的承诺,为外部资本提供了最为基础的保障,证明了创业者对自己认定的创业项目的信心。这种承诺会带给其他投资者一种积极的暗示,使信息不对称带来的负面作用得到适度缓解,投资者对创业企业投资的可能性得到提高。

许多创业者抱有自行解决所有融资需求,创建属于自己的企业的想法。虽然自我融资是获得创业资金的一种途径,但它并不是能够解决所有融资问题的办法。在创业过程中,创业者不难发现,有投资资本和借贷资本的加入,和没有这些资本加入相比,前一种情况下创业企业的生产运营比后者要顺利得多。另外,创业者的个人资金对于创业企业,特别是先期投入大的企业来说是非常有限的。所以,在能够轻易获得外部投资的情况下,自我融资并不是首选之策。

（2）家人与朋友。创业者在个人资金不足以供给创业的资金需求时，一般会选择从家人与朋友那里获取创业资金。亲朋好友对创业企业的投资是创业融资的重要来源，在创业过程中起着非常关键的作用。尤其是中国，形成了以家庭为中心，亲缘、地缘、文缘、商缘为经纬的社会网络关系，这个被费孝通先生称作具有"差序格局"性质的关系网络，对包括创业融资在内的许多创业活动产生了极其重要的影响。

创业者的家庭成员与亲朋好友由于双方私人关系密切而愿意为创业企业投入资金，这有助于克服个人投资者对创业者和创业企业缺乏了解这一不确定性，从而能够省略不必要的麻烦，使双方更好地合作。甚至有一部分亲朋好友对创业者的资金投入属于纯粹赠送，不要求偿还本金及利息、不计报酬或延付报酬、减免租金等。在初创时期，创业者往往缺乏正规融资的抵押资产以及社会筹资的信誉和业绩，因此这种融资方式对创业者来说是十分常见又十分有效的。众所周知，浙江温州的民营经济十分发达，而他们有一套共有的融资模式：在创业初期，以自有资金和民间融资为主；当企业具有一定的规模和实力以后，以自有资金和银行借贷为主，民间融资仍是重要的外部资金来源。

与其他融资渠道相同，虽然向家人和朋友融资在获得资金上相对容易，但也有其不利的一面，包括利益纠纷、投资风险、关系紧张等潜在的危险。因此，创业者在向家人和朋友融资时，必须做到以下几点：第一，提出融资要求之前仔细考虑融资对家人和朋友的影响，特别是要考虑创业失败后的后果。家人和朋友对创业企业的投资要建立在他们对投资成功的信心之上，而不是因为他们有这个义务。第二，必须用现代市场经济的游戏规则、契约原则和法律形式来规范借贷或融资行为，保障各方利益，减少不必要的纠纷。第三，创业者必须将投资的有利方面和不利方面都告诉家人和朋友，还要告诉他们存在的风险，以便将日后出现问题时对家人和朋友的不利影响降到最低。

（3）步步为营。创业企业资本的另一个来源被称为步步为营，即利用创造性、智巧或其他可能方法获取资源，而不是从传统融资渠道筹集资本。由于创业企业在发展初期难以获取融资或资助，许多创业者迫不得已只能步步为营。苹果公司就是一个很好的例子：斯蒂夫·乔布斯和史蒂夫·沃兹尼亚克卖掉大众箱型汽车和惠普公司的可编程电脑，筹集了1350万美元，作为苹果公司的种子资金。

创业者有许多通过步步为营来筹集资金或削减成本的办法。例如，采取团购、租赁而非购置设备、把个人开销最小化、避免不必要费用（如宽敞的办公室和奢华家具）、通过折扣店或网络拍卖而非全价商店购买物品（但需谨慎购买廉价物品）、与其他企业共享办公空间或雇员、雇用实习生和收取预付款等。

二、权益融资渠道

当前常见的权益融资渠道包括天使投资、风险资本和上市融资。

（1）天使投资。天使投资是自由投资者或非正式机构对有创意的创业项目或小型创业企业进行的一次性的前期投资，是一种非组织化的创业投资形式。与其他投资相比，天使投资是最早介入的外部资金，即便还处于创业构思阶段，只要有发展潜力，就能获得资金，而其他投资者很少对这些尚未成形的创业企业进行投资。

天使投资人是指用自有资金以债权或股权的形式向非朋友和家人的创业者或创业企业

提供资本的个体，一般分为两类：一是创业成功者，二是企业的高管或高校科研机构的专业人员。他们不仅有富余的资金，而且具有专业的知识或丰富的管理经验，由于年龄或职业、社会地位等因素的制约，从零开始创业不切实际，但是希望以自己的资金和经验帮助那些具有创业精神与创业能力的志同道合者创业，以延续或完成他们的创业梦想，冒着可以承担的风险，在自己熟悉或感兴趣的行业进行投资，获取回报。在与天使投资人会面时，必须重点强调投资的吸引力之所在，而不仅仅是讨论财务方面的回报率。

目前，社会对天使投资的关注度越来越高，但中国的天使投资仍不够发达。实际上，在温州地区类似的天使投资人早已活跃，整个地区就像是一个"资本网络"，对于想创业的温州人来说，种子资金是不用愁的。相信随着国家相关政策的支持、市场机制的不断完善、信用制度的建立以及个人财富的积累和增加，天使投资一定会在中国的创业中发挥更大的作用。

（2）风险资本（venture capital）。风险资本也称创业投资，是指专业机构提供的投资于极具增长潜力的创业企业并参与其管理的权益资本。创业企业一旦得到发展，创业投资可以通过股权退出获得资本增值收益，是一种高风险、高回报的投资方式。风险资本的起源最早可以追溯到15世纪英国、西班牙、葡萄牙等西欧国家创建远洋贸易企业时期，到19世纪美国西部创业潮时期，"创业投资"一词在美国开始流行。风险投资对企业的成立与发展有着极大的贡献，许多世界级的著名企业如苹果公司、微软公司、英特尔公司、雅虎公司等都是在风险投资的培育下成长起来的，因此也造就了史蒂夫·乔布斯、比尔·盖茨、安迪·格鲁夫、杨致远等众多著名企业家。

风险资本的本质内涵体现在以下三个方面：第一，以股权方式投资于具有高增长潜力的未上市创业企业，从而建立起适应创业内在需要的"共担风险、共享收益"机制；第二，积极参与所投资企业的创业过程，一方面弥补所投资企业管理经验上的不足，另一方面主动控制创业投资的高风险；第三，并不经营具体的产品，而是以整个创业企业作为经营对象，即通过支持创建企业并在适当时机转让所持股权，来获得资本增值收益。风险资本的投资对象大多是新企业或中等规模的企业，对目标企业有严格的考察，风险资本所接触的企业，只有2%～4%能获得融资。

前文提到的天使投资也是广义的创业投资的一种，但狭义的创业投资主要是指机构投资者，天使投资与创业投资都是对新兴的具有巨大增长潜力的企业进行权益资本投资。两者的区别在于：天使投资的资金是投资人自己的，并且自己进行管理，天使投资人倾向于在创业初期投资；创业投资机构的资金则来自外部投资者，他们把资金交给创业投资机构，由专业经理人管理，风险投资倾向于在企业处于成长期时投资，投资规模较大。

创业者需要了解创业投资家选择项目的标准，以提高获得创业投资的成功率。有人总结了创业投资家进行决策的三条原则，即创业投资的三大定律。

第一定律：绝不选取含有两个以上风险因素的项目。创业投资项目通常有四种风险因素，即研究开发风险、产品风险、市场风险和创业成长风险。如果创业投资家认为申请投资的项目存在两个以上的风险因素，通常是不会考虑对其进行投资的。

第二定律：$V=P \times S \times E$。式中，V为总的考核值；P为产品的市场大小；S为产品（或服务）的独特性；E为管理团队的素质。根据这一定律，创业投资家在考核创业项目时，必须综合考虑产品的市场大小、产品的独特性以及管理团队的素质这三个因素。

第三定律：投资 V 值最大的项目。在收益和风险相同的情况下，将首先选择那些总的考核值最大的项目。

风险投资作为一种新型的投资模式，在我国尚处于发展初期，还需要借鉴外国的先进经验与做法，建立适合我国风险投资业的有效的融资机制。

（3）上市融资。上市融资是权益融资的另一种来源，是通过发起首次公开上市（initial public offering，IPO）向公众出售股票。首次公开上市融资是企业股票面向公众的初次销售。当企业上市后，它的股票要在某个主要股票交易所挂牌交易。多数上市的创业企业，非常倾向于在科技、生物技术和小企业股票的纳斯达克股票交易所交易。首次公开上市是企业重要的里程碑。通常来讲，企业只有证明自己有能力并具有光明未来时，才能够公开上市。

一般来说，企业决定上市有四个原因：第一，首次公开上市是筹集权益资本以资助企业当前和未来经营的途径。第二，首次公开上市提升了企业的公众形象，使它易于吸引高质量的客户、员工和联盟伙伴。第三，首次公开上市是一个流动性事件，能为企业股东（包括它的投资者）提供将投资变现的机制。第四，通过首次公开上市，企业创造了另一种可被用来促进企业成长的流通方式。一家企业用股票而非现金支付购买另一家企业的款额，是很常见的事情。当股票是"法定股本，而非已流通股票"，实际意味着企业要发行新股来完成收购。

首次公开上市的基本流程可以划分为三个阶段，即准备阶段、执行阶段和发行上市阶段。准备阶段需要确定保荐人、其他中介机构以及制订改制方案等基础而重要的工作。在执行阶段，所做的是尽职调查及辅导、文件准备及申报、核准、调研营销等工作内容。发行上市阶段包括路演推介、询价、发行、上市以及后市。

首次公开上市是一种变形的私募（private placement），即企业向大机构投资者直接销售证券。私募发起时，不存在公开发行，也不必准备招股说明书。

三、债务融资渠道

债务融资渠道包括获得贷款或出售公司债券。由于创业企业事实上不可能出售公司债券，所以主要通过贷款获得债务融资。贷款常见的有两种类型：第一种是单一目的贷款（single-purpose loan），借入的特定数额资金必须连本带息在规定日期归还；第二种是信贷额度（line of credit），设立了借款的最大限额，借款者在限额内可随意使用信贷，信贷额度要求定期支付利息。

与权益融资相比，获得贷款有两个主要优点：一是企业所有权不会有任何丧失，这对于多数创业者来说是最主要的优点；二是贷款的利息支付可以抵免税收，相对于支付给投资者的股利来说，股利支付不能在税前扣除。当然，获得贷款也有缺点。第一个缺点是贷款必须归还，这对集中精力开始运营的创业企业来说可能会比较困难。创业企业的前几个月，甚至更长的时间，因为经营收益不佳，而且需要资金投入的项目也多，现金会比较紧张。第二个缺点是放款者经常对贷款强加严格条件，并坚持要求大量抵押物以充分保护他们的投资，即使创业企业已发起成立，放款者仍有可能要求创业者用个人资产进行抵押作为贷款条件。

一般来说，创业者可获得的债务融资有以下两种。

（一）商业银行贷款

一直以来，商业银行并没有被看作创业企业融资的可行来源，因为银行需要规避风险，而创业企业融资存在一定的风险。对于银行来说，能可靠地归还贷款的客户才是其贷款对象，而寻找风险投资家所追求的能获得巨大成功的业务并不在其考虑范围之内。通常来讲，银行会对具有强大现金流、低负债率、已审计的财务报表、优秀管理层、健康的资产负债表的企业感兴趣。尽管许多创业企业拥有优秀管理层，但很少有企业具备其他特征，至少在初期是这样。银行对处于生命周期晚些时候的小企业是一种重要的信贷来源。

但是，创业企业从银行融资，更多的是一种理论上的可行性。在现实中，银行一般不愿意贷款给创业企业，原因有两个：一是规避风险。银行有内部控制和制度约束，禁止它们从事高风险贷款。银行拥有指导贷款活动的标准，如最低的权益负债率，这些标准不利于创业企业的创业者。二是银行贷款给小企业的利润不如贷款给大企业的高，所以大企业一直是商业银行的主要客户。调查显示，企业规模在决定债务资本获得方面是一个重要因素。

（二）信用担保体系

信用担保体系主要是指企业在向银行融资的过程中，根据合同约定，由依法设立的担保机构以保证的方式为债务人提供担保，在债务人不能依约履行债务时，由担保机构承担合同约定的偿还责任，从而保障银行债权实现的一种金融支持制度。从国外实践和我国实际情况来看，信用担保可以为中小企业创业和经营融资提供便利，分散金融机构的信贷风险，推进银行合作，是解决中小企业融资困难的突破口之一。

从20世纪20年代起，许多国家为了支持本国中小企业的发展，先后成立为中小企业提供融资担保的信用机构。如美国联邦中小企业管理局，就是通过协调贷款、担保贷款等形式帮助解决中小企业发展资金不足的问题。还有日本在第二次世界大战后成立的中小企业金融公库、国民金融公库和工商组合中央公库，也是专门向中小企业提供低息融资的机构。各个国家和地区的中小企业信用担保体系由于资金运作方式、操作主体和目的的不同，其模式和类型也有所不同。但是它们有共同的特征：一是政府出资、资助和承担一定的补偿责任；二是绝大部分由政府负责中小企业的组织和管理。目前，我国已经形成了以中小企业信用担保为主体的担保业和多层次中小企业信用担保体系，但仍需逐步规范和完善。

四、创造性融资渠道

创业企业在创业初期难以获得资金支持，创业者经常使用创造性的途径获得融资。即使对于那些可以获得其他途径融资的企业来说，能够找到比传统资本更便宜的资本来源也是有利的。创业企业比较常见的创造性融资渠道主要有以下三种。

（一）融资租赁

融资租赁起源于美国，是一种集信贷、贸易、租赁于一体的，以租赁物件的所有权与使用权相分离为特征的新兴融资方式。具体是指出租人根据承租人所要求的规格、型号、性能等条件购入设备租赁给承租人，合同期内设备所有权属于出租人，承租人只拥有使用权，合同期满付清租金后，承租人有权按残值购入设备，拥有设备的所有权。

从创业企业的角度来看，融资租赁的优点在于：第一，企业不用像银行借贷那样需要信用与担保，其融资程序简单便捷，有利于创业企业在最短时间内获得设备的使用权，进行生产经营，迅速抓住市场机遇。第二，承租企业只需支付较低的租金就可以实现融资目的，可减少来自项目采购时流动资金的压力。第三，与银行贷款整笔贷出、整笔归还的特点不同，租赁公司可以根据每个企业的资金实力、销售季节性等具体情况，为企业定制灵活的还款安排，如延期支付、递增支付和递减支付等，使承租人能够根据自己企业的状况，定制付款额，所以其到期还本负担较轻。第四，融资租赁不体现在企业资产负债表的负债项目中，这种表外融资方式，可以解放流动资金，扩大资金来源，突破当前预算规模的限制。第五，承租企业不用在整个使用期间承担设备陈旧过时的风险。

融资租赁也具有很多的限制，其针对性也很强。国内的融资租赁主要是医疗和公共事业类。同时，融资租赁也需要特定的标的物，如具有一定意义的可变现的厂房、设备等。融资租赁对于企业的资产规模、经营状况等指标有一定的要求，融资租赁公司对提出申请的企业及其融资项目的风险也会进行严格的审核。此外，融资租赁往往会要求承租企业缴纳一定量的保证金，一般在总融资额度的20%左右。

（二）政府背景融资

政府背景融资是指政府推出的针对创业企业的各种扶持资金及相关优惠政策。近年来，各级政府充分意识到创业活动对经济发展的推动作用，尤其是科技含量高的产业或当地优势产业对增强竞争力、解决就业问题有着重要意义。为此，政府越来越关注创业企业的发展，同样，这些处于创业初期的企业在融资方面所面临的迫切要求和融资困难的矛盾，也成为政府亟待解决的重要问题。为解决以上问题，国务院根据党的第十八次全国代表大会提出的"实施就业优先战略和更加积极的就业政策"，于2015年4月27日出台了《国务院关于进一步做好新形势下就业创业工作的意见》的文件，要求积极拓宽创业投融资渠道。该文件指出，各级政府要运用财税政策，支持风险投资、创业投资、天使投资等发展；运用市场机制，引导社会资金和金融资本支持创业活动，壮大投资规模；发挥多层次资本市场作用，加快创业板等资本市场改革，强化全国中小企业股份转让系统融资、交易等功能，规范发展服务小微企业的区域性股权市场；开展股权众筹融资试点推动多渠道股权融资，积极探索和规范发展互联网金融，发展新型金融机构和融资服务机构，促进大中创业。

一般来说，常见的政府背景融资主要有科技部科技创新基金、针对某个特定群体的创业基金和地方性优惠政策三种。科技部科技创新基金一般是经国务院批准设立，通过拨款资助、贷款贴息和资本金投入等方式，扶持和引导科技型中小企业的技术创新活动。在"大众创业，万众创新"的大环境下，政府尤其是乡政府会根据各地实际情况，以鼓励创业为目的针对某个特定群体推出支持基金。这个特定群体包括高校毕业生、下岗职工、返乡农民工、妇女等，他们大多怀有强烈的创业愿望，却没有创业资金来源。另外，各地政府在支持创业企业发展方面，会有一定的政策倾斜，如小额贷款、创业基地建设、税收优惠、中小企业信用担保等扶持政策。

（三）战略合作伙伴

战略合作伙伴是创业企业另一个债务融资渠道，经常在帮助年轻企业获得运营资本以及完善商业模式方面发挥着至关重要的作用。例如，生物科技企业就极其依赖合作伙伴的财务支持。一些小规模的生物科技企业，常与更大的医药企业结成合作伙伴关系来进行临床试验以及将产品推向市场。这种安排大多包括许可证经营协议，即生物科技企业将处于开发状态的产品特许给制药企业，以换取产品开发期以及之后的财务支持。实际上，生物科技企业来自战略伙伴的资本占到50%以上，所以这种合作形式的形成是新生物科技企业的一项关键能力，也有助于完善企业的商业模式以及节约使用资源。

许多伙伴关系的形成，在于分担产品或服务开发成本、获得特殊资源以及推进产品面市速度。为了换取厂房和设备以及已建成的分销渠道，创业企业将创业精神和新创意带入这种伙伴关系中。这种安排可以帮助创业企业减少对融资或资助的需求。

第四节　创业融资的策略选择

面对不同的融资类型和渠道，创业企业应该选择怎样的融资策略呢？显然，这是一个非常复杂而具体的问题，不同企业必然面临不同的融资策略组合和选择。但是，在这些差异性的策略选择背后，有一些共同的原则需要坚持、一些共同的制约因素需要充分考虑。

一、创业融资策略选择需要遵循的原则

一般而言，创业融资策略选择需遵循合理性、高效性、可行性、科学性和合法性的原则。

（一）合理性

创业企业对资金的需求是不断变化的，因此在融资前需要对企业的资金需求量进行分析，通过定量分析，合理运用财务手段，预测企业未来对资金的需求，确定合理的融资规模。同时，选择的融资策略不同，资本的来源也不同，企业所要承担的成本和获得的效益也不尽相同。因此，确定合理的资本结构，需要权衡股权融资与权益融资、长期资本与短期资本这两种结构的比例。

（二）高效性

企业融资的目的是获得更高的经济效益，因此，在融资策略的选择上要遵循高效的原则。而企业投资关系到企业是否进行融资，只有当投资收益大于资本成本时，企业才会决定增加投资。因此，在企业进行融资时，要寻求最优的融资方式，将融资成本降到最低，才能够得到更多的投资收益，从而使企业获得更高的经济效益。

（三）可行性

不同融资策略获得资金的难易程度不同，企业需要考虑当前的发展是否能够承担获得某种融资的代价和风险，以及这种融资策略带来的收益和成本能否实现均衡。因此，在选择融资策略时，要综合考虑企业的发展状况和不同融资渠道的利弊，选择现实可行的融资策略，以降低成本、减少风险。

（四）科学性

企业的运作和融资是密不可分的，融资活动影响着企业内的资本能否正常地运作。因此，融资策略的选择一定要坚持科学严谨的态度，才能够保障企业资金到位融资成功，从而保证企业的日常经营活动和资本运作正常进行。

（五）合法性

企业的融资涉及资本的流动，与众多的利益主体相关，涉及社会经济的发展与稳定。因此，企业在融资过程中，要遵循国家的法律法规。必须在没有非法侵占他人权益的情况下，依法进行融资活动。通过非法途径获得的融资终将有害于企业的长久发展。

二、影响创业融资策略选择的因素

创业企业在决定融资策略时，以下因素必须重点考虑。

1. 企业发展所处的阶段性特征

处于不同阶段的企业对于融资的需求是不同的，对于资金的需求量和风险程度也存在差异。创业企业的发展可以划分为种子期、创业期、成长期、成熟期和退出期五个阶段。

（1）处在种子期的创业企业，具有高度的不确定性，很难得到商业机构，尤其是商业银行的贷款，因此主要依靠人际融资、天使投资和政府融资等。

（2）进入创业期的企业，对资金的需求进一步加大，但融资却更加困难。虽然此时企业较种子期有所进步，但在缺乏担保和经营、信用记录的情况下，申请商业银行贷款依旧困难，同时，有政府背景机构的投资也随着企业的发展逐渐减少。这时，风险投资和设备租赁等方式成为融资的最优选择。

（3）步入成长期后，企业有了一定的经营基础，此时可以有更多的选择，但资金需求也进一步扩大，所以需要多种投资渠道和较高额度的投资。因此，创业者应当尝试多种多样的融资方法。除了前面提到的融资方式，企业还可向商业银行申请贷款、借助担保体系取得信用贷款。

（4）跨入成熟期后，不论是在技术、管理还是信用、品牌等方面，创业企业都进入稳定期，融资渠道最为丰富，此时企业除了前面几个阶段的融资渠道，还可以考虑通过债券、股票等资本市场直接进行融资，以满足日益增长的资金需求。发展较好的企业还可以争取在中小企业板或创业板上市。

（5）当创业者选择退出时，可以通过公开上市、管理层收购或其他方式退出企业。

表 6-2 列出了企业不同发展阶段的融资渠道选择。

表 6-2　企业不同发展阶段的融资渠道选择

融资渠道	种子期	创业期	成长期	成熟期	退出期
创业者	★★★★★	★★			
人际融资	★★★★★	★★★			
天使投资	★★★★	★★★★	★★		
战略伙伴	★★★★	★★★★	★★★	★★	
政府投资	★★★★	★★★★	★★★	★★	
风险投资	★★	★★★★★	★★★★★	★★★★★	
资产抵押贷款		★★★★★	★★★★★	★★★★★	
设备租赁		★★★★★	★★★★★	★★★★★	
商业银行			★★★★★	★★★★★	
信用担保			★★★★★	★★★★★	
资本市场				★★★★★	
公开上市				★★★★★	★★★★★
管理层收购					★★★★★

注：★数量越多，表示该融资渠道越适宜当前的融资需求，最多 5 颗★

2. 创业者对控制权的态度

股份制企业中，重大事项的决策权按照股东持有的股票份额来分配，因此，创业者对控制权的态度直接影响融资策略的选择。由本章中债权融资和权益融资的概念可知，采用债权融资时，企业的股权结构不变，因此，创业者对企业的控制权就不会受到影响；而当企业采用权益融资时，企业的股权会被稀释，从而引起公司控股权、收益分配权和资产所有权等控制权的分散。

一些创业者希望保留自己对企业的控制权，不愿与投资者分享企业的所有权，因此会选择债权融资。而一些创业者为了企业能够飞速发展，获得巨大的财富，就会选择权益融资，扩大企业的规模和价值。与此同时，他们也将 CEO 的职位和企业决策权让渡出去，失去对企业的控制权。因而创业者在进行融资时，应避免对企业控制权的丧失。

3. 融资成本

顾名思义，融资成本即创业者为获得融资而必须支付的成本。不同的融资渠道，融资成本的差别很大。一般来说，融资成本由筹资费用和用资费用两个部分组成，筹资费用是筹集资金时产生的一系列费用，如贷款时支付的手续费、材料的制作费等；用资费用是融资成本的主要部分，如所需支付的利息、股利等。

总的来说，在各种融资渠道中，自筹资金的成本较小，债权融资和权益融资的成本较大，且权益融资成本一般高于债权融资成本。使用自筹资金看似不需要付出任何较高的成本，但事实上，这笔资金的机会成本就是其全部的融资成本。在进行债权融资时，一方面，企业支付的利息是其主要的融资成本，而利息可以在税前作为费用扣除，也可以减少企业所得税的缴纳，因此，相比权益融资，债权融资拥有避税利益；另一方面，债权融资的利息与债务期限紧密相关，时间越短，风险越低，利率也就越低，所以，债权融资时短期融资成本低于长期融资。相反，权益融资时，股东投资的期望报酬就是融资成本。在利润分配中股东承担了比债权人更高的风险，因而他们会要求更多的投资报酬，造成权益融资的成本远远高于债权融资。

创业者在选择融资渠道时，应遵循成本最小化的原则，按照成本由低到高的顺序来进行融资，即先使用自筹资金，然后考虑债权融资，最后才是权益融资。

4. 融资风险和稳定性

融资风险是指在资金使用过程中可能会遭受的损失。不同的融资渠道，创业者需要承担的风险是不同的。债权融资的风险往往高于权益融资。首先，债权融资是借款性质的，因此在约定时间结束后，资金使用人需要向投资人返还资金以及约定的报酬即利息，企业的经营状况与投资人无关，因此，回收资金和利息的时间与数额不会因企业的经营状况而有所改变。当企业经营不善时，创业者须承受较大的损失。其次，权益融资的投资者占有企业的股份，企业的经营状况与投资者的利益挂钩，报酬取决于企业的经营情况。他们利润共享、风险共担，且资金一旦投入就永久属于企业，无须偿还，因而风险远低于债权融资。

虽然债权融资的成本更低，但创业企业在起步发展阶段，为了保证其资金的稳定性，大多会选择权益融资。自筹资金和权益融资属于永久性资金，创业者可以更加自由地使用，且无须担忧。而债权融资虽然方便快捷，但未来要偿还的投资和利息常常让企业面临财务危机，甚至会导致企业以彼之贷款还他之贷款，影响企业的正常运作。因此，从融资的稳定性出发，若企业难以在短期内获得盈利，权益融资将是最好的选择。

5. 资金的使用

资金的来源会影响企业对资金的支配方式和支配程度。自筹资金是创业者的自有资金，可以任意使用，不受限制。而债权融资得到的资金，受还款期及贷款协议的限制，企业不能够进行超过还款日期的长期投资，也不能将协议中已经明确使用方向的资金用于他处，因此，资金的支配权受到了很大的限制。相比之下，权益融资的自由度要宽松许多，不必受到债权人的监督。

除了以上因素以外，企业在选择融资渠道时，还需考虑其他的影响因素，如国家的政策、市场的变化、企业对资金的需求、企业未来的经营状况等。创业者应综合分析当前的情况与企业的发展状况，对比不同融资渠道的优缺点，充分考虑各项可能会影响融资效果的因素，选择科学合理的融资渠道。

第五节　创业融资的过程

企业融资的过程具体如下。

一、确定融资目标，做好准备工作

创业者如果没有对投资市场进行充分的了解，没有确定的意向目标，融资过程就会出现诸多问题。此外，常言道，有准备的人才能够抓住机会。创业企业能否获得融资，亦离不开创业者的前期准备。

首先，创业者寻求创业融资前应先熟悉投资市场，查询投资者的状况或直接拜访投资者进行了解。然后，根据企业的特点，确定未来将要寻求合作的目标范围。为了更好地完成融资，企业需要筛选7~8位对创业项目感兴趣的投资者作为目标，并在其后的接触中，保持坚持不懈、不卑不亢的精神面貌。

其次，建立个人信用，积累人脉资源。信用是一种珍贵的资源，在市场经济中，个人信用往往体现在创业者的信用记录中。一般情况下，个人信用记录包括四个方面：一是个人身份情况，包括一些最基本的情况，如姓名、家庭、收入、学历等；二是商业信用记录，主要和个人在商业银行的贷款与偿还以及银行卡使用记录有关；三是社会公共信息，包括个人的纳税、缴纳各项费用以及财产等状况；四是一些个人涉及的民事、刑事等特别的处罚记录，这些对于个人的信用都会产生影响。人脉资源需要通过建立人际间的关系才能够获得，研究表明，创业者的人脉资源可以有效地帮助企业获得融资。然而积累人脉资源不是鼓励创业者进行寻租行为，而是要建立基于正常的社会关系而形成的人际关系。因此，创业者应当在社会生活中，广结善缘，才能够在融资时拥有丰富的人脉资源。

最后，一个完美的创业计划可以由几个人甚至一个人完成，但将创业计划变成现实，创造一个新的企业，没有一支优秀的团队是不行的。为了获得融资，在整个创业团队中，必须做好融资人才储备，才能够更好地获取投资。

二、测算资金需求量

企业不同的发展阶段对于资金的需求是不同的，只有明确地知道企业何时需要多少资金，才能够合理地选择融资方式，从而提高融资成功的概率和降低融资风险的发生。企业要运营，首先要有启动资金，因此测算资金需求量，首先要做的是估算启用资金。创业启用资金包含许许多多的方面，如果前期预估较低，就会在后续的运营中出现资金不足从而造成项目中途搁浅甚至夭折的情况。因此，预算企业的启用资金要考虑的问题很多，但也只能进行估算，所以要做好事前调查，确定相对明晰的启动成本预算，才能够保障资金的供给。

首先，当企业开始运营时，预估营业收入是制订财务计划和财务报表的第一步，又因为创业企业还在起步阶段，需要对财务进行严格的把控，所以要按月对营业收入、营业成本和利润进行测算。其次，真实地编制预计财务报表，反映企业的财务状况。最后，根据财务情况，预测企业未来发展所需的资金量。

三、编写创业计划书

创业计划书，也称商业计划书，是描述和创建企业有关的书面文件，是整个创业的灵魂所在。一份高质量的创业计划书，要有切实的目标和应对风险的策略，是团队成员智慧的结晶。一份成功的创业计划书，一定是简洁明了、美观规范，突出企业的优点，展现未来的美好，能够引起投资者兴趣，并且不忘陈述风险及风险应对措施。此外，除了准备创业计划书，在与投资者会面前，创业者还要准备好幻灯片来介绍创业计划，其内容需要在有限的时间内，将最重要的信息传达给投资者，如企业介绍、市场、团队、前景、现状等。

四、确定融资渠道

资金需求确定了，也有了完美的创业计划书，选择融资渠道就成了首要问题。从前面几节的介绍中可以知道，融资的类型很多，渠道也多种多样，但各有利弊，因此，企业需要慎重地选择融资的渠道。这一问题，上一节已经进行了详细的论述，相信大家已经有了较深的理解，此处就不再赘述。

五、进行融资谈判

创业者在对融资渠道进行策略选择后，就要积极寻找投资者进行沟通和谈判。在面对面进行谈判前，创业者需要准备好应对投资者对项目收益和风险的拷问，对管理的考察。同时也要做好放弃部分业务和妥协的准备，因为投资者的目标不可能和创业者的目标完全相同，且投资者相对于创业者有更多的选择，寄希望于投资者做出妥协的可能性不大，因此在谈判前，一定要明确自己妥协的空间有多大。另外，在时间较长的谈判过程中，创业者一定要将创业计划中最容易引起投资者兴趣的内容清晰醒目地表达出来，展现企业的产品或服务，让投资者看到一幅美好的发展蓝图。

六、签订融资合约

融资谈判结束后，接下来的一个重要环节就是签订融资合约。融资合约一般分为两种，债权融资签署借款协议，而权益融资签署投资合同。以贷款合同为例，在签署时需要格外注意贷款的种类、用途、币种和金额、利率、期限、还款方式和提前还款与贷款延期等情况。

融资合约一旦签订就具有法律效力，可以对企业产生法定的约束力，因此，创业者在签署前一定要仔细检查，并在签署后严格执行，以树立良好的企业形象和信用声誉，为企业未来的融资做保障。

本章小结

创业融资过程存在信息不对称性和不确定性，加之企业自身缺乏融资能力，融资环境较差，我国创业企业融资面临着严峻的考验。为了解决这一问题，企业不仅需要政策的支持，还需加强自身的融资吸引力。

依据不同的标准，创业融资可以分为债权融资和权益融资、内部融资和外部融资、直接融资和间接融资、长期融资和短期融资。

各种融资渠道皆有利弊，只有了解不同的融资渠道才能更好地进行策略选择。创业者需要根据企业自身的情况，科学地选择适合企业发展的融资组合方式。

创业融资的流程大致包括融资前的准备、测算资金需求量、编写创业计划书、确定融资渠道、进行融资谈判和签订融资合约。

思考题

1. 创业企业为何融资困难？如何破解这一难题？
2. 创业融资的类型有哪些？
3. 债权融资和权益融资对创业者的影响有何不同？
4. 融资有哪些方式？不同的融资渠道利弊如何？
5. 选择融资渠道时需要遵循的原则和考虑的因素有哪些？
6. 简述创业融资的流程。

案例分析

摩拜单车的融资之路

摩拜单车的开始

2013年年初的时候，胡玮炜还在做记者，在拉斯维加斯一个消费类电子展上看到了很多汽车公司的展出。胡玮炜说："我当时就有一种非常强烈的感觉，那就是未来汽车可能会发生很大的变化。" 2014年，胡玮炜回到杭州虎跑，想要骑行，希望能租一辆公共单车，但办卡小岗亭关门，最后这次希望中的骑行没有成功，在瑞典哥德堡也遭遇过租赁公共单车失败的经历，于是胡玮炜从汽车朋友圈里拉了一支团队，成立摩拜单车项目。

摩拜的创办

2015年1月创办北京摩拜科技有限公司；摩拜单车最初的办公地点，位于北京海淀区的768文创园，不久搬到了朝阳区麦子店街的一处写字楼。并拥有了自己的自行车制造工厂，胡玮炜创办摩拜是希望通过技术创新结合新型商业模式，寻找解决城市出行"最后一公里"难题的有效途径。摩拜单车的出现，努力实现着让自行车回归城市，用骑行去改变城市。

2016年4月22日摩拜单车正式上线，并在上海投入运营，9月1日正式进入北京。根据移动应用分析平台App Annie的追踪调查，截至2016年11月，摩拜单车的月活跃用户量已达512万。另一家知名调研机构艾瑞咨询的数据显示，2016年12月第一周，摩拜单车的周活跃用户量达440万人，周总有效使用时间为51.7万分钟。

摩拜单车融资情况

胡玮炜说："外界只能看到光鲜的一面。最重要的是，你愿不愿意拼了命地去做这件事情。"当你拼死在做一件事时，全世界都会帮你。

如今，摩拜单车在每个一线城市分别投放了10万辆以上，覆盖了29座城市，它所到之处，无不引发热议。

它在两年内完成了7轮融资，且都是知名投资机构或企业投资：腾讯、红杉、携程、华住、富士康等等，估值百亿。

即便这样，摩拜也曾遭遇危机。

熊猫资本创始合伙人李论说，如今的很多投资机构，直到投完，也许都来不及见过胡玮炜本人，基本只有 5 天时间考虑，如果不投，机会就错过了。但当时熊猫资本投 B 轮时，前前后后聊了两个月时间。而在那之前，摩拜也见过不少投资机构，但并不顺利。

胡玮炜承认，因为刚开始阶段性成果有所延迟，加之摩拜比较低调，持续有半年时间，摩拜融资困难，为了让项目继续运营下去，她甚至通过亲友去找民间借贷借钱。

摩拜单车需要快速融资，是由其高成本的商业模式决定的。与滴滴出行类似，摩拜单车想要大获成功，就必须通过资金投入快速占领市场、垄断市场。摩拜单车是如何打动风险投资人的呢？摩拜单车仅仅向投资人讲了三点内容。

首先，用商业方式解决"最后 3~5 公里"痛点，这是摩拜单车的定位。滴滴出行解决了用户中长距离的出行难题，但是"最后 3~5 公里"问题始终困扰着用户，而摩拜单车通过一个 APP 随扫随骑，还不依靠电子桩的全新出行方式解决了这一问题。

摩拜单车用商业方式解决了一个社会痼疾，这既满足了用户的需求，又有很大的市场。于是，摩拜单车很快得到了熊猫资本认可，完成了 B 轮融资。

其次，用技术降低维护成本，用信用制度规范用车行为。如何降低维护费用？如何防止不规范用车行为？这是传统公共自行车系统所面临的两大挑战，也是公共自行车推广难以普及的原因。第一个问题，如何降低维护费用？

一辆摩拜单车的诞生过程说明了一切。从轮毂、车体到智能 U 形锁，摩拜提供一整套独有的研发和设计方案，以求做到除了好看之余，还得"4 年免维护"。第一，摩拜单车用轴承结构替代了自行车链条，解决了自行车"掉链子"难题；第二，摩拜单车借鉴汽车工艺，用 5 条幅轮毂去替代传统 32 条幅结构，增强了自行车的抗击性；第三，摩拜单车用铝材替代了钢铁，使得车身防水防锈；第四，摩拜单车的轮胎具有防爆功能，抗磨损，不需要充气；第五，摩拜单车配置的智能锁内置物联网和 GPS 芯片，可以通过骑行产生的动能给自行车充电；第六，摩拜单车的车座无法调高，也没有装篮筐，可以最大程度上避免损坏；第七，摩拜单车采用橙色轮毂与银色全铝车身配搭设计，具有很高的辨识度。

总之，摩拜单车的设计方案可以大大降低维护费用，这就具备了可行性。至于不规范用车行为，摩拜建立了一套信用制度，防治用户的不规范用车行为。摩拜单车信用制度的具体规则为："每位摩拜用户注册之初，均拥有 100 信用分，每骑一次增加 1 分，举报 1 次增加 1 分，违规就扣分。若有违停将一次性扣除 20 分，而当信用分低于 80 分时，用车单价将提高到 100 元/半小时，如果忘记上锁导致单车遗失，按照协议，需赔偿 2000 元。"另外，用户还可以通过邀请好友、分享行程、停车位置拍照等行为增加信用分。解决了两大难题，投资人自然纷纷投怀送抱。

最后，现在高投入是为了以后赚大钱。关于摩拜，争议焦点指向盈利模式。摩拜几乎从不谈论盈利模式，王晓峰也曾经表示："一辆摩拜单车最初的造价需要 6000 元，随着原料采购量的增加，才逐渐降低至 3000 元。"那么，按照单价 3000 元的成本、日均使用 5 次、每次 1 块钱、每年有效骑行时间按 300 天计算，一辆摩拜单车的一年收入是 1500 元，需要两年才能收回成本。这并不是一个划算的买卖，而投资人为什么会接受一家不会赚钱的公司呢？

熊猫资本的联合创始人毛圣博回答了这一问题："前期硬件成本投入虽然大，但人工运营成本比较低。以目前的速度扩张，待用户量上来之后，收入渠道就不仅仅是租金那么简单，可以做广告，也可以切入电商，想象空间十分大，我们并不担心。"

2015年10月，A轮数百万美元融资，投资方为愉悦资本。

2016年8月，B轮数千万美元融资，投资方为熊猫资本、愉悦资本、创新工场。

2016年9月，1亿美元C轮，投资方为红杉资本中国和高瓴资本。

2016年10月，5500万美元C+轮融资，投资方为高瓴资本、华平投资、WI Harper Group、腾讯、红杉资本中国、启明创投、贝塔斯曼亚洲投资基金。

2017年1~2月，累计3亿美元D轮融资，投资方为腾讯、华平投资、WI Harper Group、携程、华住酒店集团、TPG德太资本、红杉资本中国、启明创投、愉悦资本、贝塔斯曼亚洲投资基金、熊猫资本、祥峰投资、创新工场、鸿海集团、富士康、永柏资本、PGAVentures、Temasek淡马锡、高瓴资本。

资料来源：书问阅读. 摩拜单车的融资之路［EB/OL］. 搜狐. https://www.sohu.com/a/195103641_350858

讨论题

1. 摩拜单车为什么能够吸引到投资？摩拜单车是如何打动风险投资人的呢？

2. 请结合案例分析高投入能给互联网创业公司带来什么，这是一条持续发展之路吗？这条路在当前环境下行得通吗？高投入促进创业企业发展的逻辑基础是什么？

第七章 创建新企业

学习目标

1. 认识新企业相关组织形式的差异。
2. 熟悉影响新企业选址的主要因素。
3. 熟悉新企业注册成立的规范程序与主要环节。
4. 掌握新企业创建过程中所涉及的主要法律问题。

导入案例

王先生,河南兰考人,1983年出生,典型的80后。早年读书的时候,王先生成绩很好,顺利考上了当地的重点高中,老师都希望他能一直读下去,考上大学,未来找一份体面的白领工作。然而,家庭条件不太好的现实,让当时年少的王先生颇为踌躇。青春期的敏感、内向以及对家庭超出自身承受范围的责任感,使得王先生做出了一个改变自身命运的决定:不再上学,南下打工。

21世纪初,到广东、上海、江浙一带打工,是内陆地区不能或不愿继续留在学校的青年人最主流的出路。王先生随着这股南下大军来到上海的一家乐器厂工作,主要制作古筝。在乐器厂工作的5年,王先生熟练掌握了制作古筝这门传统的手艺,也掌握了制作古筝的拿手绝活。同时,5年的工作也使得王先生有了一定的积蓄。工作了5年后,厌倦了在外奔波的王先生做了一个重要的决定:辞职,返乡创业。

在回到家乡了解政策后,他发现,自己的家乡已经大变样。村村通公路,政府对返乡创业人员给予很大力度的帮助。重新返回家乡的王先生发现兰考当地的泡桐透气、透音性能好,很适合用来制作古筝。于是,王先生根据自己的情况,决定创办一家乐器公司。他申请了30万元的农民工返乡创业无息贷款,踌躇满志,准备大干一番。

第一节 创建新企业的组织形式

对创业者来说,在创建新企业之前,首先需要思考的问题是:新企业应当选择什么样的组织形式?不同的组织形式所涉及的注册要求,以及创业者所承担的责权利存在较大差异,及早熟知企业组织形式的相关知识,可以避免未来不必要的损失。

一、企业的法律组织形式

当前,中国企业的组织形式所涉及的法律依据主要有三个:一是 1999 年 8 月 30 日中华人民共和国第九届全国人民代表大会常务委员会第十一次会议通过的《中华人民共和国个人独资企业法》(以下简称《个人独资企业法》)(2000 年 1 月 1 日实施);二是 2006 年 8 月 27 日第十届全国人民代表大会常务委员会第二十三次会议修订通过的《中华人民共和国合伙企业法》(以下简称《合伙企业法》)(2007 年 6 月 1 日实施);三是 2013 年 12 月 28 日第十二届全国人民代表大会常务委员会第六次会议通过的《中华人民共和国公司法》(以下简称《公司法》)(第三次修订,2014 年 3 月 1 日实施)。根据上述法律有关条款的规定,目前,中国企业主要有三种基本的组织形式:个人独资企业、合伙企业和公司制企业。具体如下。

(一)个人独资企业

个人独资企业是企业制度发展过程中最早存在的组织形式,甚至比资本主义的历史还要悠久。个人独资企业又称为个人业主制企业,是指依法设立,由一个自然人投资,财产为投资人个人所有,投资人以其个人财产对企业债务承担无限责任的经营实体。在上述三种企业组织形式中,创设个人独资企业的法律条件相对比较简单。根据《个人独资企业法》的规定,创设个人独资企业需要满足以下五个条件。

(1)投资人为一个自然人。
(2)有合法的企业名称。
(3)有投资人申报的出资。
(4)有固定的生产经营场所和必要的生产经营条件。
(5)有必要的从业人员。

个人独资企业设立分支机构,应当由投资人或者其委托的代理人向分支机构所在地的登记机关申请登记,领取营业执照。分支机构经核准登记后,应将登记情况报该分支机构隶属的个人独资企业的登记机关备案。分支机构的民事责任由设立该分支机构的个人独资企业承担。

个人独资企业在相关的权利和义务方面也有特殊的法律规定。《个人独资企业法》规定:个人独资企业投资人对本企业的财产依法享有所有权,其有关权利可以依法进行转让或继承。个人独资企业投资人在申请企业设立登记时明确以其家庭共有财产作为个人出资的,应当依法以家庭共有财产对企业债务承担无限责任。

个人独资企业在经营管理方面也有具体的相关法律规定,《个人独资企业法》规定:个人独资企业投资人可以自行管理企业事务,也可以委托或者聘用其他具有民事行为能力的人负责企业的事务管理。投资人委托或者聘用他人管理个人独资企业事务,应当与受托人或者被聘用的人签订书面合同,明确委托的具体内容和授予的权利范围。受托人或者被聘用的人员应当履行诚信、勤勉义务,按照与投资人签订的合同负责个人独资企业的事务管理。投资人对受托人或者被聘用的人员职权的限制,不得对抗善意第三人。

（二）合伙企业

如果两个及以上的自然人、法人或其他组织想要成立一个新的企业来共同创业，那么合伙企业是其可选择的主要法律组织形式之一。根据《合伙企业法》的相关规定，合伙企业，是指自然人、法人和其他组织依照本法在中国境内设立的普通合伙企业和有限合伙企业。普通合伙企业由普通合伙人组成，合伙人对合伙企业债务承担无限连带责任。有限合伙企业由普通合伙人和有限合伙人组成，普通合伙人对合伙企业债务承担无限连带责任，有限合伙人以其认缴的出资额为限对合伙企业债务承担责任。国有独资公司、国有企业、上市公司以及公益性的事业单位、社会团体不得成为普通合伙人。

1. 普通合伙企业

根据《合伙企业法》的规定，设立合伙企业，应当具备下列条件。

（1）有两个以上合伙人。合伙人为自然人的，应当具有完全民事行为能力。
（2）有书面合伙协议。
（3）有合伙人认缴或者实际缴付的出资。
（4）有合伙企业的名称和生产经营场所。
（5）法律、行政法规规定的其他条件。

普通合伙企业名称中应当标明"普通合伙"字样。合伙人可以用货币、实物、知识产权、土地使用权或者其他财产权利出资，也可以用劳务出资。合伙人以实物、知识产权、土地使用权或者其他财产权利出资，需要评估作价的，可以由全体合伙人协商确定，也可以由全体合伙人委托法定评估机构评估。合伙人以劳务出资的，其评估办法由全体合伙人协商确定，并在合伙协议中载明。

合伙协议是合伙企业成立的重要依据，应当遵循自愿、平等、公平、诚实信用原则，由全体合伙人协商一致、以书面形式订立。合伙协议应当载明下列事项：合伙企业的名称和主要经营场所的地点；合伙目的和合伙经营范围；合伙人的姓名或者名称、住所；合伙人的出资方式、数额和缴付期限；利润分配、亏损分担方式；合伙事务的执行；入伙与退伙；争议解决办法；合伙企业的解散与清算；违约责任。

修改或者补充合伙协议，应当经全体合伙人一致同意；但是，合伙协议另有约定的除外。

2. 特殊的普通合伙企业

以专业知识和专门技能为客户提供有偿服务的专业服务机构，可以设立为特殊的普通合伙企业。特殊的普通合伙企业是指合伙人承担如下责任的普通合伙企业：①一个合伙人或者数个合伙人在执业活动中因故意或者重大过失造成合伙企业债务的，应当承担无限责任或者无限连带责任，其他合伙人以其在合伙企业中的财产份额为限承担责任。②合伙人在执业活动中非因故意或者重大过失造成的合伙企业债务以及合伙企业的其他债务，由全体合伙人承担无限连带责任。

需要注意的是，根据《合伙企业法》的相关规定，合伙人执业活动中因故意或者重大过失造成的合伙企业债务，以合伙企业财产对外承担责任后，该合伙人应当按照合伙协议的约定对给合伙企业造成的损失承担赔偿责任。特殊的普通合伙企业应当建立执业风险基金、办理职业保险。

3. 有限合伙企业

有限合伙企业的设立除了要具备普通合伙企业的成立要件之外,《合伙企业法》对于有限合伙企业的设立还有一些特殊的规定,具体如下。

(1)有限合伙企业由两个以上五十个以下合伙人设立;但是,法律另有规定的除外。

(2)有限合伙企业至少应当有一个普通合伙人。

(3)有限合伙人不得以劳务出资。

(4)有限合伙企业登记事项中应当载明有限合伙人的姓名或者名称及认缴的出资数额。

有限合伙企业名称中应当标明"有限合伙"字样。有限合伙协议除了要具有普通合伙协议的相关内容要求之外,还应当载明下列事项:普通合伙人和有限合伙人的姓名或者名称、住所;执行事务合伙人应具备的条件和选择程序;执行事务合伙人的权限与违约处理办法;执行事务合伙人的除名条件和更换程序;有限合伙人入伙、退伙的条件、程序以及相关责任;有限合伙人和普通合伙人相互转变的程序。

有限合伙企业由普通合伙人执行合伙事务。执行事务合伙人可以要求在合伙协议中确定执行事务的报酬及报酬提取方式。有限合伙人不执行合伙事务,不得对外代表有限合伙企业。

(三)公司制企业

公司制企业是现代经济社会中最主要的企业组织形式,它是以营利为目的,由股东出资成立、有独立的法人财产、享有法人财产权、依法享有民事权利、承担民事责任、并以其全部财产对公司的债务承担责任的企业法人。根据《公司法》的规定,我国的公司制企业分为有限责任公司和股份有限公司两种类型。

1. 有限责任公司

有限责任公司是指公司的股东以其认缴的出资额为限承担责任,公司以其全部资产对公司的债务承担责任的企业法人。根据《公司法》的规定,设立有限责任公司,应当具备下列条件。

(1)股东符合法定人数。有限责任公司由五十个以下股东出资设立。一个自然人股东或者一个法人股东可以设立一人有限责任公司。但一个自然人只能投资设立一个一人有限责任公司。该一人有限责任公司不能投资设立新的一人有限责任公司。

(2)有符合公司章程规定的全体股东认缴的出资额。有限责任公司的注册资本为在公司登记机关登记的全体股东认缴的出资额。法律、行政法规以及国务院决定对有限责任公司注册资本实缴、注册资本最低限额另有规定的,从其规定。

(3)股东共同制定公司章程。有限责任公司章程应当载明以下事项:公司名称和住所;公司经营范围;公司注册资本;股东的姓名或名称;股东的出资方式、出资额和出资时间;公司的机构及其产生办法、职权、议事规则;公司的法定代表人;股东认为需要规定的其他事项。股东应当在公司章程上签名、盖章。一人有限责任公司章程由股东制定。

（4）有公司名称，建立符合有限责任公司要求的组织机构。有限责任公司的组织机构一般由股东会、董事会、监事会组成。有限责任公司股东会由全体股东组成，股东会是公司的权力机构。一人有限责任公司不设股东会。

（5）有公司住所。一般以公司的主要营业地或者主要办公场所所在地登记为公司的住所。公司的住所是法律管辖、文件送达的主要场所。

2. 股份有限公司

股份有限公司是指公司的全部资本为等额股份，股东以其认购股份为限对公司承担责任，公司以其全部资产对公司的债务承担责任的企业法人。根据《公司法》的规定，设立股份有限公司，应当具备下列条件。

（1）发起人符合法定人数。设立股份有限公司，应当有二人以上二百人以下的发起人，其中须有半数以上的发起人在中国境内有住所。

（2）有符合公司章程规定的全体发起人认购的股本总额或者募集的实收股本总额。股份有限公司采取发起设立方式设立的，注册资本为在公司登记机关登记的全体发起人认购的股本总额。在发起人认购的股份缴足前，不得向他人募集股份。股份有限公司采取募集方式设立的，注册资本为在公司登记机关登记的实收股本总额。法律、行政法规以及国务院决定对股份有限公司注册资本实缴、注册资本最低限额另有规定的，从其规定。

（3）股份发行、筹办事项符合法律规定。以募集设立方式设立股份有限公司的，发起人认购的股份不得少于公司股份总数的百分之三十五；但是，法律、行政法规另有规定的，从其规定。

发起人向社会公开募集股份，必须公告招股说明书，并制作认股书。发起人向社会公开募集股份，应当由依法设立的证券公司承销，签订承销协议。发起人向社会公开募集股份，应当同银行签订代收股款协议。代收股款的银行应当按照协议代收和保存股款，向缴纳股款的认股人出具收款单据，并负有向有关部门出具收款证明的义务。

（4）发起人制定公司章程，采用募集方式设立的经创立大会通过。股份有限公司章程应当载明下列事项：公司名称和住所；公司经营范围；公司设立方式；公司股份总数、每股金额和注册资本；发起人的姓名或者名称、认购的股份数、出资方式和出资时间；董事会的组成、职权和议事规则；公司法定代表人；监事会的组成、职权和议事规则；公司利润分配办法；公司的解散事由与清算办法；公司的通知和公告办法；股东大会会议认为需要规定的其他事项。

（5）有公司名称，建立符合股份有限公司要求的组织机构。股份有限公司的组织机构一般由股东会、董事会、监事会组成。股份有限公司的股东大会由全体股东组成。股东大会是公司的权力机构。

（6）有公司住所。一般以公司的主要营业地或者主要办公场所所在地登记为公司的住所。公司的住所是法律管辖、文件送达的主要场所。

二、创建新企业法律组织形式的比较与选择

对于创业者来说，创建一个新的企业可以有不同的法律组织形式供其选择。或者是选

择个体业主制企业，或者是与他人合伙创办合伙企业，或者是成立公司制企业。不同类型的企业其法律组织形式各有特点，而相关的法律规定又使其各有优劣。对于创业者来说，没有哪一种法律组织形式是完美无缺的，各有利弊，事实上，世界上也不存在最优的法律组织形式。

创业者在进行新企业法律组织形式的选择时，其关键在于这种法律组织形式是否适合自己。正如上文所述，不同的法律组织形式对企业责权利的要求不同，而这种差异化的要求对于企业的资金筹集、控制权和经营权的分配、组织结构、责任承担等相关问题有直接影响。表7-1是不同类型的新企业法律组织形式优劣势的比较。创业者应当根据自己的资源条件和创业目标，选择适合自身具体情况的法律组织形式，才能更有效地对企业进行经营管理，获得经济回报。通常情况下，创设新企业在法律组织形式选择方面的要点如下。

表7-1 不同类型的新企业法律组织形式优劣势的比较

企业类型	优势	劣势
个人独资企业	1. 创办新企业的手续简单，费用低 2. 创业者拥有完整的控制权 3. 税收负担较轻，只需缴纳个人所得税 4. 企业经营管理相对灵活	1. 筹资困难，投资流动性较低 2. 创业者承担无限责任 3. 创业者个人的成败直接影响企业的成败 4. 企业随创业者退出而消亡
合伙企业	1. 设立手续不复杂，费用低 2. 企业经营管理相对灵活 3. 相对个人独资企业，资金来源较广	1. 投资流动性较低，产权转让困难 2. 合伙人承担无限责任 3. 企业成败对合伙人能力的依赖性较强
有限责任公司	1. 股东承担有限责任，风险较低 2. 资金来源较广泛，易于扩大资金规模 3. 公司是具有独立性的法人，易于存续	1. 创立程序较为复杂，费用较高 2. 税收负担较重，存在双重纳税问题 3. 产权流动性较差，资产运作受限
股份有限公司	1. 股东承担有限责任，风险较低 2. 筹资能力较强 3. 公司是具有独立性的法人，易于存续 4. 产权以股票形式存在，投资流动性好	1. 创立程序较为复杂，费用较高 2. 税收负担较重，存在双重纳税问题 3. 政府相关法律法规的要求较为严格，企业受到的法律约束较多

（一）要考虑是否与他人合作的问题

不同的企业法律组织形式有法定人数的要求，如果仅仅是一个创业者想要创办企业，那么可以选择个人独资企业或一人有限责任公司的组织形式。如果是多人合作进行投资，则应当考虑合伙企业，当然如果投资人数达到法定要求，可以考虑选择有限责任公司或股份有限公司的组织形式。

（二）要考虑投资规模问题

如果创办新企业所需的投资规模较小，可以考虑选择个人独资企业、一人有限责任公司以及合伙企业的组织形式。如果创办新企业所需的投资规模较大，那么所需要的资金量就会较为庞大，单纯依靠个人或几个人是难以满足筹资要求的，在此情况下，可以考虑选择有限责任公司或股份有限公司的组织形式。

(三)要考虑税收与风险承担问题

对于创业者来说，企业的税收负担问题也是在创设新企业之前应当重点考虑的问题之一。根据税法的规定，不同的企业组织形式在所得税上的差异比较大。从现有相关法律的规定来看，个人独资企业与合伙企业不缴纳企业所得税，只对投资人征收个人所得税。而有限责任公司和股份有限公司则要缴纳企业所得税，同时，股东从公司中所获得的股利、红利等收益，还要缴纳个人所得税，从而存在双重税负的问题。同时，不同的企业组织形式，股东所要承担的风险责任是存在差异的。对于个人独资企业和合伙企业来讲，股东要承担无限责任，风险较高。而对于公司制企业来讲，无论是有限责任公司还是股份有限公司，股东都只承担有限责任，风险较低。因此，如果投资人的风险承受能力较低，适合选择公司制组织形式。如果投资人的风险承受能力较高，适合选择个人独资企业或合伙企业的组织形式。

(四)要考虑企业管理运营问题

个人独资企业以及合伙企业的成功，大多依赖创业者或合伙人的个人能力。而公司制企业的多元化产权结构有利于决策科学化，同时，也可聘请职业经理人进行科学专业的管理。因此，如果创业者个人的管理运营能力较强，可以考虑选择个人独资企业或合伙企业的组织形式，否则，选择公司制组织形式较为合适。

第二节 新企业的名称设计与选址

一、新企业的名称设计

企业名称是用于识别企业的特定标志，其基本功能是在一定的区域范围内和一定行业中，将企业自身与其他企业区别开来。所以，新企业的名称设计要具有概括力和吸引力，做到"名正言顺"。"名正"是指企业的名称设计要符合相关的法律规定，要按照法定程序进行登记注册，方可使用。"言顺"是指名称要顺口，易读易写，便于传播和提高企业知名度。

从"名正"的角度来说，企业的名称设计要符合相关法律规定，根据《企业名称登记管理规定》和《企业名称登记管理实施办法》的相关规定，需要注意以下几点。

(1)企业只准使用一个名称，在登记主管机关辖区内不得与已登记注册的同行业企业名称相同或者近似。确有特殊需要的，经省级以上登记主管机关核准，企业可以在规定的范围内使用一个从属名称。

(2)企业名称应当由以下部分依次组成：字号(或者商号，下同)、行业或者经营特点、组织形式。除了外商投资企业和历史悠久、字号驰名的企业之外，企业名称应当冠以企业所在地省(包括自治区、直辖市)或者市(包括州)或者县(包括市辖区)行政区划名称。

(3)企业名称不得含有下列内容和文字：一是有损于国家、社会公共利益的；二是可能对公众造成欺骗或者误解的；三是外国国家(地区)名称、国际组织名称；四是政党名称、党政军机关名称、群众组织名称、社会团体名称及部队番号；五是汉语拼音字母（外文名称中使用的除外）、数字；六是其他法律、行政法规规定禁止的。

（4）企业可以选择字号。字号应当由两个以上的字组成。企业有正当理由可以使用本地或者异地地名做字号，但不得使用县以上行政区划名称做字号。私营企业可以使用投资人姓名做字号。

（5）除国务院决定设立的企业外，企业名称不得冠以"中国""中华""全国""国家""国际"等字样。在企业名称中间使用"中国""中华""全国""国家""国际"等字样的，该字样应是行业的限定语。使用外国（地区）出资企业字号的外商独资企业，可以在名称中间使用"（中国）"字样。

（6）企业设立分支机构的，企业及其分支机构的企业名称应当符合下列规定：一是在企业名称中使用"总"字的，必须下设三个以上分支机构；二是不能独立承担民事责任的分支机构，其企业名称应当冠以其所从属企业的名称，缀以"分公司""分厂""分店"等字词，并标明该分支机构的行业和所在地行政区划名称或者地名，但其行业与其所从属的企业一致的，可以从略；三是能够独立承担民事责任的分支机构，应当使用独立的企业名称，并可以使用其所从属企业的企业名称中的字号；四是能够独立承担民事责任的分支机构再设立分支机构的，所设立的分支机构不得在其企业名称中使用总机构的名称。

从"言顺"的角度来看，企业名称的命名要朗朗上口，易于传播。常用的命名方法和技巧有以下几种。

段式命名法。具体包括一段式（姓氏，如王记）、二段式（姓氏＋行业，如王记车行）、三段式（地名＋序号＋行业，如天津第一棉纺厂）和四段式（行政区划＋字号＋行业＋组织形式，如天津桂发祥十八街麻花食品股份有限公司）。

吉利命名法。主要是字图吉利，读音讨口彩，如犇鑫珠宝行。

典故命名法。例如，狗不理集团股份有限公司、全聚德股份有限公司。

历史或人名命名法。借用著名历史事件或历史名人或创始人姓名来进行企业命名，如孔府家酒股份有限公司、丰田汽车公司、李宁体育用品有限公司等。

发源地命名法。借用产品或服务的主要发源地进行命名，如茅台股份有限公司。

此外，企业常用的命名法还有谐音命名法、双关命名法以及象声命名法等。企业的名称除了创业者自己设计外，还可以通过对外征集或者委托专门取名公司进行设计。

二、新企业的选址

选址是创建新企业及其后续经营发展过程中的重要决策。从世界各地创业企业的成功经验与失败教训来看，选址的重要性不言而喻。根据香港商会的统计，在众多创业企业中，有相当多的企业在两年内就宣告经营失败，其中有一半以上的企业将其失败归因于选址错误。因此，在创建新企业的过程中，必须重视企业的选址工作。一般情况下，企业选址主要包括两个方面：一个是选择地区，包括不同的国家地区，以及同一个国家内的不同地理区域；另一个是选择具体地址，即在一个选定的地区内选择一个具体的地点。整体上来说，企业选址工作是一个复杂的决策过程，需要认真考虑不同因素的影响作用，同时也需要经过规范科学的选址过程加以保障。

（一）影响选址的因素

不同产业之间的差异性，使得不同行业的创业企业在选址时的具体要求存在差异。但从一般规律来看，对于创业企业来讲，选址所涉及的因素主要包括政治因素、经济因素、技术因素、社会文化因素和自然因素。

1. 政治因素

地方政府的治理水平以及对市场的干预性是需要创业者重视的一个问题。一方面，创业者需要认真评估当地现有的以及将来可能出现的相关法律法规对企业生产经营活动的影响。另一方面，创业者也需要评估当地政府的产业政策导向、政府补贴等政策，可能对企业的生产经营活动带来的影响。当创业者要到国外去进行投资时，更应该详细考察当地的政治环境，如国家政权稳定性、相关重要政策的持续性以及有无歧视政策等政治因素。

2. 经济因素

经济因素是新企业选址需要考虑的重要因素。在关联企业和关联机构相对集中的地区创建新企业更容易获得成功。一群具有竞争力的企业和一系列高效运转的机构共同促进了区域经济的繁荣。因此，创业者在创办新企业时应当考虑将企业的选址放在一个好的产业集中区。具体来说，将企业放在一个靠近原材料或者能源动力比较充足的地区，企业更容易取得成本优势。选择接近消费市场的地区则具有客户优势。选择劳动力充足、人工费用相对较低的地区则具有劳动力优势。同时，一个地区的经济状况也会影响当地消费者的购买力，对于创业者来说，更希望所在地区的消费者对于其所提供的产品或服务有着足够的购买能力。

3. 技术因素

新技术是影响高科技创新企业能否成功的最重要因素。但技术本身的发展和进步是创业者难以预料的，也是单纯依靠创业者自身难以完成的。技术市场的发展变化是高科技创业企业需要面对的最具不确定性的因素。因此，为了能够了解和把握技术发展的动态变化情况，许多企业在创业选址时，通常会考虑将企业建在科研院所、技术研发中心附近，或者建在新技术信息传播速度比较迅速、频繁的地区。

4. 社会文化因素

由于人们在生活态度、风俗习惯方面存在较大的差异，以及人们对于安全、健康及环境的关心程度的不同，都会影响新建企业所提供的产品或服务的市场需求状况。特别是当创业者准备生产的产品与健康或者环保等有密切关系的时候更是如此。因此，创业者应当将企业建在其自身文化以及产品或服务能够获得最大限度认可的地区。

5. 自然因素

新企业选址也需要考虑地质结构、水资源的可利用性、气候的变化等自然因素。不良的地质结构会对企业的安全生产产生影响，水资源缺乏的地区对于用水量较大的企业来说会产生消极影响。

上述各种因素对于不同行业的企业来说其重要性存在差异。创建新企业的选址工作需要结合企业自身特点对上述因素进行综合考虑。

（二）选址的步骤

一个科学而行之有效的选址过程，一般包括市场信息的收集和研究、多个选点的评价以及确定最终地点三个步骤。

1. 市场信息的收集和研究

首先，创业者应该考虑从二手资料中获取信息。对于创业者而言，最方便的信息获取方式就是利用已有数据或二手资料。这些信息主要来自网站、杂志、图书馆、政府机构或专业的咨询公司。通过二手信息，创业者可以获取关于行业、竞争者、供应商、消费市场、产品创新等方面的信息。其次，创业者还应当亲自收集新的信息，获取一手数据。其主要方法包括观察法、访谈法、问卷调查等。在必要的时候还可以直接接触竞争者、供应商和消费者而获得所需的一手信息。最后，要对收集到的信息进行汇总、整理和分析，得出有价值的研究结论。

2. 多个选点的评价

选点的优劣评价就是评定一个地点的好坏，将这个地点同商圈内其他地点的多个属性进行评比而得出结果。创业者经过前期市场信息的收集和研究，应该已经得出若干个备选的新企业地址。这时候便可以借助科学的定量方法进行评价。目前，常用的选址评价方法主要有量本利分析法、综合评价法、运输模型法、重心法和引力模型法等。

3. 确定最终地点

创业者依据经过汇总、整理的市场信息，根据其所要进入的行业特点及自己企业的具体情况，通过上述一种或几种方法对不同的备选地点进行综合评估比较，最终确定新企业的地址所在，从而迈出创建新企业最重要的一步。

第三节　创建新企业的流程

一、新企业名称设计

创业企业正式成立之前，必须进行企业名称设计，这是创建新企业的第一步。企业名称是该类产品/服务企业的专有名称，是一个企业区别于其他企业或组织的特定标志，俗称"公司牌子"。显然，公司牌子是企业的无形资产，是可以世代相传的宝贵财富。拥有一个响亮的企业名称，是让消费者"久闻大名"的前提，也有利于提升公司的知名度与竞争力。如家乐福、全聚德、联想、美的、碧桂园等都让人留下深刻而美好的印象。

（一）企业名称的构成

根据国家工商行政管理总局（现为市场监督管理总局）发布的《企业名称登记管理规

定》和《企业名称登记管理实施办法》，企业名称应当由行政区划、字号、行业、组织形式依次组成，如北京长空机械有限责任公司、南京苏宁电器股份有限公司。非公司制企业可以申请用"厂""店""部""中心"作为企业名称的组织形式。

（二）企业命名的规定

（1）企业只准使用一个名称，在一个工商行政管理局辖区内，冠以同一行政区划名称的企业，不得与登记注册的同行业企业名称相同或近似。

（2）企业法人名称中不得含有其他法人的名称，企业名称中不得含有另一个企业名称，企业分支机构名称应当冠以其所从属企业的名称，如内蒙古蒙牛乳业科尔沁有限责任公司。

（3）企业名称应当使用符合国家规范的汉字，不得使用汉语拼音字母、阿拉伯数字。除国务院决定设立的企业外，企业名称不得冠以"中国""中华""全国""国家""国际"等字样。

（4）企业名称中的行政区划是本企业所在地县级以上行政区划的名称或地名。企业名称中行业用语表述的内容应当与企业经营范围一致。企业名称不应当明示或者暗示有超越其经营范围的业务。

（5）企业名称中的字号应当由两个以上的字组成。企业名称可以使用自然人、投资人的姓名作字号。

（6）企业名称不得含有下列内容和文字有损于国家、社会公共利益的可能对公众造成欺骗或者误解的外国国家（地区）名称、国际组织名称政党名称、党政军机关名称、群众组织名称、社会团体名称及部队番号其他法律、行政法规规定禁止的。

（三）新企业名称设计的要点

（1）注重天时。注重开发企业名称的时代特征。
（2）注重地利。致力拓展企业名称的地域特征，使之意境优美。
（3）注重人和。努力挖掘企业名称的人文历史，展现厚重文化底蕴。
（4）强化企业命名的标志性和识别功能，凸显企业名称的个性，避免雷同。
（5）注意企业名称系统的统一性。企业的名称系统包括企业名称、产品名称、企业域名、企业上标和品牌名称等。

二、新企业注册登记

不同类型企业注册登记的流程不尽相同，创业企业注册登记一般流程如下。

（一）设立申请咨询

在正式申请办理工商注册登记手续前，创业者应当到当地工商行政管理局咨询、了解工商注册登记的程序、要求，对于不清楚的问题要及时询问。

（二）新企业名称预先核准

设立公司应当申请名称预先核准。初步拟定自己创办的企业名称后，在登记注册前要由创建企业的代表或其委托的代理人到当地登记主管部门提出名称预先核准申请,确定自己拟定的公司名称与别人已经注册的企业名称没有相重,这个程序称为"名称查重"。按照《企业名称登记管理规定》和《企业名称登记管理实施办法》的相关规定,企业名称具有专用性和排他性,一旦核准登记,在规定的范围内享有专用权,受法律保护,其他单位为取得工商局企业名称不相重的证明,在拟定名称时,最好实现拟有3~4个名称备用。

(三)前置审批

特殊行业需要前置审批,如外贸、餐饮、音像、电信、烟草、美发、广告、旅行社、报关等需到相关部门进行审批,获得许可证。改革前,我国企业登记前置审批事项共达226项。其中,法律、行政法规和国务院决定明确为企业登记前置的128项法律、行政法规和国务院决定未明确审批与登记的前后顺序,但实际工作中实行前置审批的为98项。

近年来,国家加大对创业的扶持力度,国家工商行政管理总局已正式在全国范围内推进国务院确定的31项工商登记前置审批事项改为后置审批。这31个项目包括自费出国留学中介服务机构资格认定、煤炭开采审批、废弃电器电子产品处理许可、兽药生产许可证核发、设立内资演出经纪机构审批、外商投资旅行社业务许可等,涉及教育、文化、卫生、旅游等多个行业和领域。

创业者应当按经营业务性质分别向民航、经贸、科技、金融、建筑、旅游等行业归口部门或发改委提出申请。具体事项可以在登记前向工商行政管理局问询。例如,音像制品销售要到文化管理部门审批,食品制售要到卫生管理部门审批,烟草销售要到烟草专卖局审批,人才中介、劳务服务要到人力资源和社会保障局审批,咖啡馆、酒店要到卫生部门、公安部门、酒类专卖局审批,餐饮业要到环保局、卫生局、消防管理局审批,等等。

(四)工商注册登记,领取营业执照

工商注册登记是政府在对申请人进入市场的条件进行审查的基础上,通过注册登记确认申请者从事市场经营活动的资格,使其获得实际营业权的各项活动的总称。

2013年10月25日国务院总理李克强主持召开国务院常务会议,部署推进公司注册资本登记制度改革。会议明确了改革的五大内容。基于此,2013年12月28日第十二届全国人民代表大会常务委员会第六次会议通过修订的《公司法》,并于2014年3月1日起施行。

(1)放宽注册资本登记条件。除法律法规另有规定外、取消有限责任公司最低注册资本3万元、一人有限责任公司最低注册资本10万元、股份有限公司最低注册资本500万元的限制;不再限制公司设立时股东(发起人)的首次出资比例和缴足出资的期限。公司实收资本不再作为工商登记事项。

(2)将企业年检制度改为企业年度报告公示制度,任何单位和个人均可查询,使企业相关信息透明化。建立公平规范的抽查制度,克服检查的随意性,提高政府管理的公平性和效能。

(3)按照方便注册和规范有序的原则,放宽市场主体住所(经营场所)登记条件,由地方政府具体规定。

(4)大力推进企业诚信制度建设。注重运用信息公示和共享等手段,将企业登记备案、年度报告、资质资格等通过全国企业信用信息公示系统予以公示。推行电子营业执照和全程电子化登记管理，与纸质营业执照具有同等法律效力。完善信用约束机制，将有违规行为的市场主体列入经营异常的"黑名录"，向社会公布，使其"一处违规、处处受限"，提高企业失信成本。

（5）推进注册资本由实缴登记制改为认缴登记制，降低开办公司成本。在抓紧完善相关法律法规的基础上，实行由公司股东（发起人）自主约定认缴出资额、出资方式、出资期限等，并对缴纳出资情况真实性、合法性负责的制度。

改革工商登记制度后，除涉及国家安全、公民生命财产安全等外，一律实行"先照后证"，创业者只要到工商部门领取一个营业执照，就可以从事一般性的生产经营活动，如果要从事需要许可的生产经营活动，再向主管部门申请。在等待许可期间，创业者可以先行开展设备购买、招工、贷款等筹备工作，这就为企业先期发展争取了大量时间。

注册资本问题是许多创业者难以跨越的"门槛"。改革工商登记制度后，注册资本实缴登记制转变为认缴登记制，工商部门只登记公司认缴的注册资本总额，无须登记实收资本，不再收取验资证明文件。

为了进一步简化审批、放宽准入，推动大众创业、万众创新，打造发展新引擎，促进千百万新企业健康成长，2015年3月20日，李克强总理在国家工商总局企业注册局注册指导处考察，着重了解商事制度改革最难啃的"硬骨头"是哪块。负责人直言，是将工商、税务、质检的"三证三号"合并为"一证一号"。总理随后对相关部门提出硬要求"三证合一、单一号码"改革年内务必实现。

"三证合一"登记制度是指以往企业登记时依次申请，分别由工商行政管理部门核发工商营业执照、组织机构代码管理部门核发组织机构代码证、税务部门核发税务登记证，现在统一改为一次申请、合并核发一个营业执照的登记制度。

2015年8月13日，国家工商总局、中央编办、国家发改委、国家税务总局、国家质检总局和国务院法制办等六部门联合发出关于贯彻落实《国务院办公厅关于加快推进"三证合一"登记制度改革的意见》的通知，要求加快推进"三证合一"登记制度改革，确保2015年10月1日起营业执照、组织机构代码证和税务登记证"三证合一"，2015年底前，全国全面推行"一照一码"登记模式如期实施。

企业登记制度改革目前还在进一步深化。

2016年7月5日，《国务院办公厅关于加快推进"五证合一、一照一码"登记制度改革的通知》发布。通知指出，在全面实施工商营业执照、组织机构代码证、税务登记证"三证合一"登记制度改革的基础上，再整合社会保险登记证和统计登记证，实现"五证合一、一照一码"，从2016年10月1日起正式实施。

目前，已有省份开始试行企业登记"多证合一"制度的改革。例如，江苏省在2015年"三证合一、一照一码" 登记模式的基础上，整合社会保险登记证、统计登记证和企业公章刻制备案，实行"多证合一"，申请人不再另行办理社保登记、统计登记和公章备案等手续。自2016年10月1日起，江苏省将全面推行"多证合一、一照一码"登记模式。随着改革的不断深化，其他属于登记立户类型的证照都是可以合并的。

(五)公章备案及刻制

公司成立后,提交营业执照、法定代表人身份证明等材料,经公安局特行科审批通过后到指定的印章刻制单位刻制公章。企业的印章、银行账户、牌匾、信笺所使用的名称应当与登记注册的名称相同。

企业对印章要严格管理。使用印章必须经本单位负责人批准。对非法使用印章的,应当根据情节给予行政处分直至依法惩处。如因机构变动停止使用,应当将印章缴回制发机关封存或销毁。

(六)开立银行账户

企业开立银行账户是与银行建立往来关系的基础。依据法律规定,每个独立核算的经济单位都必须在银行开户,各单位之间办理款项结算,除《现金管理暂行条例》有规定外,均需通过银行结算。银行账户包括基本账户、一般账户、专用账户、临时账户等。企业设立之初,需要先开设一个临时账户,临时账户是为了完成现金出资而开立的银行账户,该账户必须注明临时用途。企业获得营业执照后,该账户原则上转为基本账户,也可以申请注销,另开基本账户。

(七)社会保险登记

通常所说的社会保险是指企业员工的"五险",即养老保险、医疗保险、失业保险、生育保险,工伤保险。《中华人民共和国国民经济和社会发展第十三个五年规划纲要》提出,要将生育保险和基本医疗保险合并实施,这意味着,人们熟悉的"五险一金"将变为"四险一金"。

各类企业和企业化管理(职工工资及退休待遇按企业标准执行)的事业单位,均应按属地管理的原则,到纳税地(非纳税单位按单位地址区域)所管辖社会保险经办机构办理社会保险登记手续。创业企业应在领取营业执照起1个月内办理登记手续。参保单位必须为与其发生事实劳动关系的所有人员(聘用的退休人员除外)办理社会保险。

全部公司注册事宜办结后,企业即进入正常经营阶段。

第四节 创建新企业的主要法律问题

一个社会的法律规定具有权威性和强制性,为社会公民的行为规范提供了一个制度框架。这个制度框架同样在一定程度上对于创建新企业的行为具有约束作用。因此,创建新企业会涉及诸多复杂的法律问题,及早认识了解这些问题,有助于创业者避免因为法律事务而导致的重大损失。

在企业新创阶段,对于创业者而言所涉及的法律问题主要包括:一是确定企业的法律组织形式,主要涉及的法律规定有《个人独资企业法》、《合伙企业法》以及《公司法》等相关法律,上述法律对于不同的企业法律组织形式的设立条件、享受的权利和承担的责任进行了详细规定。二是企业设立税收记录所涉及的法律问题，主要是与企业设立及经营相关的一系列税法，如《中华人民共和国税收征收管理法》、《中华人民共和国个人所得税法》和《中华人民共和国企业所得税法》等，这些法律法规为企业所应当承担的税负问题进行了详细规定。三是企业筹资融资的相关法律问题，涉及的法律包括《中华人民共和国中小企业促进法》《中华人民共和国商业银行法》等。四是协议与合同起草的相关法律问题，主要涉及《中华人民共和国合同法》（以下简称《合同法》）等相关法律法规。还有申请专利、商标或版权保护的相关法律问题等，涉及的法律包括《中华人民共和国商标法》（以下简称《商标法》）、《中华人民共和国专利法》（以下简称《专利法》）和《中华人民共和国著作权法》等。

当企业创建起来并开展经营性活动之后，依然有许多与企业的日常经营管理相关的法律问题。其主要包括：关系到企业生产安全方面的安全法规等，如《中华人民共和国安全生产法》。关系到产品质量问题的质量法规等，如《中华人民共和国产品质量法》。关系到环境污染的环保法规，如《中华人民共和国环境保护法》。关系到企业员工雇用及薪酬福利的人力资源管理法规，如《中华人民共和国劳动法》（以下简称《劳动法》），以及关系到企业资金使用的相关财务和会计法规等，如《中华人民共和国会计法》。

从目前已有研究来看，与创业有关的法律问题主要是知识产权、劳动、产品质量等方面的法规，具体包括专利法、商标法、合同法以及劳动法等。下面就这几个与创业紧密相关的法律法规做具体介绍。

（一）专利法

专利，从字面上是指专有的权利和利益。"专利"一词来源于拉丁语 litterae patentes，意为公开的信件或公共文献，是中世纪的君主用来颁布某种特权的证明，后来指英国国王亲自签署的独占权利证书。在现代，专利一般是由政府机关或者代表若干国家的区域性组织根据申请而颁发的一种文件。这种文件记载了发明创造的内容，并且在一定时期内产生这样一种法律状态，即获得专利的发明创造在一般情况下他人只有经专利权人许可才能予以实施。

专利法主要是为了保护专利权人的合法权益，鼓励发明创造，推动发明创造的应用，提高创新能力，促进科学技术进步和经济社会发展，而制定的专门法律。现行的《专利法》是 2008 年 12 月 27 日第十一届全国人民代表大会常务委员会第六次会议审议通过的。该法一共有八章七十六条内容，规定了专利授予的条件、审核、终止与保护等具体内容。创业者个人或者其创建的企业进行的发明创造应当及时申请专利，用法律为自己的发明创造保驾护航。当自己的专利受到侵害时，应当依靠相关法律进行诉讼，维护自身利益。同时，创业者个人在创业过程中也要注意，不要随意使用他人的发明创造，应当通过正当途径获得正式的专利授权，否则会受到相关法律惩罚。

（二）商标法

商标是指任何在商品或服务项目上所使用的，能够将自然人、法人或者其他组织的商品与他人的商品区别开的标志，包括文字、图形、字母、数字、三维标志、颜色组合和声音等，以及上述要素的组合。商标是企业重要的无形资产之一，具有较高的无形价值。这种价值主要体现在由商标的独特性及其所蕴含的深刻内涵所带来的经济利益。因此，创业者在企业创建过程中应当重视对商标的申请、保护和价值提升工作。

商标法是为了加强商标管理，保护商标专用权，促使生产、经营者保证商品和服务质量，维护商标信誉，以保障消费者和生产、经营者的利益，促进社会主义市场经济的发展，而制定的专门法律。现行的《商标法》是 2013 年 8 月 30 日第十二届全国人民代表大会常务委员会第四次会议审议通过的。该法一共有八章七十三条内容，对商标的申请注册、审批、管理和保护等内容做了详细规定。

对于创业者来说，需要注意的是，商标包括注册商标和未注册商标。经商标局核准注册的商标为注册商标，包括商品商标、服务商标和集体商标、证明商标；商标注册人享有商标专用权，受法律保护。根据《商标法》的规定，注册商标的有效期为十年，自核准注册之日起计算。注册商标有效期满，需要继续使用的，商标注册人应当在期满前十二个月内按照规定办理续展手续；在此期间未能办理的，可以给予六个月的宽展期。每次续展注册的有效期为十年，自该商标上一届有效期满次日起计算。期满未办理续展手续的，注销其注册商标。

（三）合同法

合同是平等主体的自然人、法人、其他组织之间设立、变更、终止民事权利义务关系的协议。创业者在创办新企业以及日后的企业经营管理过程中，会涉及大量的合同协议的签署问题，了解合同法的相关法律规定，对于合同签署过程中维护自身利益，有着十分重要的意义。合同法是为了保护合同当事人的合法权益、维护社会经济秩序、促进社会主义现代化建设而制定的专门法律。现行的《合同法》是 1999 年 3 月 15 日第九届全国人民代表大会第二次会议通过的。该法一共有二十三章四百二十八条内容，对于不同形式的合同的订立、效力、废止等内容做了详细规定。

对于创业者来说，需要知道的是，根据《合同法》的规定：当事人订立合同，应当具有相应的民事权利能力和民事行为能力。当事人依法可以委托代理人订立合同。当事人订立合同，有书面形式、口头形式和其他形式。法律、行政法规规定以及当事人约定采用书面形式的，应当采用书面形式。依法订立的合同，自成立时生效。法律、行政法规规定应当办理批准、登记等手续生效的，依照其规定执行。当事人对合同的效力可以约定附加条件，附生效条件的合同，自条件成就时生效。附解除条件的合同，自条件成就时失效。

（四）劳动法

劳动，通常是指能够对外输出劳动量或劳动价值的人类运动，在商品生产体系中，劳动是指劳动力的支出和使用。创业者在创办新企业以及日后的企业经营过程中，必然会涉及员工的聘用与使用问题，了解劳动法的相关法律规定，对于企业员工的聘用、管理及企业成长，具有重要意义。劳动法是为了保护劳动者的合法权益，调整劳动关系，建立和维护适应社会主义市场经济的劳动制度，促进经济发展和社会进步，根据宪法制定的专门法律。现行的《劳动法》是 1994 年 7 月 5 日第八届全国人民代表大会常务委员会第八次会议通过的。该法一共有十三章一百零七条内容,对劳动用工的聘用、工资、社会福利、争议解决等具体问题做了详细规定。

对于创业者来说,当企业聘用员工的时候需要与员工订立书面的劳动合同。劳动合同的期限分为有固定期限、无固定期限和以完成一定的工作为期限。劳动者在同一用人单位连续工作满十年以上,当事人双方同意续延劳动合同的,如果劳动者提出订立无固定期限的劳动合同,应当订立无固定期限的劳动合同。劳动合同期满或者当事人约定的劳动合同终止条件出现,劳动合同即行终止。或者,经劳动合同当事人协商一致,劳动合同可以解除。

本章小结

本章就创建新企业所涉及的关键性问题进行了详细介绍,主要包括新企业的法律组织形式、新企业的名称设计与选址、创建新企业的程序、创建新企业的相关法律问题等。

新企业的法律组织形式主要包括:个人独资企业、合伙企业和公司制企业。

新企业的名称设计要做到"名正言顺",既符合相关法律规定,又易于传播。在企业选址方面要注意政治因素、经济因素、技术因素、社会文化因素和自然因素的影响,选址工作要经过市场信息的收集与研究、多个选点的评价以及最终确定地点三个规范的选址程序。

创建新企业的程序一般包括以下主要环节:预先核准名称——银行入资与验资——工商注册登记——刻制公章——办理企业代码——银行开户和划转注册资金——进行基本统计登记——进行税务登记。

企业在新创阶段主要涉及的相关法律问题包括:《个人独资企业法》《合伙企业法》《公司法》等。当企业创建起来并开展经营性活动之后,与创业有关的主要法律问题是知识产权、劳动、产品质量等方面的法规,具体包括《专利法》《商标法》《合同法》《劳动法》等。

思考题

1. 企业不同的法律组织形式各有哪些特点?分别适合什么类型的创业企业?
2. 新企业的选址需要考虑哪些因素?具体有哪些步骤?
3. 创建新企业的主要程序有哪些?不同程序阶段具体需要注意哪些问题?
4. 创建新企业需要了解哪些法律法规?它们对创建新企业有哪些影响?

案例分析

张某是河南信阳人,2004 年 6 月从一所名牌大学毕业后,很快在省会郑州一家大型调味品企业找到一份稳定的工作,担任公司质检部工程师。但是,朝九晚五的工作并不是张某想要的生活,他的心里一直有一个梦想,就是要创办一家属于自己的企业,做出一番属于自己的事业。2006 年 9 月,张某听到自己的信阳老乡说现在返乡创业的人特别多,当地对创业者的扶持性政策比较好。于是,张某就辞掉了在调味品厂的工作,回到了信阳老家,准备创业。

回到家乡的张某发现，信阳这几年逐渐形成了完整的羽绒服产业链，当地的羽绒服制造散户非常多，发展空间比较大，于是张某联合家人一起做起了羽绒服生意，主要是进行羽绒服加工。由于工商部门管理比较松散，当地许多羽绒服加工企业没有正规的经营执照，大多是在自己家里面采用前店后厂的模式进行作坊式生产。张某的羽绒服加工生意也比较简单，就是进面料，收集市场上大品牌好看的样品，直接进行仿制。刚开始几年生意不错，市场需求也很好。但是随着中国市场经济的发展，消费者生活品质的提升，消费者对于产品质量和设计的要求越来越高，张某的羽绒服加工厂逐渐跟不上市场的步伐，最后偃旗息鼓了。

第一次创业失败的张某又回到郑州，由于以前工作的时候认真负责，调味品厂的老板对其工作能力比较认可，所以张某很容易就回到了原先工作的调味品厂上班，依旧负责质检工作，逐渐掌握了公司的专有技术、生产工艺等核心机密。本来稳定的工作对很多人来说是梦寐以求的，但张某始终有一颗骚动不安的心，始终没有忘记想要做一番事业的梦想。两年后，张某按捺不住创业的冲动，辞去工作又回到了老家信阳。这次张某选择了自己熟悉的调味品行业，在办理了相关的登记注册手续，取得营业执照的情况下，张某开始了调味品的生产、加工、销售生意。

由于张某以前在郑州企业工作的时候主要负责质检技术工作，对市场行情和销售模式都不熟悉，加之调味品市场竞争十分激烈，因此利润微薄。2015年6月的一天，张某和朋友闲聊，被告知"马无夜草不肥，像你这样老老实实是不行的"。张某听后深以为然，开始动起了歪脑筋。他想到自己以前在企业工作的时候，原先企业生产的调味品配方、生产工艺全都熟悉，而且原先企业的产品当下在市场上的销售情况非常好。于是，张某联系了相关的地下包装设计企业，在自己的工厂仿制老东家的产品，对外宣称是老东家的分厂。

两个月后的一天，一名湖北的客商来到张某的工厂，当场订购了300箱调味品。张某以为赚钱的机会来了，兴奋地陪客人到仓库看货。湖北客商仔细检查了产品的包装和商标图案，发现从外观上很难看出假冒侵权的破绽，但亲自品尝了该厂的产品后，总感觉味道与以前买到的产品不一样，这引起了客商的怀疑。离开仓库，客商立即拨打了郑州企业的电话进行核实。

郑州的企业接到客商的电话后，立马否认自己的企业在信阳设有分厂，并向工商行政管理部门进行了举报。接到举报后，执法人员迅速赶到张某的工厂进行突击检查，当场查获假冒的某品牌调味品700箱。根据以上违法事实，工商行政管理部门对张某的产品进行了查封，并下达了处罚通知书。等待张某的将是法律的制裁，张某的二次创业又失败了。

讨论题

请根据本节所学内容对张某的两次创业经历进行分析。

第八章 创业企业的管理

学习目标

1. 了解创业企业的特点和管理重点。
2. 把握新企业增加价值的途径。

导入案例

邓康明：创业早期必须"独裁"

公司就是一出戏，组织就是一出戏，这个戏要好，就必须有几个角儿。公司创业初期阶段，必须有一个老大。这个老大得说了算，得带着这个团队坚定地往前走，所谓"民主"、所谓"协商"，在创业期是不存在的。

你用互联网的技术享受了所谓的互联网创业这样一个民主的氛围，你就必须用"独裁"的手段去做，才有机会把"民主"的红利变成实际的利益。"独裁"是什么？"独裁"是一种拍板的力量、做决策的力量、不受干扰的力量，在痛苦的黑暗、孤独之下，还能说 let's go，不放弃，团队需要这样的力量。

创业者需要一个强大的内心，需要孤独感背后强大的力量，不要试图把自己这种孤独痛苦分担给你的团队，你必须承担起这种孤独的责任。在这个过程中没有"民主"，如果你不是这块料，请把这个位置让出来，找出敢于做决定的人。不是科学的决定有多好，而是决定的速度和执行的力度，让一家公司与另外的公司产生重大的区别。

所谓的"民主"，必须要在生存下来以后，才有机会去建立。没有这个起步的阶段，你就没有这个机会。老祖宗有很多智慧，"仓廪实而知礼节"。所有创业者在组织建设里面最重要的一点是，你要问自己能不能承担起做决策的责任，如果没有人能够帮你分担后果，你能不能往前走？

今天，需要有不同的利益相关者，才能成就一出好戏。这里面体现着互联网的精神：分享、透明。你能分享的有两个东西：一是你自己的股权，你能不能真的去分享；二是你能不能把账本打开来，分享给你的核心团队——把你的梦想变成现实的团队。分享、透明，打开来，你才有机会把要做成这件事的生态系统建立起来。

组织变大以后，很多人问我文化怎么做？文化是在创业初期干出来的。例如，今天所有人用邮件沟通，创业初期的时候在三五十人的办公室，指开门喊一嗓子可能是最理想的沟通方式。等公司变大的时候，才适合用邮件等技术手段去沟通。

创业初期的时候，公司文化的形成需要信任和默契。信任、默契的前提是团队知悉互相的秉性德行，你必须到一线去工作，坦白、透明地分享，这是前期组织建设中最重要的一点。

资料来源：邓康明. 创业早期必须"独裁"[J]. 创业家，2015（1）：112

第一节 创业企业的营销管理

创业企业成立后，面对市场搏杀，需要根据市场环境进行营销战略的确定和实施，分析企业目标市场，确定企业市场定位，综合运用营销 4P 组合策略进行市场开发与培育。与大企业不同，创业企业可用于市场营销活动的资源是有限的。集中精力主攻一两个关键细分市场，就是目标市场营销。创业企业的本地特性决定了其营销策略往往是瞄准某一细分市场，采取局部的、有针对性的营销策略。如何区分与确定消费者就成为创业企业把握营销策略的关键。

一、STP——市场细分、目标市场选择与市场定位

市场是多层次、多元化的消费者需求的集合体，无论哪家企业都无法满足所有的需求。尤其对于创业企业来说，有限的资源该如何有效利用显得格外重要。因此，创业企业应该根据不同需求、购买力等因素把市场细分为各种相似需求构成的子市场，根据自身竞争优势和企业战略从子市场中选取有一定规模和发展前景的细分市场作为目标市场。随后，创业企业需要将产品定位在选择好的目标市场的消费者偏好上，并通过一系列营销活动让目标客户感知这一定位信息，提高产品关注度，认同企业形象。

（一）市场细分

1956 年，美国市场学家温德尔·密斯（Wendell R. Smith）提出了市场细分（segmenting）的概念。他认为市场细分就是企业根据市场需求的多样性和购买者行为的差异性，把整体市场即全部客户和潜在客户，划分为若干具有某种相似特征的客户群，以便确定自己的目标市场。市场细分已成为当前企业进行营销策划的首要工作，对于创业企业来说具有重要的指导意义。

1. 有利于选择目标市场和制订市场营销策略

经过细分后的子市场比较具体，消费者的需求更加明确，创业企业可以根据自己的经营思想、方针及生产技术和营销力量，确定自己的服务对象，即目标市场。针对较小的目标市场，便于制订特殊的营销策略。同时，在细分市场上，信息容易了解和反馈，一旦消费者的需求发生变化，企业可迅速改变营销策略，制订相应的对策，提高企业的应变能力和竞争力。

2. 有利于发掘市场机会，开拓新市场

通过市场细分，企业可以对每一个细分市场的购买潜力、满足程度、竞争情况等进行分析对比，探索出有利于本企业的市场机会，及时做出投产、移地销售决策或根据本企业

的生产技术条件编制新产品开拓计划，进行必要的产品技术储备，掌握产品更新换代的主动权，以更好地适应市场的需要。

3. 有利于集中人力、物力投入目标市场

任何一个企业的人力、物力、资金都是有限的，通过细分市场，选择适合自己的目标市场，企业可以集中人、财、物等资源，去争取局部市场上的优势，然后再占领自己的目标市场。

4. 有利于提高企业的经济效益

企业通过市场细分后，面对自己的目标市场，可以生产出适销对路的产品，既能满足市场需要，又可增加企业的收入；产品适销对路可以加速商品流转，加大生产批量，降低企业的生产销售成本，提高生产工人的劳动熟练程度，提高产品质量，全面提高企业的经济效益。细分市场的方法有两种：一是地理细分，即为某一地理区域内的消费者服务（例如，一家社区商店只向其周围1000米范围内的居民进行广告宣传）；二是消费者细分，在试图吸引新的消费者之前，要明确哪些消费人群是最有可能接受这种产品的。

购买者对产品的各种性能、样式、价格等因素存在不同程度的偏好和敏感度，可以根据特定方法进行市场细分，使企业产品更好地服务于特定的消费者。有效的市场细分包括以下几方面：①选定产品市场范围。企业应当明确自己产品的市场范围，并以此作为市场细分研究的整个市场边界。②确定市场细分变数，即明确市场细分标准。以消费者市场为例，一般可选择地理、人文、心理和消费行为四个因素作为细分标准。③依据变数细分市场，通常采用综合的变数细分市场。例如，综合社会阶层、年龄和使用率三个变数来细分市场。④评估各个细分市场。一般情况下，每一个细分的市场应该有足够的规模和需求，细分市场内的消费者偏好相似并具有一定的购买力，细分市场之间具有互斥性。

（二）目标市场选择

所谓目标市场（targeting），就是企业在市场细分的基础上，从满足显在的或潜在的目标客户的需求出发，并依据企业自身条件而为自己选定的一个或为数很少的特定市场。一般需要从两大维度来考虑目标市场选择问题：外部市场吸引力和企业内部资源能力。前者包括市场容量、成长性、客户和供应商的议价能力、竞争者情况、新进入者、市场准入和退出壁垒、宏观经济和政治环境、社会因素、技术因素、生态环境因素等。后者则涉及创业企业自身的资源状况，包括可利用的有形资产及无形资产、资金能力、成本优势、技术和管理能力等。

目标市场确定后，需要围绕目标市场对其产品进行市场定位，即根据实际情况确定产品在目标市场中应处的最佳位置。产品市场定位工作大致应包括：确认潜在的竞争优势，准确地选择竞争优势，有效地传播企业的市场定位观念。通过目标市场选择分析，可以明确拟建企业的市场定位，从而避免投资的盲目性，提高创业的成功率。

（三）市场定位

市场定位（positioning）也称营销定位，是市场营销工作者用以在目标市场（此处的目标市场指该市场上的消费者和潜在消费者）的心目中塑造产品、品牌或组织的形象或个

性（identity）的营销技术。企业根据竞争者现有产品在市场上所处的位置，针对消费者或用户对该产品某种特征或属性的重视程度，强有力地塑造出本企业产品与众不同的、令人印象深刻的形象，并把这种形象生动地传递给消费者，从而确定该产品在市场上的位置。

营销大师菲利普·科特勒说过，营销组合（产品、价格、分销、促销）是定位战略战术运用的结果。做好市场定位就可以开始市场营销组合的设计与实施。

二、市场营销组合

（一）产品策略

创业的目的是通过向市场提供符合社会需要的产品来获取一定的利润，因此有必要对拟生产的产品进行分析研究，为制订营销计划奠定基础。产品分析包括产品生命周期研究和产品的功能与特性研究，它是市场供需分析的进一步深化。

1. 产品生命周期研究

产品生命周期是指产品从投入市场开始，直到被市场淘汰所经历的全部时间。典型的产品生命周期一般分为导入期、成长期、成熟期和衰退期，各阶段的特点如下。

（1）导入期。产品刚进入市场，尚未被消费者所接受，生产批量小，生产厂家少，成本高，消费者对产品还不熟悉，销售渠道还不够完善，也不够畅通，销售量增长缓慢，风险大，开始时无利可图，甚至亏本。

（2）成长期。已具备了大批量生产的条件，生产厂家增多，产品设计、制造工艺已基本定型，消费者对该种产品已基本熟悉，销售渠道基本畅通，销售量增长较快，生产期的利润有了迅速的增长，企业之间的竞争已经开始。

（3）成熟期。市场需求量已逐渐趋向饱和，销售量已接近或达到最高点，生产批量大，产品成本低，利润也接近或达到最高点，生产厂家之间竞争加强，产品价格有所下降。

（4）衰退期。新产品开始进入市场，替代老产品，原有产品销售量和价格大幅度下降，企业利润大幅度降低，有不少企业开始退出市场。

对产品生命周期进行研究，目的是弄清创业企业投产时产品所处的阶段，判断产品进入市场的时机是否最佳，这对于创业企业的决策至关重要。投资在产品生命周期各阶段的特点如表 8-1 所示。

表 8-1　投资在产品生命周期各阶段的特点

序号	内容	导入期	成长期	成熟期	衰退期
1	阶段特点	设计尚未完成定型，基本无需求，成本高	设计已定型，销售增长迅速，出现竞争者	增长缓慢，利润多，市场饱和，竞争激烈	负增长，利润减少，竞争者陆续退出
2	投资优点	易抢占市场，为发展打下基础	竞争不激烈，易获利	推销和研制费用低，获利丰厚	为企业特殊需要服务
3	投资缺点	风险大，且开始时无利可图，甚至亏本	起步迟，市场份额易被竞争企业抢走	竞争易处于劣势，获利期短	利润迅速减少，甚至亏损
4	投资目的	加速产品定型，引导需求	进行速度和产量竞争，提高市场占有率	提高质量，信誉，形成特色以挤占市场	降低成本，改型换代，增加功能，延长寿命周期

就一般企业而言，产品处于成长期时投资比较理想，因为这一时期销售增长迅速，市场竞争不激烈，易获利。若处于成熟期，则需要预测产品成熟期到衰退期可能经历的时间跨度，更加审慎地考察企业建设的必要性和建设规模。导入期和衰退期一般是在特定条件下的选择，在大型企业投资决策中，很少予以考虑。

应用产品生命周期理论时需要注意的是，产品所处的阶段并不是判断是否适宜投资的唯一因素，应用该理论进行投资决策分析时还应考虑如下几个方面的问题。

首先，产品生命周期的发展并非是一成不变的，不少产品在进入成熟期以后，由于应用领域的拓展，又可以进入新的生命周期。与此相反，现阶段各领域的技术、知识更新极快，大部分产品的生命周期越来越短，对此需要有更充分的认识。

其次，产品生命周期中各阶段所经历的时间长短是不同的。如某些产品的成熟期可能比其他三个阶段之和还要长，需要经历成长中的成熟、稳定中的成熟和衰退中的成熟等阶段。因此，即使在成熟期投资，仍然有足够长的时间获得投资收益。

最后，同样产品在不同地区、不同经济发展水平下，所处生命周期的阶段是不同的。有些产品在经济发达地区已经进入成熟期、衰退期，而在相对落后地区却还是成长期。

综上可见，正确运用产品生命周期理论需要考虑多方面因素，应根据具体情况灵活运用。

2. 产品的功能与特性研究

通过分析和评价该种产品的一般功能与特性，考察企业建立后所生产的产品与该种产品一般功能与特性的区别，本企业生产的产品是否具有一定的竞争能力，预估有多大的市场占有率。

由于社会不断发展，社会对产品功能的要求不断提高，因此开展产品功能与特性的研究和评价，对于了解项目产品能否顺利地进入市场和掌握项目产品在市场上的竞争能力，据此判断项目产品是否有市场是非常必要的。

（二）定价策略

新产品的定价过程涉及以下几个方面。

（1）创业者需要确定新产品的成本，且价格要高于成本，否则，企业会亏损。对于产品成本，创业者一般都能估算出固定成本与可变成本，问题在于单位产品需要分摊多少固定成本，这主要受生产能力或销售量的限制，因为大多数创业者不清楚到底能生产出多少产品，又能卖出多少产品，而一般情况是创业者总是高估自己企业的生产能力，结果导致单位产品承担了较高的固定成本，实际上超出了产品收入。

（2）创业者需要关注市场条件。大多数产品的市场容量有限，这就限定了产品价格的上限和下限。创业者应该确保在给定的市场空间里把产品卖出去。如果产品成本太高，而在市场容量有限的条件下找不到合适的定价，那么产品的销售就会陷入困境，因为定价太低必然难以盈利，定价太高则因受替代品价格和消费者的购买能力与意愿等影响而难以销售出去。

（3）创业者应了解消费者如何权衡产品的特征与价格。例如，新产品相对于老产品的改进程度、有无品牌价值差异影响，还要考虑销售折扣、赊销等方式带来的隐性成本。

一般而言,创业企业的盈利定价模式主要有以下两种。

(1) 资本密集与资本节约条件下的定价。许多创业企业失败的一个原因是过多的创业资本被用于购买固定资产。虽然有些设备是创业初期必需的,但有些购买可以推迟,如借用或租赁一段时期。但是,像电脑、复印机、打印机、运输车辆等应该购买,它们会成为固定成本的一部分。

固定成本越高,达到收支平衡、开始获利的时间越长。对于新企业来讲,时间就是机会,它需要尽快获利,否则会亏损甚至破产。新企业需要分清哪些是固定成本,哪些是可变成本,如房租,不随销售量而变化,是固定成本;而有些成本,会随着销售量而变化,如存货,产品卖得越多,购买存货的成本就越大,这是可变成本。现在来分析在一定的固定成本和可变成本结构下的收支平衡点。

假设一个企业只卖一种产品,只有一项固定成本——房租。若租金是 10 000 元,每件产品售价 5 元,每卖出一件产品,变动成本增加 3 元。

收支平衡点是企业开始获利的时刻,这时,销售收入开始超过固定成本与变动成本之和。该企业的收支平衡点为 5000 件。

收支平衡点的计算公式是

$$收支平衡点(BEPP) = \frac{固定成本}{销售收入-单位变动成本} = \frac{10\,000}{5-3} = 5000(件)$$

下面来分析资本密集与资本节约条件下的投资决策。

两个假设的新成立的小企业 A 公司和 B 公司,它们以相同的价格即 10 元制造和销售同样的产品。它们计划在第一年卖 10 000 件。

A 公司的业主计划创业开始就购置充足的设备,固定成本是 40 000 元,是 B 公司的 2 倍。这是由于它买了汽车、运输工具与复印机。这些设备在一段时间内都不会得到充分利用,但最终会节省成本。这种超出的花费将带来比 B 公司低的变动成本,这是典型的资本密集型的情况。

B 公司相反,计划以极少的成本创业,只拿出 20 000 元作为固定成本,但它的单位变动成本较高,为 4.5 元,如它要支付运输费用,而 A 公司自己有运输车辆,仅需买汽油。B 公司是资本节约型的典型。

A 公司达到收支平衡点时的产量(或销售量)计算如下:

单位变动成本 2.5 元

固定成本 40 000 元

变动成本 25 000 元

总成本 65 000 元

卖价 10 元

$$收支平衡点 = \frac{40\,000}{10-2.5} \approx 5333(件)$$

最高利润 35 000 元(销售收入-总成本)。

B 公司达到收支平衡点时的产量(或销售量)计算如下:

单位变动成本 4.5 元

固定成本 20 000 元
变动成本 45 000 元
总成本 65 000 元
售价 10 元

$$\text{收支平衡点} = \frac{20\,000}{10-4.5} \approx 3636(\text{件})$$

最高利润 35 000 元（销售收入－总成本）。

从两个公司的数据可以看出 10 000 件的总成本相同，所以若 10 000 件全被卖出，各自的利润也相同。不同之处在于 B 公司在卖出 3636 件后开始获利，而 A 公司却要等到卖出 5333 件时才能开始获利，也许等不到那么久公司就破产了。

这仅是一个假想的例证，现实生活中有许多公司因过快支付大笔费用而倒闭的例证。市场决定卖价，你的成本必须与之相适应以谋求生存。

（2）可获利的定价。为完整理解收支平衡，需要增加一个概念——利润。通常认为仅在年末计算利润往往是错误的，它应该是在一开始就确定的数量化目标。

回到前面的例证。潜在创业者计划投资 10 000 元于固定资产，他需持有 5000 元的存货，总计投入 15 000 元。这笔钱若存入银行，可获 1500 元的利息，所以创业者希望获得 4000 元利润（利润率约 27%）以补偿自己创立企业的风险。现在来看创业者何时可达到收支平衡。

新等式中必须包括创业者的期望利润：

$$\text{BEPP} = \frac{\text{固定成本}+\text{预期利润}}{\text{销售收入}-\text{单位变动成本}} = \frac{10\,000+4000}{5-3} = 7000(\text{件})$$

我们现在知道要达到预期的目标，必须销售 7000 件。这一等式的要旨在于每个变量都可改变以达到满意的结果。例如，假设你认为你的销量不到 7000 件，但 6500 件是可行的，那么，你的卖价应定在多少以获得相同的利润？

用 BEPP 等式，你可计算出结果：

$$\text{BEPP} = \frac{\text{固定成本}+\text{预期利润}}{\text{销售收入}-\text{单位变动成本}}$$

$$6500 = \frac{10\,000+4000}{\text{销售收入}-3}$$

售价－3＝2.15（元）
售价＝5.15（元）

如果市场可以接受 5.15 元的售价，则一切都没问题。若不能接受，就要另想办法，或者降低固定成本或变动成本，或者增加销量，而不能认为低利润是不可避免的。

（三）地点策略

地点通常被称为分销的组合，它主要包括分销渠道、储存设施、运输设施、存货控制。它代表企业为使其产品进入和到达目标市场所组织实施的各种活动包括途径、环节、场所、仓储和运输等。

（四）促销策略

传统的促销策略包括人员推销、广告、公共关系、营业推广等各种促销方式，向消费者或用户传递产品信息，引起他们的注意和兴趣，激发他们的购买欲望和购买行为，以达到扩大销售的目的。除此之外，企业在不断创新营销管理过程中应当将国际先进营销策略"引进来"，并在实践过程中充分利用新型营销手段。

（1）体验式营销。体验式营销即基于消费者活动、相关性、思维以及感情等维度，重新整合与定义企业营销方式。体验式营销将传统营销理念中消费者理性人这一假设打破，与现代消费观念更加相符。

（2）病毒式营销（viral marketing，也可称为病毒性营销）。病毒式营销是一种常用的网络营销方法，常用于进行网站推广、品牌推广等，病毒式营销利用的是用户口碑传播的原理，在互联网上，这种"口碑传播"更为方便，可以像病毒一样迅速蔓延，因此病毒式营销成为一种高效的信息传播方式，而且，由于这种传播是用户之间自发进行的，因此几乎是不需要费用的网络营销手段。互联网之外，病毒式营销被用来指"口碑"（word-of-mouth）、"制造热点"（creating a buzz）、"整合媒体"（leveraging the media）、"网络营销"（network marketing）。病毒式营销并非真的以传播病毒的方式开展营销，而是通过用户的口碑宣传网络，信息像病毒一样传播和扩散，利用快速复制的方式传向数以千计、数以百万计的受众。

（3）关系营销。关系营销即将营销作为各个利益相关者的互动活动，如政府部门、供货商、开发商、消费者以及经销商等。关系营销的主要工作内容为对上述友好关系予以构建与发展，其核心为企业与消费者间长期友好的关系。

（4）网络营销。电子技术的快速发展使得电子商务成为新型营销模式，其主要依托互联网技术在网络上开展营销工作，传播企业产品信息，提升销售量，营销重点是激发消费者购买欲。

（5）柔性营销。柔性营销即将企业管理过程中的灵活度充分发挥出来，与新时代消费者个性化需求相符。

通过 STP 战略和 4P 策略能够帮助创业企业迅速有效地树立企业产品形象，帮助消费者对产品进行认知进从而产生购买行为。

第二节　创业企业的财务管理

根据美国伊查克·爱迪斯的企业生命周期理论，企业生命周期的变化规律是一个以 12 年为周期的循环过程。它由 4 个小周期组成，每个小周期约为 3 年。周期运行顺序为：上升期（3 年）→高峰期（3 年）→平稳期（3 年）→低潮期（3 年）。这个规律适用于各种行业，对于创业时间处于 3 年以下的企业，我们都把它们看作企业的初创期。在这个阶段，企业为生存而奋斗，开拓市场、增加销售额是企业的重点，基础工作特别是财务管理活动容易被忽视。而实际上资金是企业运转的血脉，是企业发展的源动力。财务管理的对象是企业的资金及其循环过程，包括筹资、融资和投资决策以及资本预算、安排合理的资本结构等问题。这些问题关系着企业的生存和发展，这就奠定了财务管理在企业管理中的重要地位。

一、财务管理的概念和作用

财务管理是组织企业财务活动，对财务关系进行处理的经济管理工作。它是企业管理活动的一项重要组成部分，主要负责企业的筹资、资金营运及利润分配等问题的处理与解决。创业企业财务管理的目标，就是在保证企业生存的基础上，为企业的发展筹措资金，使创业企业获得尽可能多的利润。创业企业财务管理的首要目标就是保证企业经营所需的资金，在企业日常经营活动中创造出足够的现金流，保持资金链的畅通，用以偿还企业的短期债务和长期的到期债务，避免破产危机，以求得生存。财务管理的内容包括筹资管理、流动资产管理、投资管理和利润分配。

（一）筹资管理

筹资管理指企业为了满足投资的需要，筹措和集中所需要的资金的过程。企业的筹资渠道主要有两种：一是债务资金，如银行贷款、利用商业信用发行商业票据、融资租赁等；二是自有资金，如吸收直接投资、发行股票、利用留存收益等。

（二）流动资产管理

资产是指过去的交易、事项形成并由企业拥有或控制的资源，该资源预计会给企业带来经济利益。资产按其流动性可以划分为流动资产、固定资产、无形资产及其他资产。流动资产是指可以在一年或超过一年的一个营业周期内变现或耗用的资产。按变现能力可分为现金、银行存款、应收票据、应收账款、预付账款、存货、设备等。其中流动资金管理就是要解决公司运营过程中日常使用资金的问题，包括日常经营中的付款、偿还短期债务和长期到期债务等，它对于创业企业的生存是极其重要的。

（三）投资管理

投资管理是企业将筹措的资金投入使用的过程，这部分内容主要包括投资分析和投资决策。对于创业企业来讲投资管理主要是在创业初期要做好投资分析和相应的投资决策，常见的投资分析方法主要有净现值法、现值指数法、回收期法、内部收益率法等。

（四）利润分配

利润分配指企业对收入和利润进行分配的过程。创业企业利润分配主要有两个去向：一是流出，具体表现为支付给股东的股利和债权投资者的利息；二是留在企业用于企业的发展壮大，包括盈余公积金和未分配利润。因此，创业企业的利润分配就是要解决企业利润分配的去向和比例问题，并保持两者之间的动态平衡。

二、财务管理的环节

财务管理的环节是企业的财务管理人员,为了企业的生存、发展和获利,围绕股东财富最大化的最终目的所应该遵循的财务管理工作步骤与一般程序。一般说来,企业财务管理包括以下几个环节。

(一)财务预测

财务预测可以提高创业企业对财务风险的反应能力,有助于改善财务决策,减少财务风险,避免不必要的损失。预测是超前思考的过程,可以提高对未来各种不确定性事件的反应能力,从而减少因不利事件的发生所带来的损失,增加因有利事件的发生所带来的收益。财务预测主要包括资金来源和运用的预测、成本预测、销售收入预测和利润预测。

(二)财务决策

财务决策是指有关资金筹集、使用以及分配的决策,即利用税收或其他方面的某种优势和工具筹集资金投资于预期报酬超过成本的产品或服务领域,采取对股东有意义的股利政策,包括筹资、投资、收益分配以及生产经营中资金使用的决策等。

(三)财务预算

财务预算是一系列专门反映企业未来一定时期内预计财务状况和经营成果,以及现金收支等价值指标的各种预算的总称,包括现金预算、预计利润表、预计资产负债表和预计现金流量表。财务预算主要依据其他部门的资本预算与经常预算的资料,进行资金预算并编制预计财务报表。企业的财务预算是建立在企业销售预算的基础之上的。

(四)财务控制

财务控制是为保证财务管理目标的实现而进行的管理活动和手段。财务控制的实质是对企业利益相关的行为控制。财务控制的目的是保证实现企业的财务循环,提高资金使用效率。为保证企业资金的集中使用,必须做到资金的统一调度、统筹安排。

(五)财务分析

财务分析是指以财务报表和其他资料为依据与起点,采用专门方法,系统分析和评价企业过去与现在的经营成果、财务状况及其变动,目的是了解过去、评价现在、预测未来,给利益相关的个人和集团提供有益的财务信息,使得利益相关集团能够充分有效地利用财务信息来进行财务分析,改善财务决策。财务分析的基本功能是将报表数据转换成对特定决策有用的信息,减少决策的不确定性。财务分析的起点是财务报表,分析使用的数据大部分源于公开发布的财务报表。因此,财务分析的前提是正确理解财务报表。

为了客观、公正、科学地对创业项目进行盈利能力、清偿能力的分析与评估,通常要编制一套基本财务报表,并在此基础上计算一系列评估指标,用静态分析和动态分析相结合的方法,对一系列相互联系、相互补充的指标进行综合分析,确定创业项目的财务盈利水平、清偿能力等。对于创业企业来说，如何正确地编制和理解财务报表是最基础与最重要的一个工作。

三、基本财务报表的编制

创业项目基本的财务报表有现金流量表、损益表和资产负债表。下面重点介绍这些报表的构成及编制方法。

（一）现金流量表

1. 现金流量表的基本概念

现金流量表是最重要的基本财务报表之一，以现金支付的费用（现金流出）和现金取得的收入（现金流入）为内容编制的反映创业企业经济活动过程的表格。现金流量表的作用是：记录现金流入和流出的数量及时序，计算净现金流量，并在此基础上，计算内部收益率、净现值和投资回收期等指标，反映企业的盈利性和财务清偿能力，是财务分析的基础。编制现金流量表必须明确以下几个概念：①现金，指企业的库存现金以及可以随时用于支付的存款。②现金等价物，指企业持有的期限短、流动性强、易于转换为已知金额现金、价值变动风险很小的投资等。③现金流量，指企业在一定时期内现金的流入和流出量。如企业接受投资、向银行贷款、销售商品等取得现金，形成企业的现金流入；企业以现金购买机器设备、购买原材料、租赁房屋、支付工资等，形成的现金流出。④净现金流量，是指企业一定时期的现金流入量减去现金流出量的余额。

2. 现金流量表的编制

现金流量表的编制可以分两步完成：第一步，按照"现金流入量－现金流出量＝净现金流量"的逻辑关系，结合企业现金流入、流出的具体项目绘制现金流量预估表；第二步，根据创业企业启动资金、成本、销售收入的估计，通过分析计算并将有关结果填入相应栏目。

现金流入的估算。现金流入估算的主要依据是销售收入和其他各项收入的预估。一般将全年的销售收入预估数分解为各月的销售收入预估数，计算各月的销售收入货款在本月的回笼数，估算其他项目每月的现金流入量。

现金流出的估算。现金流出主要来自成本项目的现金支出，如直接材料、直接人工和制造费用，还包括销售费用、管理费用和财务费用以及税金的支付、固定资产的购买等。

编制现金流量表应注意以下事项。

（1）现金形式的转换不会产生现金的流入和流出。例如，企业从银行存款中提取现金，是企业现金存放形式的转换，并未使现金流出企业，不构成现金流量；同样现金与现金等价物之间的转换也不属于现金流量，如企业用现金购买三个月期的国库券。

（2）现金流量并不等同于利润。利润是从销售收入中扣除支出后的余额，而现金流量则是真实的现金收入与现金支出的差额。只有当真实的偿付行为发生时，才会有现金数额的增减。

（3）销售收入不能等同于现金，因为销售收入可能只是应计收入，一个月之内可能还拿不到实实在在的现金。况且,并不是每张票据都要立即支付。另外,归还贷款本金而支付的现金,并非经营支出,但却是现金减少的成分之一。还有,对资产的折旧是一项支出,可以减少利润额,但却没有现金的支出。

(二)损益表

1. 损益表的基本概念

损益表又称利润表,是反映企业在一定时期(月度或年度)经营成果的报表,是根据"收入－费用＝利润"的会计恒等式和收入与费用的配比原则编制的。通过损益表可以考核企业的获利能力和分析利润增减变化的原因,预测企业利润的发展趋势。如果销售额超过成本额,则损益表中的余额为正,说明企业盈利,如果为负,说明企业亏损。损益表的基本内容大致包括以下几部分:①销售收入:企业销售产品或提供服务的收入。②生产成本总额:单位生产成本乘以销售总量。③毛利润:销售额减去生产成本。④营业成本:经营企业必须支付的费用,如固定成本和变动成本。包括公用事业费、工资、广告费、保险费、利息和房租等。⑤营业利润:扣除所有成本后和缴纳各种税之前的利润。⑥各种税赋:企业必须缴纳的各种销售税、所得税和其他税。⑦净利润或净亏损:企业纳税后的利润或亏损。

2. 损益表的编制

在编制损益表之前,创业者必须首先进行销售额预测,即预估每月销售额。销售收入预估应立足于市场研究、行业销售情况以及一些试销的经验,既可以利用诸如国民经济发展预测、市场预测和企业销售成绩动态等方法,也可以运用购买动机调查、销售人员意见汇总、专家咨询等方法。

在损益表的编制过程中,首先要按月计算销售收入。对创业企业来说,总要经过一段时间的经营,销售收入才能达到一定的规模。

(三)资产负债表

资产负债表也是财务分析的基本报表之一,描述创业企业经营后各年末的财务状况。为了使其中的数据合理,资产负债表的编制必须利用损益表和现金流量表,并与它们保持一致。资产负债表反映企业各年末资产、负债、所有者权益的增减变化及对应关系,以考核项目资产、负债、所有者权益的结构是否合理,用以计算资产负债率、流动比率、速动比率,进行清偿能力分析。企业经营的每一笔业务都将影响资产负债表,但是考虑到时间、成本和必要性等因素,资产负债表通常是按一定的时间间隔分期(如季度、年度等)编制的,因此,资产负债表描述的是企业一定时期的某一时刻而不是任何时刻的经营状况。

四、创业企业流动资产管理

很多创业企业在开始发展的时候,资金周转的问题导致破产,因此,创业企业特别要注意对流动资产的管理,确保流动资金能够偿付短期债务和到期的长期债务,避免偿付能力不足而导致财务风险的发生。

流动资产包括现金、短期投资、应收票据、应收账款、预付账款、存货、待摊费用、待处理流动资产损溢、一年内到期的长期投资等。流动资产具有周转速度快、变现能力强、获利能力强、投资风险相对较小的特点。流动资产管理要解决的最重要问题是保持企业资金的合理流动,特别注意要为预防财务风险而留存一定的现金,以备不时之需。

有效的流动资产管理有利于保证企业生产经营活动顺利进行;有利于提高企业流动资金的利用效果;有利于保持企业资产结构的流动性,提高偿债能力,维护企业信誉。加强流动资产管理,可以促使企业合理配置资源,加速流动资金的周转,减少流动资产占用数量,达到少花钱、多办事、办好事的目的,从而提高资金使用效益。

创业企业流动资产管理要以保证资产的流动性为主,兼顾资产的收益性,既要保证生产经营需要,又要合理使用资金;管资金的要管好资产,管资产的也要管好资金,资金管理与资产管理相结合;资金使用和物资运动相结合,坚持钱货两人清,遵守结算纪律。

(一)现金管理

现金是指生产过程中暂时停留在货币形态的资金,包括库存现金、银行存款、银行本票、银行汇票等。现金是企业中流动性最强的资产,它的主要特点是具有普遍的可接受性,可以有效及时地购买商品、劳务、货物或者是偿还债务。现金管理的基本目标是保持合理的现金流量,在现金的流动性与收益性之间做出合理的选择。

现金管理除了做好日常收支、加速现金流转速度之外,还需要控制好现金持有的规模,确定合适的现金持有量。具体来讲,一方面企业必须持有一定量的现金用来满足生产经营开支、还本付息和履行纳税义务等各种需要;另一方面现金是非盈利资产,大量闲置的现金会使企业的收益水平降低。现金管理就是合理确定现金的持有量,使现金收支不但在数量上,而且在时间上相互衔接,以便在保证企业经营活动所需的现金的同时,尽量减少企业闲置的现金数量,提高资金收益率。

企业持有一定量的现金,主要是基于三个方面的动机:一是交易动机,企业为了组织日常生产经营活动,必须保持一定数额的现金余额,用于购买原材料、支付工资、缴纳税款、偿付到期债务等。一般说来,企业为满足交易动机所持有的现金余额主要取决于企业销售水平。企业销售扩大,销售额增加,所需现金余额也随之增加。二是预防动机,即企业为了应付紧急情况而需要保持的现金支付能力。企业有的时候会遇到预防不到的开支,现金流量的不确定性越大,预防现金流的数额就越大;反之,企业现金流量的可测性强,则预防现金的数额就可以小一些。三是投机动机,即企业抓住各种瞬息即逝的市场机会,为获取较大的利益而准备的现金余额。如企业会在适当的时机购进价格有利的股票和有价证券,以期获得更多的投资收益。创业企业持有现金主要是为了保证交易和预防不确定的现金需求。投机虽然会有一定的收益,但也会有一定的风险,创业企业自身经营还存在较大的风险,增加投机无疑是增加额外的风险。因此,创业企业确定现金持有量时主要考虑交易和预防的现金需求。

创业企业持有现金也会产生一些成本,包括持有成本,即企业保留一定量的现金而增加的管理费用和丧失的再投资收益(持有现金的机会成本);短缺成本,即现金持有量不足而又无法及时加以补充给企业造成的损失。从成本角度考虑最佳的现金持有量就是使持有现金的总成本最低。

建立相应的模型可以在持有现金成本最低时确定现金持有量,如存货模型,也可以分别对不同的现金持有量进行成本比较分析,找到最佳的现金持有水平。企业在确定最佳的现金持有量后,还应采取各种措施,加强对现金的日常管理,以保证现金的安全、完整,最大限度地发挥效用。

总体来说,现金管理措施包括增加现金流入和减少现金流出两个方面,具体措施如表 8-2 所示。

表 8-2 现金管理具体措施

增加现金流入的途径:	减少现金流出的途径:
——增加销售额	——降低成本费用
——减少赊销额	——寻找低价供应商
——通过银行透支	——让现有供货商让利或赊账
——出售某个投资项目	——让银行给贷款展期
——向朋友借款	——推迟某个投资项目

(二)应收账款管理

1. 应收账款的概念

应收账款是企业因对外赊销产品、材料、供应劳务等应向购货或接受劳务单位收取的款项,包括应收销售款、其他应收款和应收票据等。虽然大多数企业更希望现款销售而不是赊销,但是竞争的压力迫使许多企业提供信用业务即赊销,以便稳定自己的销售渠道。实行赊销的结果,一方面可以扩大产品销路,增加产品销售收入;另一方面又形成了一定的应收账款,增加企业的经营风险。因此,应收账款管理就是正确衡量信用成本和信用风险,合理确定信用政策,及时收回应收账款。

应收账款管理的基本目标是在发挥应收账款强化竞争、扩大销售功能效应的同时,尽可能降低投资的机会成本、坏账损失与管理成本,最大限度地提高应收账款投资的效益。

2. 应收账款的功能和成本

应收账款的功能是指它在企业生产经营中的作用。一是促进销量、提高竞争力的功能,赊销在商业经营中的实质是向买方提供了一笔等同于货款的商业信贷,这对于买方有很大的吸引力,因此赊销是一种重要的促销手段,特别是在创业企业开拓市场时期经常会使用这种手段。二是减少存货的功能,赊销可以加速产品销售的实现,加快产品向销售收入转化的速度。

应收账款的成本是指持有应收账款而付出的代价,包括应收账款的机会成本、应收账款的管理成本和无法收回所带来的坏账成本。

3. 应收账款的日常管理

创业企业在做好上述管理工作外,还应该做好应收账款的日常管理,如应收账款追踪分析、应收账款账龄分析、应收账款收现率分析和应收账款坏账准备制度等。应收账款追踪分析主要是赊销企业以那些金额大或信用品质较差的客户的欠款作为考察的重点。如果有必要并且有可能的话,赊销企业也可对客户(赊销者)的信用品质与偿债能力进行延伸性调查和分析。应收账款账龄分析，一般而言，客户逾期拖欠账款时间越长，账款催收的难度越大，成为呆账、坏账的可能性也就越高。企业必须做好应收账款的账龄分析，密切注意应收账款的回款进度和出现的变化。应收账款账龄分析法就是通过编制应收账款的账龄分析表，来反映不同账龄的应收账款所占的比例与金额，以便对应收账款的回收情况进行有效的控制。应收账款收现率分析主要是关注应收账款收现保证率指标，这是适应企业现金收支匹配关系的需要，所确定出的有效收现的账款占全部应收账款的百分比，使两者保持在最低结构状态。

$$应收账款收现保证率=\frac{当期预计现金需要额-当期预计其他稳定可靠的现金来源额}{当期应收账款总计余额}$$

应收账款坏账准备制度，指按照事先确定的比例估计坏账损失，计提坏账准备金，待发生坏账时再冲减坏账准备金。应收账款坏账准备制度应遵循谨慎性原则，对坏账损失的可能性预先进行估计，并建立弥补坏账损失的准备制度，同坏账损失的确认一样坏账准备金的提取数额、比率也可由企业自行决定。计提坏账准备金的方法主要有：销售百分比法、账龄分析法、应收账款余额百分比法。确定坏账损失的标准有：债务人破产或死亡；债务超过3年仍无法收回。

（三）存货管理

1. 存货管理的概念

存货是企业在生产经营过程中为生产或销售而储备的物资，包括商品、材料、燃料、低值易耗品、在产品、半成品、产成品等。

一般而言，企业持有充足的存货，不仅有利于生产过程的顺利进行，节约采购费用与生产时间，而且能够迅速地满足客户的订货需要，从而为企业的生产和销售提供较大的机动性，避免因存货不足带来的机会损失。然而持有存货会增加存货的储存成本和机会成本，因此存货的管理就是确定最佳的存货持有量，使得成本最小化。存货最佳持有量的确定可以通过建立相应的存货模型来确定，对于存货的日常管理可以采用 ABC 分类管理法，目的是使与存货相关的总成本最低。存货管理的基本目标是在成本与收益之间利弊权衡，实现二者的最佳组合。

企业持有存货的目的，主要是出于保证生产或销售的需要。在实际中，企业很少能够做到随时购入所需的各种物资，这不仅仅是因为会出现某种材料的市场断档，还因为企业距离供货点有一定的距离，并且联系供货也需要花费一定的时间。所以，企业为了能够及时地满足市场的需求就必须持有一定的存货。

2. 存货管理的方法

1）存货经济采购批量控制

经济采购批量是指能够使一定时期存货的总成本达到最低点的进货数量。而存货的总成本主要包括进货成本、储存成本和缺货成本。基本的存货模型假设不允许缺货和瞬时进货，这样决定存货经济批量的成本因素主要包括固定性进货成本和储存成本，存货经济采购批量就是指使两者之和最小的订货批量。

订货的总成本为

$$TC=(A/Q)\times F+(Q/2)\times C$$

对订货总成本 TC 求 Q 的一阶导数，得到最佳的订货量为

$$Q=\sqrt{\frac{2AF}{C}}$$

订货次数为

$$N=A/Q$$

式中：TC 为存货的总成本；A 为全年的需要消耗量；Q 为最佳的订货量；F 为每次订货的费用；C 为存货的单位储存成本；N 为全年的订货批次。

2）存货限量控制

为保证生产或销售的顺利进行，企业正常的存货储备量应由两部分构成：周转储备和保险储备。

保险储备限量＝保险天数×日均需要量 周转储备限量＝周转保证天数×日均需要量 最高储备限量＝最高保证天数×日均需要量＝保险储备限量＋周转储备限量

五、创业企业财务管理常见问题

许多企业在初创期间往往将重点放在产品的开发与经营上，忽视了财务管理在经营中的重要性，而事实上财务管理是企业管理活动最重要的组成内容，有效的财务管理会帮助企业顺利成长。财务管理通常是创业企业发展的薄弱环节，是限制企业做大做强的瓶颈。管理者如果缺乏相关的财务管理知识，容易把财务工作看作一种简单的记账手段，不能很好地分析和利用会计信息，对财务也没有确立科学的管理理念和做法，如筹资成本、投资风险、赊销商品等存在一些不科学的做法，导致筹资成本高、投资风险大、赊销坏账多等阻碍企业发展的结果。创业企业财务管理中常见的问题如下。

（一）对创业资金估计不足，缺乏流动资金管理

创业初期面临的一个最大问题就是资金问题。由于很多管理者缺乏经验，对项目资金进行了一个大致的估计就开始启动项目。殊不知，公司一开张做什么都要花钱，但是进账之前没有一个创业花钱的前期计划，没能注意节约成本，控制好一个时间段的开支，往往容易造成资金不足，使企业开业没多久就背上资金缺乏的包袱。反之，有些企业却又出现资金闲置，造成资金浪费的现象。还有的创业企业采用商业信用促销，但由于应收账款管理水平有限，很多货款无法如期收回，因此也常造成资金流动不畅，资金链断裂。

（二）缺乏基本的财务制度和专业的会计

创业之初，在财务的管理上，公司陷入比较尴尬的境地。一是缺乏财务管理意识，创业者重经营、轻管理，尤其是财务管理。例如会出现个人说了算、对人不对事、任财务唯亲等现象，财务制度不健全，财务人员不专业，这导致财务人员无法利用公司的会计资料为公司的财务战略做决策。二是对财务管理有清晰的认识，能认识到它的重要性，积极聘请专业的会计。但是新创企业在实际运作中，财务量少而简单，导致财务人员由于无事

可做或者觉得没有挑战性而出现频繁的更替现象。三是请代理记账公司代理记账，但是由于代理记账人员或是新手，或是一人服务多人的原因，代理记账只是完成记账这一事情，并不会对公司的会计资料进行汇总分析，更别说帮助公司制订财务战略决策。

（三）融资渠道单一，资金投入多、产出少

创业者由于资信水平低、偿还债务的能力弱，同时又缺乏相应的资产抵押，以至于很难获得银行贷款，资金的来源主要是创业者自有资金和各种风险投资。利润最大化是每个企业财务管理的最终目标，但是由于上述的种种原因，银行即使同意贷款也会因为高风险而提高贷款利率，从而提高了企业筹集资金的成本。企业成立之初，由于产品质量暂未稳定，商场销售渠道还有待打开，因此现金的流出很容易超出现金的流入。

如果创业企业的管理者能提高企业财务管理水平，改变对财务管理认识的偏差，掌握财务管理基本知识，重视财务管理专业人才的培养，就能为企业制订合理科学的财政战略决策，合理安排资本结构，提高创业企业的融资能力，为企业的可持续发展奠定良好的基础。

第三节　创业企业的人力资源管理

人力资源管理，是指运用现代化的科学方法，对与一定物力相结合的人力进行合理的培训、组织和调配，使人力、物力经常保持最佳比例，同时对人的思想、心理和行为进行恰当的诱导、控制与协调，充分发挥人的主观能动性，使人尽其才、事得其人、人事相宜，以实现组织目标。是否拥有优秀的人才是企业能否创业成功的关键因素之一。企业在创立之初，资源极为有限、工作千头万绪、经营业务不稳定、内外部环境变化较快等特点，给人力资源管理带来较大难题，而创立初期的人力资源风险容易导致企业的经营管理与创业目标相偏离，甚至会导致创业失败。因此，创业企业的人力资源管理具有明显的特殊性，研究这一特定时期的人力资源管理方法对提高创业成功率、促进创业企业成长具有重要的现实意义。

一、人力资源管理的概念

人力资源管理指对全社会（或一个部门）各阶层、各类型的从业人员的招募、录取、培训、使用、周转、升迁、调动直至退休的全过程的管理。研究他们在工作的全过程中如何合理调配，同时开发其智力，充分发挥其作用，并推动社会的迅速发展。

人力资源管理具有硬功能和软功能两类功能。

（一）人力资源管理的硬功能

人力资源管理的硬功能是指人力资源管理在企业运作过程中刚性的管理内容和管理方式，硬功能管理弹性小、强度大，多数沿用传统人事管理的内容。硬功能管理的内容包含人事编制、人事档案、招聘、引导上岗、培训、考核、薪酬、转岗、奖惩、纪律、辞退、劳动保护等。

（二）人力资源管理的软功能

人力资源管理的软功能是指人力资源管理在企业运作过程中柔性的管理内容和管理方式，软功能管理弹性大，重视民主化、个性化管理，代表了人力资源管理的发展趋势。软功能管理的内容包含协调、沟通、对矛盾和不满的管理、激励、职业规划与指导、培训与指导、弹性工作时间、企业文化、团队建设、轮岗、个性化管理、失业辅导、心理咨询与辅导、退休生活指导、家庭关怀、社会保险与指导、法律咨询与指导等。

（三）人力资源管理硬功能与软功能之间的相互交叉与促进

人力资源管理硬功能和软功能之间有许多是相互交叉、相互渗透，同时相互促进的。如培训有硬、软两个功能，硬功能培训是上岗引导和技能培训；软功能培训是心理适应性培训和未来发展指导等。又如薪酬与激励有硬、软两个功能，硬功能是指薪酬体制、薪酬等级和薪酬确定；软功能是指激发员工内在潜能的各种方式，个性化激励和个性化激励管理，对建议的激励和对团队贡献的激励等。图 8-1 表明人力资源管理硬功能与软功能之间的交叉。

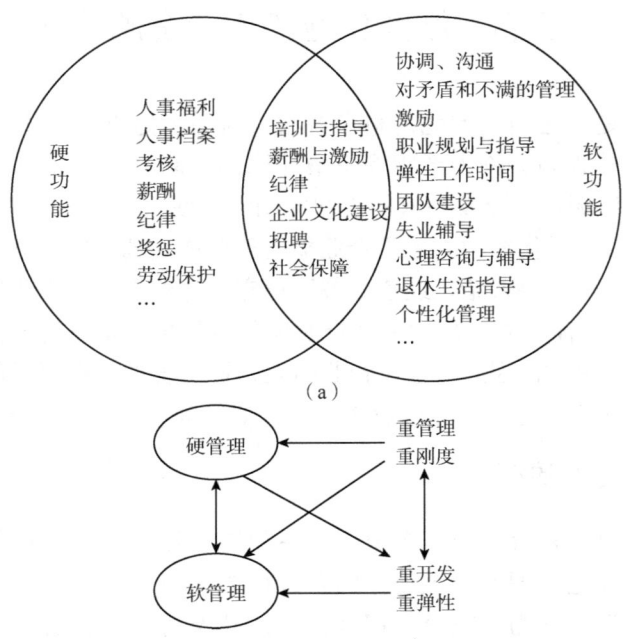

图 8-1　人力资源硬功能与软功能之间的交叉

二、创业企业人力资源管理的特点

（一）组织层次较少

创业企业由于规模小、资金薄弱、缺乏知名度，在机构设置上要求精减人员、控制成本、反应灵活，其组织结构一般趋于扁平化，决策权往往集中在创业者手中，决策与执行程序相对简单，使创业企业可以高效决策、快速执行，有利于其迅速进行调整以适应市场的变化。

（二）用人机制较灵活

创业企业的业务具有短、平、快的特点，对人员的要求相对比较灵活。一方面，创业企业并不一味追求学历等硬性指标，更看重具有相似工作经历、能够迅速胜任岗位的业务熟手。另一方面，企业在创立之初分工不明确，急需一专多能的"多面手"员工，具有较高灵活性、创造性、适应性以及吃苦耐劳的员工容易在创业企业中受到重用。

（三）家族制管理占主导

创业企业由于制度不完善，个人主义管理色彩比较浓，创业者与骨干员工之间多存在血缘、乡缘、学缘等关系，使企业带有浓厚的"家族"色彩，人情味较重，感情管理大于制度管理。但家族制管理在企业创立之初的确具有竞争优势，这是因为企业在创立初期必须尽快进行原始积累，家族制管理体制在白手起家、共同创业的阶段无疑是适合的。家族制企业的所有权与经营权合二为一，家族利益的一致性以及建立在血缘或亲缘等关系下的信任感，可以将监督成本降到最低。甚至在企业困难的时候，员工可以不计报酬地为企业工作，从而最大限度地降低了企业的激励成本。

三、人力资源管理的六大模块

人力资源管理工作通常包括六大主要模块：人力资源规划、招聘与配置、培训与开发、绩效管理、薪酬与福利管理和劳动关系管理。

（一）人力资源规划

人力资源规划是指根据组织今日发展的需要和未来发展的目标，预测、估计、评价企业对人力资源的需求。这种需求包括现期需求、近期需求和中期需求，以及需求的种类、层次、人数等。有些企业的人力资源规划还包括对获取人才所需的财产预算、人员投入和培训需要，招聘人才的时间、地点、方法、范围、形式等各个方面。

1. 人力资源规划的重要性

1）人力资源规划使组织更能适应企业内外环境的变化

人力资源规划是一个摸清"家底"的过程，也是使企业管理者做到心中有数的过程，是随着企业外环境的变化，调适企业内环境，尤其是对人力资源的调整和配置的过程。规划的过程，使组织了解本企业各类人才的余缺，了解各层次人才的需求和需求的人数，使企业能迅速把握人力资源的动态平衡。

2）人力资源规划有利于组织更好地使用和开发人才

只有很少的企业，其人力资源的配置符合理想的状态。在多数企业中，人员忙闲不均、岗位余缺不等的现象十分严重。规划有助于改善人力资源配置的许多问题，同时谋求人力资源使用的平衡，以及有效和科学的开发。

3）人力资源规划有利于降低用人成本

人力资源规划使组织有机会对人力资源的结构进行分析和研究。当组织了解人员当前余缺、能力与岗位的匹配状况时，就能有效地重新调配人员，使人力资源的结构趋于合理，从而降低组织的用人成本。

4）人力资源规划有利于提供均等就业机会

经过规划的人力资源不仅结构、布局更加合理，而且可以把切实的就业机会提供给需要就业的人。当社会发生结构性变革时，每一个就业机会都是社会和人们所珍惜的。正确、科学、有效的人力资源规划能为社会提供更多均等的就业机会。

5）人力资源规划是人力资源战略与人力资源管理之间的纽带

人力资源战略与人力资源管理之间必须有一个纽带，这个纽带就是人力资源规划。人力资源规划能够满足人力资源的需求，为招聘做前期准备。人力资源规划使人力资源管理的其他功能得以运作，包括培训、考核、薪酬、激励等。

6）人力资源规划有效地支持和保证了组织的发展目标

组织的发展目标需要内部环境和外部环境的支持。内部环境包括发展目标所需的人力、物力、财力。人力资源规划根据组织发展目标的需要，对人力当前的需求和中远期的储备均做了预测与安排，从而有效地支持和保证了组织发展目标的实现。

2．人力资源规划的内容

人力资源规划的内容包括对现有人力资源档案的分析归类、制订人力资源供求平衡计划、制订人力资源招聘补充计划、制订招聘人员的培训发展计划、人力资源职业管理、人力资源的评价、控制和调节六个方面。

1）对现有人力资源档案的分析归类

要了解企业内人力资源的结构和分布，了解人员余缺忙闲的状况，应对现有档案进行分析归类。

2）制订人力资源供求平衡计划

（1）因企业发展的需要，必须新增加的人员数量、种类和层次。

（2）因企业设备更新，必须转岗和新增加的人员数量、种类和层次。

（3）因企业转型或多种经营，必须新增加的人员数量、种类和层次。

（4）因人员自然磨损（退休、死亡等），必须新增加的人员数量、种类和层次。

（5）因人员的内外流动（晋升、降职、解职、辞退、跳槽等），必须新增加的人员数量、种类和层次。

综合以上情况，制订人力资源供求平衡计划。

3）制订人力资源招聘补充计划

（1）招聘的人数、种类、层次。

（2）分期分批招聘的时间和地点。

（3）确定招聘的方式，如内部招聘、外部招聘、校园招聘。

（4）组建招聘小组及招聘负责人。

（5）重要人员的招聘应聘请外部专家担任顾问及面试主考官。

（6）招聘的财务预算。

4）制订招聘人员的培训发展计划

（1）企业经营班子培训。培训内容：对当前经济形势的分析研究；企业的战略地位、发展目标研究；企业经营理念和价值观的研究；团队精神的建设；决策能力、管理能力、沟通能力、协调能力的培养；相关的法律知识。企业经营班子是一个企业兴衰成败的关键，对这些人的培训旨在建立一支高素质、富有团队精神、能攻坚、善创造的核心领导层。

（2）中层主管培训。培训内容：对管理技术、分析方法、逻辑推理能力、组织管理能力的学习和研究；对企业经营宗旨、目标、理念的学习和研究；对企业文化的学习和研究；相互配合能力的学习；企业的规章制度、奖惩、福利、薪酬的相关规定的学习。中层主管是企业承上启下、实施高层战略决策、保证企业运作有序的重要力量，中层主管的培训旨在建立一支高素质、能行动、善组织的骨干队伍，他们是企业的中坚力量。

（3）学历培训。企业中未达到相应学历的中层或基层主管，可以考虑进行学历培训。目前最常见的是 MBA（master of business administration，工商管理硕士）学历培训。通常有两种方法：一是企业与高校联手进行学历培训，如果企业中需要提高学历的骨干人数较多，采取这种方法更好；二是送到相应的高等学府进行培养。学历培训所获得的个人的人力资本通常是企业与员工个人共同享有，因此此类培训的费用应由企业和个人共同承担。企业为员工学历的提高谋划，最能激励青年骨干员工，也最能鼓舞士气，以完成组织的目标。

（4）素质培训。随着社会转型和知识的快速更新，有的员工原有的知识落伍，有的员工素质跟不上时代和环境的要求，此时必须进行员工的素质培训。素质培训的知识域较广，同时方法也不拘一格，可以请国内外卓有建树的专家来传播国内研究的最新动态和前沿成果，也可以到高校听一些专题讲座，还可以将员工送到高校、国外、其他企业做短期培训。当企业为员工谋划提高素质的培训时，一定要注意时间的安排和知识的结构，要注意聘请好的专家，还要注意对他们的受训过程进行跟踪与记录，要把他们努力接受提高素质的培训与他们个人的晋升、薪酬等适当地结合起来。

（5）技术与技能培训。企业引进新的设备，需要新的技能，高速发展的科学技术使许多原先的技术能手必须学习新的技术，技术与技能培训是实用性很强、现时效应十分明显的培训。与新的技术和技能有关的人员，无论其级别或层次如何均可踊跃参加，这是一种永不间断的培训，规划时应结合企业引进的新设备、新工艺和新技术对员工分期分批加以培训。

（6）晋升和转岗培训。原有熟悉的岗位发生了变动，一种是工作晋升产生了对新岗位的陌生，一种是工作的需要进行轮岗和转岗。这两种情况都需要对员工加以培训，使其适应新岗位的工作，把新岗位的工作做好。此类培训通常是小批量甚至是个案的，做好晋升和转岗培训有利于工作有序和高效地运行。

（7）新员工上岗培训。新员工上岗培训对新员工、对企业都是十分重要的一件事。新员工十分重视自己在新单位和新岗位上的表现，只有务实的和有效的上岗培训才能使新员工尽快熟悉自己的工作，并胜任自己的工作，从而对自己的工作有兴趣。对企业而言，新员工能迅速地胜任自己的工作，既能节约人力资本，也是企业有序高效运作的保证。

（8）跨文化管理人员培训。跨国经营的企业，当需要派出自己的管理人员到国外工作时，必须对其进行跨文化管理培训。跨文化管理培训的内容包括东道国的政治、经济、文化、历史、价值观、法律、法规、语言、习俗、礼节等，也包括在他国子公司的历史、企业文化、员工构成、发展目标等。跨文化管理人员培训可以确保母公司在他国的形象、战略、利益等获得有效的保护。

5）人力资源职业管理

根据组织的需要和个人的特长、兴趣，帮助个人制订职业生涯计划。规划各人的职业发展方向和发展空间。根据胜任原则和发展原则帮助个人向最佳职业道路发展。定时地修正错误的职业方向，使个人和组织的目标吻合。

6）人力资源的评价、控制和调节

人力资源评价包括对上述各个内容的评价，控制包括对招聘成本的控制、培训成本的控制、职业管理成本的控制，调节是一个动态过程。在规划制订和运行过程中，始终要注意纠偏和进行适当的调节。

3. 人力资源规划的程序

1）预测

根据企业的战略和现时人员的状况，预测人力资源的需求和人力资源的供给状况。

2）目标树的制作

企业的总目标可以分解成若干子目标，制作目标树可以使人力资源规划更加系统和完整。

3）实施

人力资源规划的实施包括招募选择、安置、培训开发、报酬计划、绩效考核、职业管理、激励、福利、退休等。

4）控制与评价

控制与评价即对人力资源规划的分析、实施情况的控制与评价，如图8-2所示。

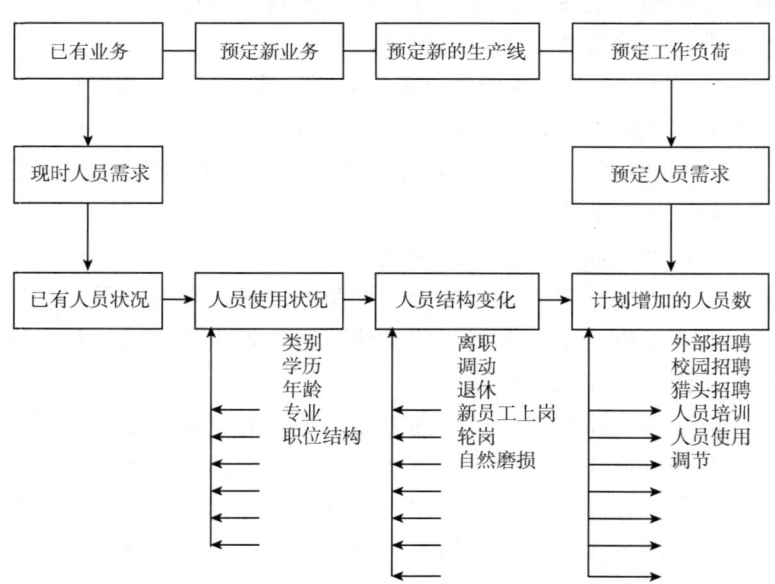

图 8-2 人力资源的控制与评价

（二）招聘与配置

管理企业的过程中没有什么比将合适的人放在合适的岗位上更重要，当然也没有什么比将不合适的人放在不合适的岗位上对企业和个人造成的浪费与伤害更大。因此世界 500 强之一的美国通用电器公司前总裁韦尔奇说，他常常把 70%以上的时间用来研究公司中人力资源的使用配置状况，以形成高效率的经营团队。因此，明确岗位设置，选任合适的人才对创业企业来说至关重要。

首先要将岗位设置制度化、规范化，对人力资源配置进行谋篇布局，并在此基础上知人善任。一是根据节约高效的原则设计岗位分工。创业企业资源有限，讲究精打细算，在人力资源的配置上更应该如此，而人才需求分析是控制人力资源成本开支的基础，也是关键的第一步。创业者必须清楚企业中哪些岗位一定要设置、分别设置多少人、应当赋予哪些责权等。新员工进入企业后，需要了解的第一件事就是企业的组织架构是什么，即我在哪个岗位做什么、我与其他人怎样配合。二是根据德才兼备的原则选任合适人才。最优秀的人才不一定是最合适的人才，只有根据岗位需求，选择能力和品德与之匹配的员工，才能在促进企业发展的同时，保证员工忠诚度，减少人才流失率。否则，会出现将高能力的人配置到低位置上，加大人力成本，增加跳槽风险的现象；或者出现将低能力的人配置到高位置上，造成执行力低下，工作上错漏频出的问题。

（三）培训与开发

1. 人力资本投资理论综述

对公司员工与管理层进行培训与开发是对公司的人力资本进行投资的过程，威廉·配弟最早对人力资本思想进行阐述，提出"土地是财富之母，劳动是财富之父"，把人的"技艺"的重要性提高到与土地和其他资本相同的高度。

美国著名经济学家、诺贝尔经济学奖获得者、"人力资本理论之父"西奥多·舒尔茨认为人的知识、能力、健康、技能等人力资本的增加对于经济增长来说是最重要的，人力资本远比土地等物质资本重要得多；此外，加里·S. 贝克尔（Gary S. Becker）在分析人力资本的形成时，强调了教育和培训的重要作用，着重剖析了在职培训的方式、支出与收入之间的关系。为了进一步说明这个问题，贝克尔又把培训分为两种：一般培训和特殊培训。一般培训指的是企业提供的培训，使得接受培训的职工所获得的知识、技能，不但对本企业有用，而且对其他企业也是有用的，大多数在职培训都提高了接受培训工人的未来边际生产力。特殊培训，又称专门培训，是指能提高提供培训的企业本身的生产率的培训，换言之，接受培训者的知识、技能等人力资本增进之后，对于提供培训的企业之外的其他企业的生产率没有多大影响或根本没有影响。这说明，这种培训为提供培训的企业所专设并为该企业所专用。

从 20 世纪五六十年代开始，国外人力资源和人力资本理论的研究逐渐升温，并形成一个高潮。有关人力资本的论文和专著的数量呈指数增长，雅各布·明塞尔是其中旗帜性的人物。随着这一领域研究的深入，一些新兴的经济学分支学科正在迅速发展，其中主要的是教育经济学、卫生经济学、新家庭经济学和人力资源会计学。教育经济学是把教育作为生产性投资来研究其分配和经济收益的学科,早期人力资本理论均将教育作为主要研究内容,因而人力资本理论的创始人同时也被视为教育经济学的奠基人。目前,教育经济学已经成为范畴独立、门类齐全,并有自己特定的研究对象和方法的比较成熟的经济学分支学科。卫生经济学同样是以人力资本理论为基础,把国家的医疗费和个人为健康保健而支付的费用看作对人的投资,这种投资的结果将以人力资本形态保存下来,并可以给个人和社会带来相应的经济效益。新家庭经济学是人力资源开发和微观人力资本理论一个不可缺少的重要组成部分。它以现代经济理论为基础,提出了家庭生产函数概念,把家庭看作如同厂商一样的生产决策单位,主张在安排家庭经济活动方面也要遵循一般经济法则。在人力资源研究和管理的方法性、工具性学科领域,最引人注目的是人力资源会计学的兴起。所谓人力资源会计学,就是指确定并具体计量有关人力资源的资料和数据,并将此类信息提供给有关方面的过程。具体而言,人力资源会计学要对企业及各类组织用于招聘、挑选、录用、培训以及开发自己的人力资本所花费的成本进行计量;还要计量自己所雇用的员工对本组织的经济价值。简言之,就是利用会计学的概念和方法,为管理和财务计算两个目的,全面地评价和计量作为一个组织资源的人。

总之,以舒尔茨《论人力资本投资》为开端,现代人力资源和人力资本理论的研究已形成一个世界性的热潮。英国经济学家哈比森(F. H. Harbison)于1973年在《作为国民财富的人力资源》一书中写道:"人力资源是国民财富的最终基础。资本和自然资源是被动的生产因素;人是积累资本、开发自然资源,建立社会、经济和政治并推动国家向前发展的主动力量。"

2. 创业企业人力资本投资的必要性

对企业而言,员工培训是一个指引他们学习和明确公司价值观的难得机会。设计一个好的员工培训计划可以提高员工入职上手的效率。所以,制订一个高效的员工培训计划可以说是一笔一劳永逸的投资。但是初创公司有很多事情要做,尤其是要在资金用尽之前,争分夺秒地打造一个产品来获取用户。所以第一个问题是,把宝贵的资源转移到员工培训上,这真的值得吗?许多初创公司不做或推迟员工培训,他们仅仅依靠新人自己去发现问题、解决问题,而这也会带来很多问题。随着企业的发展,非正式的员工培训慢慢变得问题百出。对于同一个概念,不同的员工在不同的时期有着不同的解释,缺乏标准化的员工培训流程。那些非系统的零散的解释,很容易遗漏许多重要的信息。工程师对一些关键问题不甚了解,会让他无法完全理解核心代码的机理,降低工作效率。又或者,因为没有沟通清楚,员工可能需要花很多的时间学习新事物,一个月后才能真正为公司创造价值。创业公司刚启动时,没有很多的东西需要去学习。但随着公司发展壮大,若没有相应的员工培训,员工开展工作将越来越困难。

3. 创业企业员工培训的特点

创业企业与行销已久的企业在进行员工培训时有着较大的不同,因此在培训目的、培训组织、培训模式和培训效果上有差异。

(1)培训的目的更广泛。除了新员工上岗引导、素质培训、技能培训、晋升培训、轮岗培训之外，更注重企业文化、团队精神、协作能力、沟通技巧等的培养。这种更加广泛的培训目的，使企业的培训模式从根本上发生变化。

（2）培训的组织转向虚拟化和更多采用新技术。虚拟培训组织能达到传统培训组织所无法达到的目标。虚拟培训组织是引用现代化的培训工具和培训手段，借助社会化的服务方式而达到培训的目的，这些现代化的培训工具及手段包括多媒体培训、远程培训、网络培训、电视教学等。在虚拟培训过程中，虚拟培训组织更加注意以客户为导向，凡是客户需要的课程、知识、项目、内容，它们都能及时供给并更新原有的课程设计。虚拟培训组织还具有转向速度快的优点，知识和课程有明显的战略倾向性。其次，虚拟培训组织会主动面对差异化的需求做创造性的产品设计，培训过程中强调培训者与被培训者的互动使被培训者在角色扮演过程中提高学习的积极性。

（3）更倾向于企业、学校、社会、专门机构联合办学的培训模式。培训模式已不再是传统的企业自办培训，更多是企业与学校联合、学校与专门培训机构联合、企业与中介机构联合或混合联合等多种方式。社会和政府也积极地参与培训，如再就业工程，社区就积极地参与组织与管理。政府的专门职能部门也与企业、学校挂钩，如组织人事部门组织关于人力资源管理的培训，妇女组织机构组织关于妇女理论与实践的培训和婚姻、家庭、工作三重角色相互协调的培训等。

（4）更倾向于对培训效果的评估和对培训模式的再设计。控制反馈实验是检验培训效果的正规方法，组织一个专门的培训效果测量小组，对培训前后的员工的能力进行测试，以了解培训的直接效果。对培训效果的评价，通常有四类基本的要素，其一是反应，评价受训者对培训计划的反应如何，他们对培训计划认可吗？他们是否感兴趣？其二是知识，评价受训者是否按预期要求学到所学的知识、技能和能力。其三是行为，即受训者培训前后的行为有什么变化？其四是成效，即受训者行为改变的结果如何，如客户的投诉是否减少？废品率是否降低？人员流动是否减少？业绩是否提高？管理是否更加有序？等等。

4．常见的培训方式

1）工作轮换

工作轮换是指让受训者到各部门去丰富工作经验，确定其长处和弱点的培训方式。如新毕业的大学生，在每个部门工作学习几个月，这不仅有助于丰富他们的工作经验，也有助于他们找到自己喜欢的工作。工作轮换的不足之处就是鼓励人们"通才化"，不利于培养高级专业人才。工作轮换的培训方式比较适合于开发一线管理人员而非智能专家。随着经济的一体化，跨国公司的工作轮换不仅仅局限于本国，而是面向世界。

2）辅导/实习方法

辅导/实习方法类似师傅带徒弟。由受训者直接与要取代的人一起工作，而这个人就负责对受训者进行辅导。一般说来，这种培训方式不承担一定的经营管理责任，而是为受训者提供学习工作的机会。这种培训方式有助于保证责任管理人员因退休、提升、调动、辞职等离开现工作岗位而出现职位空缺时，企业能有训练有素的人员顶替；也有助于保证公司对高层管理人员的长期开发。

3）参加初级董事会

参加初级董事会是指通过请中级管理受训者组成一个初级董事会，并让他们对整个公司的政策提出建议，为他们提供培训的一种方法。与工作轮换不同，组建初级董事会的目的是在于为有发展前途的中层管理人员提供分析整个公司问题的机会。初级董事会由10～12位受训者组成，给他们以分析高层次问题以及决策的机会。这些初级董事会的成员来自各个部门，他们就高层次管理问题，如组织结构、经营管理人员的报酬，以及部门之间的冲突等提出建议，将这些建议提交给正式的董事会。

4）行动学习

行动学习是指让受训者将全部时间用于分析和解决其他部门而非本部门问题的一种培训方式。这些受训者定期开会，4～5人一组，在会上就各自的研究结果及进展情况进行谈论和辩论。行动学习培训方式始于英国，受训者通常要将全部时间用于他们的项目，每周作为项目小组开一次会，共同讨论各自的项目，比较工作笔记。行动小组通常涉及几个雇主间的合作。如企业的项目小组可以派到政府机构去做研究项目。该培训方式的特点是用实际问题给受训者以真实体验，在一定程度上能开发其分析和解决问题，以及制订计划的技能。不足之处在于放任受训者去企业外从事项目工作，无形中可能损害一位称职的管理人的形象。

5）案例研究法

案例研究法是指为参加员工培训的受训者提供有关一个企业问题的书面描述，让他自己去分析这个案例，诊断问题所在，与其他受训者一起讨论自己的研究结果并给出问题解决方案的培训方式。案例研究的目的在于通过一位训练有素的讨论会主持人巧妙的引导，让受训者了解研究和分析复杂问题的过程。

案例研究法具有以下几个主要特点。

（1）运用组织的实际问题。

（2）尽量让受训者陈述他们的看法，征求他人意见，正视不同看法并做出决策。

（3）将对主持人的依赖程度降到最低限度。

（4）主持人很少回答"对"或"不对"，那些不完善的案例才是真实的。

（5）主持人尽量通过创造适当程度的戏剧场面来推进案例研究。主持人不应是解释教科书原理的讲师或说教者，而应是一种催化剂和教练。在实践中，主持人通过回答受训者提出的具体问题和说明有关该案例的事实情况来控制课堂讨论。为使案例研究更加有效，可采取如下措施：从受训者所在的企业选取案例，这将有助于受训者理解案例的背景，也更便于受训者将所学知识应用于其本职工作和环境。

6）管理竞赛

管理竞赛是几组管理人员通过用计算机模拟真实的公司经营以做出决策来互相竞争的一种培训方式。在管理竞赛中，受训者被分为5～6个公司，每个公司都在模拟的市场中与其他公司竞争，每个公司设立一个目标（如最大限度地增加销售）并得知自己可以做出几个决策。例如，可能允许这个小组决定：①广告宣传方面花多少钱；②生产方面投资多少；③保持多少库存；④哪种产品生产多少。这种管理竞赛通常将两三年内发生的事压缩为几天、几周或几个月的事。与真实社会中一样，每个公司一般都看不到其他公司做出了什么决策,尽管这些决策确实影响它们的销售状况。管理竞赛是一种良好的开发受训者智力的手段。在积极参与实际经营活动的情况下,人们的学习效果最好。而管理竞赛这种游戏正可以使人得到这种参与的机会。对于受训者来说,这种游戏几乎永远都是有趣的、令人兴奋的,因为它们很真实,又充满竞争性。它帮助受训者开发其解决问题的技能,帮助他们将注意力集中在制订规划的需求上,而不是集中在临时应付上。公司通常也选择他们自己的管理人员并开发自己的工作部门,因此这种游戏可以用于开发领导能力、培训合作及团队精神。

7) 角色扮演

角色扮演是在一个真实的管理场景中,让受训者扮演其中人物的一种培训方式。让每位参加者扮演角色,能引发角色扮演者之间热烈的讨论,尤其是当每个人都投入角色中而不仅仅是演戏时更是如此。这种培训方式的目的是解决手头的问题,由此开发受训者在领导、授权等方面的技能。其优点是有趣而省钱;缺点在于,一次活动可能需要用一小时或更长时间才能完成;而且如果活动指导人员没有准备一个有关参加者将学到什么东西的概括性说明的话,参加者只会认为是浪费时间。

8) 行为模仿

在用行为模仿这种培训方式进行培训时,首先,向受训者展示良好的管理技术;其次要求他们在模拟环境中扮演角色;最后由他们的主管给他们提供反馈。它包括向受训者展示做某件事的正确方式;让每个人练习用这种正确的方式做这件事;提供有关他们实际表现的反馈。这种培训方式已被用于如下人员中。

(1) 培训基层主管人员,使他们更好地处理常见的主管与雇员之间的相互关系问题,包括给予赏识、训导、引进变革及改进不良工作绩效。

(2) 培训中层管理人员,使他们更好地处理所在环境中的人际关系,并给予指导,讨论工作绩效问题,讨论不理想的工作习惯等。

行为模仿培训方式的基本程序如下。

(1) 建立模型。受训者观看展示典范人物有效处理问题的行为的电影或录像。换言之就是向受训者展示某一情景中的正确行为方式。

(2) 角色扮演。给受训者分配角色,让他们在一种模拟的情境中扮演该角色。这时他们实践和演习那些典范任务所演示过的有效的行为。

(3) 社会强化。培训教师根据受训者在角色扮演活动中的表现,用表扬和建设性建议的方式将受训者的行为予以强化。

(4) 培训的转化。鼓励受训者在回到本职工作时应用新的技能。

培训方式有若干种,创业企业要根据自身资源条件和行业特性打造属于自己的员工培训方式,提升员工素质,为企业进一步发展壮大做好人力资本储备。

(四) 绩效管理

企业的绩效管理水平,直接影响运营和经营绩效。设定合理的绩效指标、加强绩效责任督导、定期检讨绩效进程而非秋后算账等,可以有效改善绩效状况,并促使企业达成预期的经营目标。绩效管理包含如下十个管理细节及要点。

(1)绩效责任。绩效管理是所有管理者需要承担的责任,绩效达成是企业所有人员应该做到的。为使绩效责任具体、明确、针对性强,人力资源部门应对绩效达成和管理责任,做出明确规定以提高绩效达标能力。

(2)绩效指标。根据岗位差异、部门不同和职能重点差别,人力资源部门应分别设定绩效指标,并对关键绩效指标进行考核。绩效指标应具有系统性和承接关系。绩效指标设置应考虑条件、关键任务和核心职能,指标不宜过多以免分散岗位人员工作焦点。指标数据源、计算公式、定义等应明确。

(3)资源支持。绩效管理是一个持续过程,需考虑并安排充分资源支持活动的展开。为有效管理绩效体系,必要时可借助外部资源。对资源调度,应做出规定界限,以及时获得资源支持。

(4)绩效过程管理。人力资源部门与员工的上一级管理者,都应关注员工的绩效状态,无论人力资源部门或其他职能部门,都有绩效达成的责任。绩效过程管理包括流程执行和评价修正,都应有明确规定。

(5)绩效沟通。绩效指标确认与修正、绩效过程偏差、绩效考核结果等,都应进行充分沟通。沟通不仅仅在员工与人力资源部门间展开,企业应规定绩效沟通程序和要求,管理者应配合进行直接下属的沟通。

(6)绩效考核。绩效考核与工作考核结合进行,但不同的是,绩效更关注直接带来价值和效益部分的表现,所以考核的结果可用于绩效改进,但绩效考核还应关注核心职责的履行。对绩效考核的改进措施应有规定。

(7)绩效面谈。绩效面谈是绩效管理者和绩效实现者之间的绩效状态沟通,企业应对不同绩效沟通展开的面谈做出规定,包括方式、时机、责任者、重点、记录要求和面谈后的管理者沟通。面谈应有明确程序。

(8)绩效促进。人力资源部门应特别关注绩效连续不能达成、绩效达成能力不稳定的员工,应采取多种方法去促进员工提升绩效。包括安排必要的激励、纳入培养计划、调整薪酬或职位等。绩效促进措施采取的触动条件、促进重点及方向等,应有明确规定以使绩效管理有迹可寻。

(9)绩效体系改进。企业应制定明确要求,对绩效体系的改进信息进行收集和分析。绩效体系改进的范围可以是指标、沟通方式、绩效考核标准、绩效促进措施、绩效操作流程等各方面。绩效体系改进后,对有关绩效的管理规定进行更新,并重新确定管理要求。

(10)年度绩效总结。企业每年度结束时,应对当年绩效管理成果、经验和教训进行总结,包括绩效指标达标程度、绩效管理工作得失、绩效数据和信息管理等。年度绩效总结,成为下年度绩效指标调整的基础。

(五)薪酬与福利管理

国际劳工组织《1949年保护工资条约》中将工资定义为:"工资"一词系指不论名目或计算方式如何,由雇主为受雇者已完成和将要完成的工作及已提供或将要提供的服务,凭书面或口头雇佣合同支付的薪金和收入,所支付的薪金和收入可以货币结算并由协议或国家法律或条款予以确定。这里的"工资"系狭义的"工资"概念,主要是指基本工资或标准工资。现实中,广义的"工资"就是我们所指的"薪酬",也就是直接物质回报的部分,是企业对员工所做的贡献,包括实现的绩效、付出的努力、时间、技能、经验等所支付的直接或间接货币收入,包括基本工资、奖金、津贴、福利等内容。薪酬包括两个部分:一是直接货币收入;二是间接货币收入,直接货币收入构成薪酬的主系统,用以维持员工最基本的生活需求;间接货币收入构成薪酬的辅系统,用以保障和提高员工基本需求之外的过更健康、更安全、更有质量和更体面生活的需要。

对于企业的创始人来讲,如何设计员工薪酬制度是在企业创建之初就面临的重要问题之一。创业企业的薪酬设计受到多种因素的影响和制约,如创业企业的规模、企业的发展目标、产品的生命力和被市场接受的程度等,从而确定符合企业自身发展规律的薪酬制度,以及足以使企业在激烈竞争环境中生存的薪酬管理体系。企业初创,一种形式是母公司在合资/合作情况下组建的新公司,这需要一定财力做后盾,同时往往也会引进一定的管理制度,这里不作讨论。另一种形式则是从一无所有开始创业。刚开始可能规模很小,产品单一,无财力可言,但是依靠志同道合、具有强烈事业心的合作者,也可将家庭式的作坊发展成在商品市场中占有一席之地的企业。这段时间,薪酬管理的重点是保证公平,可以不形成为制度。如何将小企业发展壮大,在市场的竞争压力下经得起风浪,这需要企业决策层在管理上做综合的考虑,而此时薪酬管理作为企业管理的重要一环,就显得重要起来。设计薪酬制度时要考虑如下问题。

1. 岗位设置

岗位设置考虑的重点是精简实用,尤其是关键岗位(主导企业运转不可或缺的)和特殊岗位(销售、管理),设计符合本企业特点的薪酬制度。

2. 人才招用

企业的发展离不开人才的支撑,知识经济时代企业的竞争实质就是人才的竞争。人才的选用要注重其潜能,能力太强或太弱都会造成企业的损失,"适者为好"是招聘的原则;但是在关键岗位和特殊岗位的人员招聘上要以"择优录用"为原则,通过人才的引进来帮助企业更上一层楼。

3. 市场调查

人才的市场价格是企业经理人必须了解的重要资料,它可以帮助企业在资金投入和运用上做精确的预估。企业在做人才市场价格调查时,要寻找同类企业——规模相似、管理模式相近,最好是市场竞争伙伴——作为参考公司,这样企业可掌握最精确的信息,确定合理的价位。

4. 其他因素

在设计薪酬制度时,还要考虑国家和地区的经济状况、政府的政策导向、当地人才市场的需求情况、企业的经营状况、业务发展的目标计划及与薪酬相关的员工福利计划等。

5. 分配形式

企业薪酬制度的设计,要符合本企业的特点,要避免"人有我有,人无我也要有"这样面面俱到地考虑问题，但随着企业的发展，薪酬制度应该不断完善。企业在发展初期可采用岗位奖励工资（或岗位等级工资）作为主要的分配形式，以员工持股作为辅助分配形式，这样可以使员工与企业联系起来，同甘苦、共命运，以企业的发展为唯一选择，推动企业加速前进。

创业企业在招募员工和设计薪酬制度上的难度在于两个方面：首先，决定性因素在于企业的初创规模、经济实力和商业模型的设计。其中商业模型的设计至关重要，创业者必须对商业模型进行仔细的案头分析工作。其次，在企业内部可以分为技术高度密集型岗位、部门和一般经营、服务型两类。两者在薪酬制度上将有所区别，对于技术高度密集型岗位，企业对所招募的员工有比较强的依赖性，所以为了招募到技术人才，在薪酬设计上必须考虑企业的长远发展目标和相对的稳定性。为此，薪酬制度应采取灵活的组合方式，如直接给股份、高薪加高福利等（期权制对于小规模的企业不适用，多数员工将期权看作"画饼充饥""望梅止渴"；除非企业具有一定的市场基础和规模）。对于一般经营、服务型部门和岗位，应采用岗位、级别的等级薪酬制度。该项制度建立得越早越好。根据企业的岗位需求和实际能力，以及员工的实际能力和水平，有目的地定岗、定员和定级、定薪。员工进入企业有明确的个人定位及发展目标，岗位的变化与薪水具有必然的联系。企业的薪酬制度和激励制度是两个不同的制度，尤其是创业企业更要加以区分，否则会导致基本薪酬制度与激励制度的混乱，使员工的工作热情受到打击。企业管理者要对做出杰出贡献的员工给予激励，不能采用在原岗位直接加薪的简单方法，而应采用一次性奖励或升职加薪的方法。好的薪酬制度设计的精髓在于：①加大员工的责任感；②加大员工的自由度；③强调员工的能力和技能发挥；④增强员工对企业的认同感和团队意识。

创业企业要设计适合员工需要的福利项目。完善的福利系统对吸引和保留员工非常重要，它也是公司人力资源系统是否健全的一个重要标志。福利项目设计得好，不仅能给员工带来方便，解除后顾之忧，增加对公司的忠诚，而且提高了公司的社会声望。

员工个人的福利项目可以按照政府的规定分成两类：一类是强制性福利，企业必须按政府规定的标准执行，如养老保险、失业保险、医疗保险、工伤保险、住房公积金等。另一类是企业自行设计的福利项目，常见的如人身意外保险、医疗保险、家庭财产保险、旅游、服装、误餐补助或免费工作餐、健康检查、俱乐部会费、提供住房或购房支持计划、提供公车或报销一定的交通费、特殊津贴、带薪假期等。员工有时会把这些福利折算成收入，用以比较企业是否具有物质吸引力。

对企业而言，福利是一笔庞大的开支（在外企中能占到工资总额的30%以上），但对员工而言，其激励性不大，有的员工甚至还不领情。最好的办法是采用菜单式福利，即根据员工的特点和具体需求，列出一些福利项目，并规定一定的福利总值，让员工自由选择，各取所需。这种方式区别于传统的整齐划一的福利计划，具有很强的灵活性，很受员工的欢迎。

（六）劳动关系管理

1. 劳动关系管理的含义与内容

劳动关系管理是指通过规范化、制度化的管理，使劳动关系双方（企业与员工）的行为得到规范,权益得到保障,维护稳定和谐的劳动关系,促使企业经营稳定运行。企业劳动关系是指企业所有者、经营管理者、普通员工和工会组织之间在企业的生产经营活动中形成的各种责权利关系:所有者与全体员工的关系、经营管理者与工人组织的关系、经营管理者与普通员工的关系、工人组织与职工的关系。

我国劳动关系的变化如下:①劳动关系多元化,与目前我国以公有制为主体、多种经济共同发展相对应。②劳动关系主体明确化,一方为用人单位或雇主,另一方为劳动者或雇员。这是由法人财产权和劳动力产权的逐渐形成与明确所决定的。③劳动关系动态多变化,市场经济本身的动态多变属性导致劳动关系的动态多变性。④劳动关系利益复杂化,改革本身就是一场深刻的革命,是利益格局的全面调整。社会政治、经济的重大变革,带来人们的行为方式、思维方式的转变,使劳动关系双方的利益追求趋向复杂化。劳动关系管理的具体工作内容有:①收集掌握地方政府、国家的政策法规;②宣传企业规章制度,解答员工疑问;③制定、修改、完善并执行企业各类政策制度;④处理员工与企业的各种劳动关系纠纷。

2. 劳动关系管理中存在的问题及解决方法

1) 公平对待问题

公平是大多数人力资源决策都会涉及的问题,公平管理反映在企业运行中的各个方面,如企业雇用了一位求职者,拒绝了另一位求职者,部门提拔了一名员工,辞退了另一名员工等等,员工对这些决策做出何种反应,在一定程度上取决于他们是否认为这些决策是公平的,以及制定这些决策的过程是否是公平的。强化公平对待,可以从以下几个方面实现:①对求职者进行面试,要确保甄选过程和结果的公平性;②确保绩效评价的公正性和精确性,有些管理人员将绩效评价用于政治目的,扭曲了绩效评价的目的,企业应当建立合理明确的绩效评价体系,使员工可以理解并接受组织对他们的评价;③确保报酬和惩戒制度的公平性,企业给予员工应有的报酬,不应该克扣员工薪酬,而且企业关于道德行为,应惩罚那些企业所不允许的行为,如果企业不能够做到赏罚分明,员工就会认为受到了不公平待遇。

2) 企业员工隐私管理问题

侵犯员工隐私是一种不道德行为。法律明确指出,侵犯员工隐私的四种主要类型包括:公开员工私人事务、非法入侵(如对更衣室等进行监视)、披露员工医疗记录以及将员工的姓名和肖像用于商业用途。

保护员工的隐私,可以从以下几点出发:①不在公众场合谈论员工的隐私;②不要向企业其他员工打听某位员工的消息;③不用员工的隐私威胁员工,即使员工的隐私与企业的利益相关,也应当采取正当的程序来解决问题。

3) 企业解雇管理问题

解雇的原因一般有四种:①工作绩效没达到企业要求;②不具备承担本职工作的能力;③岗位要求发生变化;④员工有不符合企业要求的行为。解雇是企业给予员工最严厉的惩罚,因此企业需要对解雇管理加以特别的注意。

如何避免不正当解雇,可以从以下几个方面做起:①解雇需要有充分的正当理由;②招募员工时采用科学的方法，甄选出合适的员工，从根本上避免解雇的发生；③在必须解雇员工的时候必须做到及时解雇，避免引起企业其他人员的不公平感；④设置合理的解雇程序。

4）企业员工安全和健康问题

之所以关注员工的安全和健康问题，是因为安全和健康问题关系到员工的切身利益，而且一直以来在工作场所中引发的安全和健康问题数目惊人。

控制与减少安全和健康问题，可以从以下几方面实现：①企业需要从高层管理者做起，制定安全政策；②将管理人员对安全责任制度化并公布于众，分析发生的安全和健康问题的数量，并确定具体的安全目标；③分析问题产生的原因，制订相关对策，防患于未然；④为公司中负责安全事务的管理人员提供较高职务，并发挥其在新员工培训中的安全培训功能。

5）企业和员工的矛盾

企业实际运行中，企业和员工常常是矛盾的两个主体，两者之间不可避免地存在着冲突，为了消除或者减缓企业和员工之间的冲突，需要制定相关的法律章程来充当两者之间的仲裁者，这些法律法规包括劳动法、劳动合同以及企业内部制定的法律法规。它们明确规定了企业对员工所负有的责任，也包含了员工对企业所承担的义务。在这种法律法规的约束下，企业能够为员工提供一个安全的工作环境和合理的薪酬福利等，员工也能够认真地完成工作。

近年来中国企业劳动争议案件数量不断上升，主要是因为我国现有劳动关系调整模式过分依赖企业人力资源管理。劳动关系管理关系到企业的稳定及发展，必须将劳动关系管理与企业人力资源管理的其他五大模块有效地结合起来，形成一个有机的系统，最大限度地激发员工付出有效的劳动，提高人力资源利用率，进而促进企业的发展。

第四节　创业企业的风险管理

企业都是在风险中经营的，由于创业企业的经营者多为新手，缺乏经验，企业规模小，抵御风险能力弱，因此，风险管理对小企业的重要性远远超过大企业。2015 年全国政协委员、民盟中央副主席、广东省政协副主席温思美根据相关统计资料认为我国创新创业企业的成功率较低，大学毕业生创办企业 5 年内的存活率仅有 30%，比社会平均水平低 20 个百分点。尽管这些企业失败的原因各不相同，但有一点却是共同的，即对面临的危险认识不足，准备不充分。对于创业企业来说，最大的风险就是没有危机意识。如果能进行有效的风险管理，虽然不能完全避免风险事件的发生，但是可以未雨绸缪、趋利避害、化解风险。

一、创业风险的概念与基本特征

（一）创业风险的概念

创业风险是指由于创业环境的不确定性，创业机会与创业企业的复杂性，创业者、创业团队与创业投资者的能力和实力的有限性，而导致创业活动给创业企业财产和潜在的获利机会带来损失的可能性。在创业过程中风险是普遍存在的，风险事件的发生会给企业带来不同程度的损失。

（二）创业风险的基本特征

1. 创业风险的不确定性

创业风险的不确定性是指创业风险的发生是不确定的，即风险的程度有多大、风险何时转变为现实均是不确定的。这是由于人们的认知水平受到各种条件的限制，不可能精准地预测风险的发生。创业过程往往是将创业者的某一个"奇思妙想"或者创新技术变为现实的产品或者服务的过程。在这一过程中，创业者面临着各种各样的不确定性因素，如可能遭受已有市场竞争对手的排斥、原来预测的市场需求发生了变化、新的技术难以转化为生产力、竞争对手采取了有效的对策、需要的资金难以到位等都可能导致创业失败。

2. 创业风险的双刃性

创业风险不同于自然灾害风险，往往是和潜在的收益共生的。风险不仅仅带来损失，也包括收益。通常来说风险越高，收益可能越大。因此，回避风险同样意味着回避收益。

3. 创业风险的可识别性

尽管风险具有不确定性，但是任何事物的发生都不是偶然的，而是有规律可循的，因此，随着科技的进步和人们素质的提高，风险发生的规律性是可以被认识和掌握的。企业可以通过定性或定量的方法对风险进行评估和识别，为风险的管理提供可靠的依据。

4. 创业风险的相关性

创业风险与创业者的行为紧密相连。不同的创业者对风险的承受能力是不同的，主要与收益的大小、投入的大小和风险主体的地位以及拥有的资源量有关。企业内部条件如资产、技术、人才、设备、原料、信息以及管理策略等有形资源及无形资源决定了企业的规模，内部条件越完善、资源配置水平越高，企业抵抗风险的能力就越强。同一风险不同企业的不同对策将会出现不同的结果。

二、创业企业风险的类型

按风险的内容，创业企业风险可分为行业风险、技术风险、市场风险、管理风险和财务风险。

（一）行业风险

行业风险指在特定行业中与经营有关的风险，包括受经济周期波动、行业生命周期、行业的集中程度、政府政策变动等因素影响的风险。

经济周期波动是经济运行的周期性规律，不同行业与经济周期关联性不同，因此企业面临的受经济周期波动影响而产生的风险各有差异。

此外，行业生命周期也会形成企业运营风险。行业的寿命期是由初创期、成长期、成熟期和衰退期构成的。处于初创期的企业，有获取高额利润的可能性，但风险比较大；处于成长期的企业，利润增长较快，风险也比较小；处于成熟期的企业，利润大幅增长比较困难，但风险仍比较小；处于衰退期的企业，要维持相应的利润比较难，且行业风险在不断增大。处于行业不同生命周期的企业面临的风险各不相同。

行业的集中程度风险反映的是行业内部各企业的相互关系，根据行业内企业竞争程度不同通常分为完全竞争、垄断竞争、寡头垄断和完全垄断四种市场类型，行业进入壁垒越高该行业自我保护的能力就越强，内部竞争就越弱。处于不同类型市场结构的企业面临的风险有明显差异。

此外，行业风险还受到政府政策变动等因素的影响，尤其是政府的产业政策、财税政策、关税政策等影响较大。

（二）技术风险

技术风险是指由于企业所应用或拟采用技术或技术的集合的不确定性以及技术与经济互动过程的不确定性所引起的收益与损失的不确定性。主要包括技术成功的不确定性和技术前景的不确定性、产品生产的不确定性、产品效果的不确定性以及技术寿命的不确定性。新技术的研发通常是为了解决市场痛点，但是新技术研发能否按照预期目标顺利进行是不确定的。研发出来的新产品能否在现有技术水平下继续改良完善也是不确定的。产品从研发到最后成功量产有着一定的风险，能否达到较好的生产条件也是不确定的。产品生产出来投放市场，消费者使用后效果能否达到预期水平、是否具有负外部性也是不确定的。产品的技术寿命更是不确定的，随着现代科技的飞速发展，根据摩尔定律，产品的更新迭代周期会越来越短，产品技术优势的保存越来越困难，这些都是创业企业发展过程中不可避免的技术风险。

（三）市场风险

市场风险是指由于市场情况的不确定性导致创业者或创业企业损失的可能性，主要表现为市场需求量、市场价格、消费者认同、竞争态势的不确定。首先，产品的商业总价值取决于市场的容量，创业企业做前期可行性分析时只能用抽样数据来对市场进行分析，结果不一定能精准描述市场状况，创业者通常会较为乐观地估计市场容量，一旦实际进入市场就可能发现消费者需求并不能达到想象中的规模，从而造成产品的市场价值无法实现。其次，市场对于产品定价的解读也会引起相应的风险。高新技术产品的研制成本一般较高，为了实现高投入的高收益，一般采用撇脂定价的方法，假如价格定得超出市场的承受力，就很难为市场所接受。另外，当这种新产品逐渐被市场所接受和吸纳时，其高额的利润会吸引众多竞争者，可能会造成价格下跌，从而影响产品的投资回报。再次，消费者对产品的认同程度和速度会影响企业的战略推进，当新产品研发出来后，市场上的消费者需要被教育，引起其兴趣，进而引发购买行为，而这一过程一方面需要企业投入大量运营资金，另一方面要耗费一定的时间，当时滞成本高于创业企业能承受的范围时，企业就会面临较大的风险。最后，市场上大部分产品是垄断竞争结构，竞争者众多而产品各有差异，如何在竞争中一直保持优势，应对不断进入的竞争者，也是创业企业要思考的重要问题。

（四）管理风险

管理风险是指创业过程中因管理不善而导致创业失败所带来的风险。创业者并不一定是出色的企业家，不一定具备出色的管理才能。管理风险主要包括管理制度风险、人力资源风险和市场营销风险。创业企业组织架构未完善，相关的管理制度也不健全，企业文化尚未形成，管理较为松散。这样的管理模式在创业初期还可以由创业者的辛苦工作弥补，当企业发展到一定规模后，松散型的管理模式就会造成上下级间的沟通缺乏效率，容易导致风险事件的发生。人力资源风险主要包括创业团队的风险、人员选择的风险、重要员工流失的风险等。人员配置不科学、激励达不到预期效果、工作作风不严谨，这些人力资源管理的问题往往会造成内部消耗巨大、重要员工流失等问题，给企业带来巨大的损失。市场营销风险主要体现在新产品的市场定位、营销策略的制订、营销人员的管理以及营销政策的确定，如果出现失误，就会造成产品滞销，给企业带来损失。

（五）财务风险

财务风险是指企业由于负债筹资而产生的用现金偿还到期债务的不确定性，引起的投资收益下降或破产的风险。创业企业成败的关键因素之一在于能否成功地获取并驾驭所需的资金，建立和完善采购、产品递送、会计、收款等日常财务营运系统，使得不断增加的资金在可控的范围内为企业成长服务。企业进入发展期后，应避免被人员增加、客户增加、业务增加及机构增加等现象所蒙蔽，要时刻关注企业经营的现金流入和流出情况。创业者可以证明其构想的可行性，但往往没有足够的资金将其实现商品化，从而给创业企业带来一定的风险。在创业企业中，有80%的企业生命周期不过3年，最主要的原因就是存在财务风险。

三、创业企业的风险管理与防范

创业企业面临的风险是客观存在的，但也是有规律性的，创业企业管理者虽然不能将风险完全消除，但是可以控制风险，将损失缩减到最小程度。因此创业者应主动地认识风险，积极管理风险，运用科学化、合理化的决策方法减少决策风险，保障企业经营目标的顺利实现，提高创业企业效率、减轻企业的财务负担，保证企业的生存和健康成长。创业企业的风险管理是指创业者对创业企业风险进行识别、衡量、分析，并在此基础上有效地处置风险，以最低成本实现最大安全保障的科学管理方法。

（一）风险识别

风险识别是指在风险事件发生之前，风险管理人员在收集资料和调查研究之后，运用各种方法对尚未发生的潜在风险进行系统归类和全面识别。风险识别是风险管理的基础，其任务就是查明风险来源和后果。确定哪些因素对创业构成威胁，哪些因素可能带来机会，为风险管理做好准备。风险识别的方法主要有环境分析法、财务状况分析法、流程图法和保险调查法。

1. 环境分析法

环境分析法是指通过对企业内外部环境的分析，明确机会和威胁，对比企业的优势和劣势，找出这些环境可能引发的风险和损失。环境分析法的重点是分析环境的不确定性及变动趋势给企业经营带来的风险，还要注意分析环境中的变动因素及其相互作用对企业的经营效果带来的影响。具体的分析方法主要有头脑风暴法、特尔菲法、SWOT 分析法等。头脑风暴法又称智力激励法，是现代创造学奠基人阿历克斯·奥斯本于 1938 年首次提出的。头脑风暴法是在主持人的组织下，与会人员之间相互启迪思想、激发思路的有效分析方法。与会人员都可毫无顾忌地发表自己的观点，开拓性地估计风险发生的可能性。头脑风暴法有低成本、高效率的优点，并且可以获取广泛的信息。

2. 财务状况分析法

财务状况分析法是根据企业或其他单位的资产负债表、损益表、财务状况表和财产目录等资料，对企业的固定资产和流动资产的分布进行风险分析，以便从财务的角度发现企业所面临的潜在风险和财务损失的一种分析风险的方法。

3. 流程图法

流程图法是将企业经营全过程按其内在的逻辑关系制成流程图。针对流程中的关键环节和薄弱环节进行调查与分析，找出风险存在的原因，从中发现潜在风险的威胁，分析风险发生后可能造成的损失和对项目全过程造成的影响有多大。

4. 保险调查法

保险调查法是指企业委托保险公司或保险咨询服务机构，对潜在损失和由于风险事件的出现可能造成的消极影响、赔偿责任进行调查分析，提出预防风险损失出现的措施，并向企业建议可自保的项目和应向保险公司投保的项目。

（二）风险评估

风险评估是在风险识别的基础上，对可能发生的某类风险的预计、度量和估计后果。

1. 定性风险评估

定性风险评估方法主要有历史资料法、理论概率分布法和主观概率法。历史资料法是在项目情况基本相同的条件下，通过观察各个潜在的风险在长时期内已经发生的次数，估计每一种事件可能发生的概率。理论概率分布法是项目的管理者没有足够的历史信息和资料来确定项目风险事件的发生概率时，根据理论上的某些概率分布来补充或修正，从而建立风险的概率分布图。常用的风险概率分布是正态分布，正态分布可以描述许多风险的概率分布，如交通事故、财产损失、加工制造的偏差等。主观概率法是管理者根据自己的经验，去测度项目风险事件发生的概率或概率分布，这样得到的项目风险概率被称为主观概率。主观概率的大小常常根据人们长期积累的经验、对项目活动及其有关风险事件的了解进行估计。

2. 定量风险评估

定量风险评估是量化分析每一风险对项目目标造成的影响。主要方法有盈亏平衡分析、敏感性分析、决策树分析等，详细内容可以参阅有关风险计量方面的资料。

（三）风险防范

1. 技术风险的防范方法

1）保险

保险是指保险人向投保人收取保险费，建立保险基金，并对投保人负有合同规定范围的赔偿和给付责任的一种商业保险行为。从经济角度来看，保险是分摊意外事故损失的一种财务安排；从法律角度来看，保险是一种合同行为，体现的是一种民事法律关系。创业企业向保险公司缴纳一定的保费，签订保险合同，若新产品、新技术开发失败，则在责任范围内由保险公司负责赔偿。

2）转移风险

转移风险是指通过技术转让、技术交易等方式，向其他主体转让风险。例如新产品在生产阶段失败时，就可以将技术卖给有能力生产该产品的企业。

3）风险分散

风险分散是指创业企业通过多元化经营，使风险在不同的经营活动中分散。例如，创业企业同时开发多个项目，使风险得到分散。对于一些风险较大的项目，可以先投入少量资金进行生产和市场试验，然后再决定是否大规模投产。

2. 市场风险的防范方法

1）坚持以市场为导向的经营理念

创业企业不一定拥有最好的产品和最先进的技术，但一定要拥有正确的营销理念和最好的营销策略。创业企业所要生产的产品或提供的服务除了要进行切实细致的市场分析和经济评估外，还要针对产品生命周期各个阶段可能引发的风险，制订合理对策。例如，导入期，应考虑产品能否被消费者接受，如何降低流通费用、促销费用，降损增利提高销售额；成长期，重点研究竞争对手的状况，如何扩大销售深度与广度；成熟期，在行业竞争激化的形势下，对产品进行差异化改进，扩大流通渠道；衰退期，正确认识产品老化的程度，一方面维持、集中收益战略，确保生产率；另一方面加速产品的更新换代，以同类或异类新产品取代老产品，使老产品退出市场。

2）加强营销管理

对于售后服务、市场推广之类的风险完全可以通过加强管理来克服。强化售后服务意识和营销队伍建设是防范该类风险有效的办法。吸纳、任用既掌握营销能力又掌握技术知识的营销人才，建设坚强有力的营销队伍，是防范市场风险的有效手段。

3. 财务风险的防范方法

1）择优投放项目

将有限的资金用在高效的产品上，选择高效率的项目是防范财务风险的关键。通过各种投资分析方法，在初期选择好投资项目，是创业的关键，一个好的项目基本上决定了创业活动能否成功。为防范财务风险，企业必须采用科学的决策方法。在决策过程中，应充分考虑影响决策的各种因素，尽量采用定量计算的方法并运用科学的决策模型进行决策。对各种可行性方案要认真进行分析评价，从中选择最优的决策方案，切忌主观臆断。例如，对固定资产投资，应采用科学的方法计算各种投资方案的投资回收期、投资收益率、净现值及内部收益率等指标，并对计算结果进行综合评价，在考虑其他因素的基础上选择最佳的投资方案。又如，在筹资决策过程中，企业首先应根据生产经营情况合理预测资金需求量，其次通过对资金成本的计算分析及各种筹资方式的风险分析，选择正确的筹资方式，确定合理的资金结构，在此基础上做出正确的筹资决策，以降低成本，减少风险。按照以上方法做出的决策，产生失误的可能性大大降低，从而规避因财务决策失误带来的财务风险。

2）优化资金配置，实现资金增值

创业企业可以通过资金优化配置来降低财务风险。例如，企业可以在保证资金充足的前提下，适当降低负债资金占全部资金的比重，以达到降低债务风险的目的。当市场不可测因素增多、股票价格出现剧烈波动时，企业应及时降低股票投资在全部对外投资中所占的比重，从而降低投资风险。在生产经营活动中，企业可以通过提高产品质量、改进产品设计、努力开发新产品及开拓新市场等手段，提高产品的竞争力，降低因产品滞销、市场占有率下降而产生的不能实现预期收益的财务风险。另外，企业也可以通过付出一定代价的方式来降低产生风险损失的可能性。例如，建立风险控制系统，配备专门人员对财务风险进行预测、分析、监控，以便及时发现并化解风险。企业也可建立风险基金，如对长期负债建立专项偿债基金，以此降低风险损失对企业正常生产经营活动的影响。

3）最小化不可回收资产投资

创业者的投资中蕴含的风险是很大的，要想降低这类风险，就应该对不可回收资产的投资最小化。风险越大，创业者失败后的损失越大，这两者之前是强的正相关关系。因此，对不可回收资产的投资最小化可以最大限度地减少损失。如果创业者投资在具有高回收价值的资产，就算创业者的新项目失败了，也可以通过资产回收弥补损失。因此，在投资风险确定的情况下，创业者可以大量投资于具有高回收价值的资产，而少量投资于具有低回收价值的资产。

最小化不可回收投资的一种比较简单易行的方法就是投资标准化的投入品，而不是进行个性化投入品投资。普通的办公设备可以很容易就将其转手，从而就提高了资产的回收价值。定制的办公设备只适用于本企业，其他企业是不会要的，因此资产的回收价值就很低。不过要注意的是，并不是说所有的资产都用标准性的设备，就像前面所提到的，有些产品非得用特殊的生产设备或是生产线，如果用标准化的设备反而会造成损失。另外，是否有专用性投入还要看这种投入能否为企业带来竞争优势，如果带来的竞争优势所产生的价值大于进行这类投资的成本，那么新企业还是要进行这种专用性的投入的。

还有一种最小化不可回收投资的方法就是通过租赁而不是购买，以获取这类无回收价值的资产。例如，创业者可以租赁卡车而不是购买卡车，因为卡车基本上就是回收价值为零的资产，对于资金不是很充足的创业企业来说购买卡车就没有必要。

另外一种方式是增加可变成本投入，减少固定成本投入。固定成本是在生产之前就已经发生的，极有可能难以补偿；而可变成本是依赖于产品或者服务的生产过程的。两者相比，可变成本带来的风险更小。可以将固定成本转化为可变成本，创业者可以将生产过程外包出去，自己保留核心技术，即利用合同生产者进行产品生产，利用合同销售进行销售，而不是自己建立厂房或者雇用员工进行生产与销售。这样，固定厂房的投入就转化为可变成本。以上这些均是防范创业企业财务风险的一些常见方法。

创业企业风险管理是对各种风险的认识、控制和处理的行为，要求研究风险发生的规律，估算风险对社会经济生活可能造成损害的程度，并选择有效的手段，有计划、有目的地处理风险，以期用最小的代价，获得最大的安全保障。风险管理的过程包括风险识别、风险评估、风险处理、风险监控。创业者应当针对不同的风险采取不同的防范管理办法。

本章小结

本章针对创业企业的特点，从市场营销、财务管理、人力资源管理、风险管理四方面说明创业企业管理应该关注的要点。对于创业企业来说，对外要进行市场细分，选定目标市场，精准进行市场定位，制定合适的营销策略；对内要建立基本的财务控制系统和人力资源管理系统，保障企业运行平稳。最后，要对企业面临的风险进行系统思考，预估风险并制定相应的防范管理措施确保企业生存与发展。

思考题

1. 创业企业为什么要进行市场细分？
2. 创业企业有哪些创新的营销策略？
3. 什么是资产？如何进行分类？
4. 什么是成本？如何估算成本？
5. 什么是现金流量预估表？如何编制？
6. 什么是损益表？什么是资产负债预估表？
7. 人力资源管理通常包括哪些内容？
8. 创业企业的员工培训与传统企业有哪些不同？
9. 风险的基本特征对风险管理有哪些借鉴之处？
10. 创业风险的防范要注意哪些方面？
11. 如何加强风险管理？
12. 创业企业风险防范有哪些步骤？
13. 创业企业如何防范技术风险？
14. 创业企业如何防范财务风险？

案例分析

誓要"站着挣钱"的拉勾网

拉勾网定位于互联网行业垂直招聘，成立于2013年7月，团队由3W咖啡的三位创始人带领：许单单任董事长，马德龙任 CEO，鲍艾乐任 CMO（chief marketing officer，营销总监）。网站于 2013 年 7 月上线，成立初期即获得徐小平、曾李青等人的 200 万元天使投资。2014 年 8 月，获得 2500 万美元融资，估值高达 1.5 亿美元。2016 年 3 月，拉勾网正式对外宣布获得 2.2 亿元 C 轮融资，由弘道资本领投，启明创投、荣超投资等机构跟投。截至 2014 年 7 月，拉勾网已有超过 20 000 家互联网公司入驻，其中既有百度、腾讯、阿里巴巴等成熟稳重的大企业，也有聚美优品、锤子科技、小米等高速成长的行业新秀。企业覆盖领域包括移动互联网、电子商务、社交网络等 25 个互联网细分市场。

创业期间不怕拍桌子

与大多数创业团队一样，拉勾网上线早期创始人团队也经历了分歧。作为一个标准的联网公司，拉勾网对效率驱动力非常重视，"我们解决问题最直接的方式就是关起门来吵架，但分歧一定会得到快速解决，出了屋子就要执行。"

"那一次我直接拍了桌子。"马德龙回忆，拉勾网创立早期他与许单单在一次战略会议上就业务拓展问题产生了严重分歧，"我提出了 PC、移动、HTML5 和微信四个业务方向，却被许单单砍掉了一半，当时真的很愤怒。"对此，许单单解释，拉勾网当时处于创业初期，在财力、精力和市场资源均极为有限的情况下必须有所取舍。经过一番激烈的争执，三位创始人最终达成共识，推迟了移动端和 HTML5 业务的研发计划。而正是因为当初许单单强调的聚焦和专注，才有了今天的拉勾网。

未来规划：做细分市场老大

许单单之前专门研究过中美在线招聘市场，并参考美国范本做出了拉勾网的整体商业计划。许单单认为，招聘网站中只有 IT 行业存在成功的垂直网站，相较于金融、地产等传统巨头产业，IT 行业出现新公司的机会和吸引力都更大，客观上导致了人才流动的活跃性，所以 IT 行业是唯一能撑起大型垂直网站的行业。

从规模角度看，互联网行业招聘市场的盘子将在 20 亿～30 亿元，但这一市场份额已经触及行业天花板。所以，拉勾网的目标是做一个小而美的龙头老大。至于拉勾网的故事如何继续，则要根据未来行业发展情况而定。

"找我没戏，认错、写保证书可以重新开启。"无论是京东、链家等业内巨头，还是诸如特斯拉一类的海外大鳄，只要不按照拉勾网限定的企业标准，就会被强行下线。"我们对企业很强势。因为在这个行业信息失衡，优秀人才也极度稀缺，要求我们必须保护求职者的利益，而这样也是在保护企业的利益。"马德龙表示。尽管面向企业端用户收费，但"站着挣钱"已经融入拉勾网的创业基因中。

资料来源：安宏. 拉勾网的新故事：互联网垂直招聘如何撑起高估值[EB/OL]. DONEWS.http://www.donews.com/ net/201408/2831280.shtm?mobile

讨论题

1. 拉勾网的创业团队有些什么特点？这些特点对其发展有什么价值？
2. 拉勾网在建立之初，是如何处理发展速度与业务规模的关系的？
3. 拉勾网在与企业用户的对弈中，所坚持的企业理念对其发展有什么重要价值？

第九章 典型创业形式

学习目标

1. 了解网络创业的概念和特点。
2. 了解技术创业的内涵和特点。
3. 熟悉技术创业的过程。
4. 了解社会创业的特征。
5. 掌握社会创业者的特点及与其他创业者的区别。

导入案例

汪洪波（化名），毕业于武汉大学，在日资企业 Topcon 和美国企业 Trimble 各工作了一年半后自己创业成立了测绘公司，公司经营良好，数年后年产值便已达到了 2000 万元以上。但随着社会环境及行业发展的变化，汪洪波感觉公司的测绘业务面临瓶颈，转型迫在眉睫。

2017 年，汪洪波组建了强的大技术团队，在大数据产业领先发展的贵州省成立了数据有限公司，专攻激光雷达技术。功夫不负有心人，团队技术研发取得了重大突破，成功掌握了三维快速建模相关技术，并居于世界前三的领先位置。踌躇满志的汪洪波将技术应用投向两个极具前景的领域：一是无人驾驶领域的高精地图，二是将会颠覆传统测绘的三维城市高精度、高效率多场景应用模型。目前该技术在这两个领域初步取得了一定进展，在银川智慧城市重点建设项目中成功中标，同时与多家无人驾驶领域的投资方在洽谈中。

当今的中国处在"大众创业，万众创新"的浪潮下，越来越多的人选择自主创业。网络创业、技术创业、社会创业等各种形态的创业如雨后春笋般展现出蓬勃生机。那么，具体而言，各种创业形式各有怎样的特点呢？

第一节 网络创业

2019 年 2 月 28 日，中国互联网络信息中心（CNNIC）发布的第 43 次《中国互联网络发展状况统计报告》显示，截至 2018 年 12 月，我国网民规模达 8.29 亿，手机网民规模达 8.17 亿，全年新增手机网民 6433 万；全年新增网民 5653 万，互联网普及率为 59.6%，较

2017年年底提升3.8个百分点。移动互联网与线下经济联系日益紧密，并推动消费模式向资源共享化、设备智能化和场景多元化发展。互联网改变了人们的生活，同时也提供了全新的创业形式。

如今，人们的生活已经越来越离不开互联网，互联网创业的浪潮也是一浪高过一浪，从国外社交网络Facebook创始人马克·扎克伯格到国内阿里巴巴董事长马云、腾讯总裁马化腾等国内外知名网络创业成功的榜样，激励着年轻人投入互联网创业或者是相关从业中，尤其对于学习能力强、知识储量大、易于接受新生事物的大学生，在中国互联网、大数据等新兴产业蓬勃发展的趋势下，纷纷投入网络创业领域，使得网络创业越来越受到重视。

一、网络创业概述

本书将网络创业定义为"创业者在互联网环境中把握并利用市场机会、协调资源、创建组织以开展新业务的商业活动"。网络创业是一种以互联网为载体进行的创业活动，互联网这种新的技术和传播手段展现出比以往任何一种渠道（媒介）更加强大的传播力，互联网技术大大拓宽了人们实现创业的空间和手段，所以，网络创业具有以下区别于其他创业活动的特点。

（一）大众化

一般的创业活动不仅需要创业者对行业有相当程度的了解和专业知识的积累，还需要一定数目的资金投入，特别是对于传统实体经济，通常需要相当数量的人力、物力、财力等资源投入。而网络创业则呈现出较为宽松的准入条件，只要拥有一定程度的知识储备，再加上一台接入互联网的计算机，你就可以创业了。互联网上极其丰富的各种资源都可以被创业者免费试用或支付少量费用，只要能够引起别人的注意，而且没有违反相关的法律法规即可。例如，在中国最大的社交媒体新浪微博上，就有一些用户通过发布有趣或有用的内容吸引几十万甚至上百万的粉丝关注，成了所谓的"网红"，即可利用该微博账号作为广告平台盈利。而在淘宝网等C2C（customer to customer，个人对个人的电子商务）网站开设网店，则无须支付店铺租金和装修费用等实体铺面的必要支出，通过节约成本创造的低价吸引客户，而在互联网上的客户又不受地域限制，你的客户可能来自任何地方，甚至是地球的另一端。

（二）创新要求高

网络创业虽然大大降低了创业者的进入门槛，但能进入并不意味着每个人都能成功。由于互联网包含海量信息，如何使创业项目在互联网上迅速传播并脱颖而出呢？这就意味着创意要出奇方能制胜。例如，近年来网络盛行的"炒作"行为，为了博人眼球甚至不惜制造谣言，危害社会安全。作为一种商业行为，仅有新奇是不够的，更重要的是发现未满足的需求，甚至是创造需求。网络创新有很多种形式，可以是一种新的商品，如网络平台上的虚拟货币，如可以购买腾讯服务的Q币、游戏中的虚拟货币；也可以是一种新的形式，如MP3等音乐文件的上传下载；也可以是一种平台，如淘宝网、京东、当当网等网络购物平台；也可以是新的运营模式，如近几年蓬勃发展的网络新媒体。在互联网中，只要是别人没有想到，或者想到没有达到，而你想到并且把它做出来了，就有可能获得成功。中国的阿里巴巴、腾讯等就是比较成功的案例，它们的产品在最初可能是一种新的技术或者新的形式；同时也涌现出很多成功的小型互联网企业，如现在的网上律师事务所、网络医疗咨询等正发展得如火如荼，深受网民追捧。

（三）扩张速度快

鲍勃·麦特卡尔夫提出的麦特卡尔夫定律认为：网络价值与网络用户数量的平方成正比，即 N 个连接能够创造 N^2 的效益。例如，如果只有一部电话，那么这部电话实际上就没有任何经济价值；如果有两部电话，则这个电话网络的经济价值等于电话数量的平方，也就是会从 0 上升到 4；如果再增加一部电话，则其经济价值将上升到 9。也就是说，一个网络的经济价值是呈指数级上升的，而不是算数级上升。由此可见，网络的扩张速度是难以想象的，现在中国有 8 亿多网民，因此即使只有 1% 的人对你的东西感兴趣，那么这个网络的经济价值也将是惊人的。互联网的出现，开启了一个信息大爆炸的时代。

网络打破了传统经济发展的边际收益递减规律，传统经济会随着产品的增加，导致成本增加而收益降低，而且其发展壮大通常是一个长期积累的过程。而在网络世界则不会受此限制。网络世界里生产产品的成本因为其虚拟性并不会有很大的改变，而且使用的人越多，收益越高，一夜暴富不再是神话。同时，由于"技术锁定"效应的存在更加强了这种趋势。所谓"技术锁定"就是当使用每种产品或技术以后会形成习惯性，以后也会继续使用这种产品或技术，并且使用者还会不断地向周围人扩散，我们使用的微软 Windows 操作系统就是一个典型的例子。所以，成功的互联网公司崛起的速度是非常迅速的。

（四）竞争范围广

竞争无处不在，虽然在实体经济中也存在激烈的竞争，但是从来没有像互联网上的竞争如此激烈。在实体经济中，企业之间的竞争通常会因为行业、区域等因素局限在一定范围内，不同的国家和地区在法律、文化、资源上千差万别，因此竞争通常发生在一定范围之内。但是互联网的出现打破了这种局限，只要把产品放到网上，无论在什么地方，不管有什么样的文化传统，所要面对的竞争来自全球范围。因此，每一个互联网创业者要从一开始就准备好面对来自全国或是全球的广泛竞争。例如我们最常用的国内社交软件微博就必须面对 Facebook、Twitter 的直接竞争。

（五）创业形式多样化

互联网以其指数级的传播方式和创造性的特点，极大地拓展了创业的多样性。可以是"互联网＋"的创业模式，将实物与虚拟结合，通过互联网带动实体经济增长；也可以是完全的虚拟模式，如各种社交软件的快速发展；还可以是一种服务，如提供信息搜索或咨询服务。互联网创业没有形式的好坏，关键在于能否通过足够的创新吸引人们的注意力。

（六）融资渠道多样化

互联网创业的资金来源比传统行业广泛，传统行业的资金来源多是自有或是银行贷款，而互联网创业最主要的资金来源是风险投资。传统行业的贷款必须连本带利偿还，而风险投资是与融资企业共担风险。很多创业者也许无法取得银行贷款，但是只要他们有好的创意，设计了切实可行的盈利模式，就有可能获得风险投资并取得成功。

互联网创业的这些特点，使得互联网成了一片广阔的"蓝海"，人们已经不甘心于观看那些互联网创业传奇，纷纷加入进来。现在全世界已经进入网络创业的大时代，每个网民都可以通过互联网挖掘价值，一个好的创意即有可能创造巨大的网络商业价值，网络创业无处不在。

二、网络创业的商业模式

无论是何种形式的创业活动，创业者都必须找到一个适合自身的商业模式，并适时调整与不断变化的外部环境相适应，才能获得可持续的竞争力，从而保证企业的生存和发展。网络创业也不例外。影响商业模式的主要因素有三个：商务模式、商务运作的环境和环境的变化。对于互联网创业企业，商业模式更是决定其生存和发展最为重要与首要的因素。互联网企业的发展，最关键的就是要扩大市场份额，抢占用户群体，实现更好的绩效表现。所谓商务模式，就是在生产经营中，企业所采取的一系列盈利的方式和体系。互联网企业的商务模式琳琅满目，不仅在不同产业之间存在差别，而且在相同产业中不同企业的商务模式也不尽相同。对互联网企业的商业模式进行概括分类，一般可以分为广告商模式、信息中介模式、经纪商模式、销售商模式、社区服务提供商模式、内容订阅服务提供商模式、生产商模式、效用服务提供商模式八大类。

（一）广告商模式

互联网企业通过在其所运营的网站上添加图案、特殊按钮、分类链接等手段来吸引潜在的客户，向他们提供某种产品的信息，提供商品的企业向互联网企业支付一定的广告费用。广告商模式可以进一步分为如下四种。

（1）大众化的门户网站。大众化的门户网站面对大众，访问量很高，每天的访问量都能够达到几百万人次，这些网站提供多元化的内容并对其进行分类（如新浪、搜狐等），巨大的访问量成为广告的理想场地，因此很多传统企业通过互联网来扩大其知名度。大量广告的加入不仅丰富了网站的内容，方便了消费者，更重要的是为门户网站提供了赖以生存的基础——广告收入。

（2）个性化的门户网站。大众化的门户网站能够提供多元化的内容，但是不能兼顾个人的爱好，对有些访问者来说，多元化的同时也意味着多余。因为其只对某一方面的内容感兴趣，如体育，那么多元化的内容同时给他带来了访问的麻烦——寻找信息不太便利。因此，个性化的门户网站应运而生。个性化的门户网站就是给网站的每个注册用户提供个性化的内容和服务，使其能够从一开始就省去了很多的麻烦。这样的网站由于访问量没有大众化的门户网站那么高，因此有些网站就要求收取一定的费用，但是它能够提供用户所喜欢的内容。

（3）专业化的门户网站。专业化的门户网站是在某一个方面，专注、专业地提供某个方面的内容。例如汽车之友网站，这个网站的访问者都是汽车的爱好者，他们关注汽车的最新动向，讨论汽车的各种问题，表达自己对汽车的各种心得。网站的作用就是给他们提供一个良好的平台，同时提供相关的最新信息，包括新的产品、活动、政策等。

（4）免费模式。网站提供各种各样的网络服务，如免费浏览网页、免费网站托管、免费的电子贺卡、免费邮箱等。完全免费是很难做到的。因为企业必须有收入的来源，除非是政府的网站或者与某个行业的协会共同建立的网站。

（二）信息中介模式

在信息中介模式中，企业通过互联网收集客户身上有价值的东西，如他们的爱好、购买的习惯、收入水平等，然后将这些资料卖给需要的公司，帮助它们为客户提供更好的服务或者发展新的客户。这些信息媒体有的时候为了获取信息，会给予用户一定的奖励。信息中介模式可以分为以下两类。

（1）评价系统模式。用户可以利用这类网站交流对产品或者服务质量的看法或者建议，还可以根据自己的经历来给提供商品或者服务的企业评分，从而为新的消费者提供消费的信息；同时，也对市场中的企业进行区分，保证了消费者的利益并促进了市场的优胜劣汰。

（2）注册模式。注册模式一般用于以提供内容为主的企业，如电影、电子书籍、歌曲的下载和在线浏览。注册模式可以对用户进行追踪，搜寻有用的用户信息，也可以实行有效的广告策略——给用户发送邮件或者当用户上线时发送提示信息。

（三）经纪商模式

在经纪商模式中，网络企业作为市场的中介商将买者和卖者结合起来，并从他们的交易中收取费用。他们可以是 B2B、B2C、C2C 或 C2B 的经纪商，如携程网、淘宝网等。经纪商模式还可以进一步地分为如下五类。

（1）买卖配送。买卖配送是指买卖双方在线订购和提供商品或者服务。买者通过系统发出订购的需求，并填写个人资料，如身份证明和地址、联系方式等，卖者从系统接收到信息，并按照系统提供的具体信息提供上门或在线的商品或服务，如快餐的配送、股票的买卖等。

（2）市场交易。市场交易是 B2B 电子商务模式中比较普遍的一种。相关行业或者企业在网络企业的网站中提供买卖商品的相关信息，双方如果觉得满意就可以通过经纪商（互联网企业）的网上交易平台进行交易，互联网企业从中按照交易的数额或者批次收取一定的费用。

（3）虚拟商城。虚拟商城里面会集了很多的在线经销商，经销商向虚拟商城交纳一定的会员费、每月列表费和交易佣金，虚拟商城和大众化的门户网站结合能达到很好的效果。

（4）后中介商。后中介商联系买家与在线经销商，提供金融解决方案和质量保证。它和虚拟商城有相同之处，但是后中介商也可以进行交易，并提供订单追踪、提单和托收服务。后中介商通过保证消费产品和服务来保护消费者的利益。

（5）拍卖经纪商。拍卖经纪商为卖主提供网上拍卖服务。拍卖经纪商收取佣金，佣金一般按照交易额的一定比例收取。拍卖时，卖主定出底价，买主通过竞价，出价最高的得到该商品或服务。还有一种反向拍卖交易模式，就是由买主定出底价，当出现符合买主要求的商品或者服务的时候由拍卖经纪商决定买卖的达成。例如美国的 eBay 就是一个可让全球民众上网买卖物品的线上拍卖及购物网站。

（四）销售商模式

销售商模式就是在线销售模式，批发商和零售商通过互联网销售它们的货物或服务。货物可以通过列出价格或拍卖方式售出，包括虚拟销售（销售比特产品或者其他产品或服务）的商家、目录销售商、网上网下渠道并存的销售商和比特产品的销售商。

（五）社区服务提供商模式

网络社区是指以论坛（BBS）为基础核心的应用，包括公告栏、群组讨论、在线聊天、交友、个人空间、无线增值服务等形式在内的网上互动平台，同一主题的网络社区集中了具有共同兴趣的访问者。网络社区主要包括两种类型：一种是以天涯（tianya.cn）、猫扑（mop.com）、西祠胡同（xici.net）等为代表的综合型、大型虚拟社区平台，拥有较为庞大的用户群体和较大的社会影响力；另一种是基于地方或某些垂直领域的中小型论坛，如落伍者（im286.com）、商都信息港（shang-du360.com）。

（六）内容订阅服务提供商模式

内容订阅服务提供商模式一般应用在内容服务上，如电影、歌曲、电子书籍、电子报刊、论文数据等。这些产品有些是免费的，但是很多比较好的、有特色的产品都需要付费，因为这些网站专业性比较强，广告的收入有限。但是这些网站一旦做大之后，凭借其规模效应，其收益相当的可观，如在国际上比较著名的数据库网站 CA（美国化学文摘）、ARL（Academic Research Library）等。

（七）生产商模式

在生产商模式中，生产商努力通过互联网直接接触最终用户，而没有通过中间商（批发商）和零售商。在这种情况下，生产商可以直接了解产品的销售情况，了解消费者的爱好和需要。这样既节省了调查的成本，也节省了中间流通环节的费用和成本，大大提高了效率。现在很多的企业产品，包括汽车、计算机、化妆品等，都可以在网上销售，也可直接根据消费者的需求组织生产。这种模式使工业生产从大众化走向个性化。

（八）效用服务提供商模式

效用服务提供商模式是根据用户访问的数据量进行计费的，这种模式的优点就是最大限度地节约网络资源。现在采用这种模式的不是很多，主要是随着计算机和网络硬件技术的发展，网络容量不断地拓展，这种节约也就不是那么必须了。另外一个原因就是在买方市场的今天，这种方式会令潜在客户望而却步。因为浏览时按照访问的信息量进行收费，那么在用户第一次访问的时候就必须付费了，而这个时候用户还不能决定是否要用这个网站的资源，不利于发挥体验营销的优势。

互联网创造了很多致富神话，但是互联网也产生了很多的泡沫，其原因很重要的一点就是商业模式的模仿性太强。由于互联网企业的进入门槛比较低，很多投机者看到其他的投资者成功了，就迫不及待地创立相同的或者完全一样的企业，由于没有做好事先的准备，因此很多人失败了。商业模式也需要不断地创新。只有发现创新的商业模式，才能在竞争日益激烈的市场中夺得一席之地。

第二节　技术创业

技术是互联网的起点，是互联网发展的基本逻辑。当今世界因互联网越来越网络化，对互联网知识技能有所掌握的人不难找到将技术知识与市场需求对接的机会，但一定的创业基础和技能是创业获得成功不可缺少的条件。技术创业对于经济发展和推动改革具有十分重要的意义，因此对于中国经济转型背景下的技术创业需要更加深入地探索。

一、技术创业的内涵和特点

技术创业是创业的一种特殊形式，是技术开发及商业化的重要方式。但是技术创业并不是简单地将技术发明创新转化成商业成果的过程，在技术创业的过程中可能还需要融资，将发明创新转化成产品或者服务推出市场，这就需要稳定的市场运营和有效的营销手段。因而，一些科研人员或是工程师虽然可能拥有不错的发明成果，但是却不一定能取得创业上的成功突围。因此，技术创业主要是指利用科学和工程上的突破性技术为客户开发更好的产品或服务，类似于创业的组织创造观和机会观，技术创业的定义也存在组织创造视角和机会视角，组织创造视角包括扎赫拉等将技术创业定义为由独立的个人或公司创建的，旨在利用技术发现的新企业；加拿大工程学会则认为技术创业是一个或几个人对科技知识的创新运用，为了达到自己的愿景和目标，建立并经营一个企业，承担财务风险。从机会视角多尔夫和拜尔将技术创业看成一种基于识别高潜力、高技术性商业机会的企业领导方式，包括会集人才和资金资源，以及利用重要而适时的决策制定使技能管理快速增长。加鲁德和凯伦则认为，技术创业不仅是机敏的个人发现已经存在的机会和推测其未来发展趋势，而且包括通过整合和转移现有资源创造新机会的过程。谢恩和文卡塔拉曼则将技术创业定义为创业者组织创业公司使用的组织资源、技术系统和战略以追求机会的过程。无论是组织创造观还是机会观，都认为新奇（novelty）和动态（dynamics）是技术创业的核心内容。

综上所述，技术创业通常具有技术、创业和创新三个必要特点。纯技术和创新是技术创新的内容，而纯技术与创业是一般创业，纯创业与创新是普通创业或创新。只有同时具备技术、创新和创业三个特点的创业活动才叫技术创业。这说明技术创业不是简单地复制别人的技术，而是在技术创新的基础上，形成自身的核心技术优势，融入产品服务当中，利用技术创新成果开发市场，才是一个完整的技术创业过程。

技术创业的三个特点如图 9-1 所示。

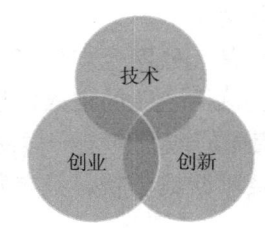

图 9-1　技术创业的三个特点

二、技术创业者的特征

技术创业者一般是掌握较高程度科技技能或专业知识并具有技术从业背景，能迅速把握市场机会、创办科技型企业并实现技术价值的创业者。近年来，中国新一代技术创业者呈现出一些值得关注的特点，如在性别比例上的男性优势、创业领域趋于广泛化、学历水平越来越高等。

一般来说，技术创业者具有以下几个方面的特征。

（1）技术创业者的创业优势在于拥有他人所不具备的专业科技知识和将其转化为商业价值的能力。技术创业者的专业水平对于创业成败至关重要，科技发展日新月异，在瞬息万变的市场变化中，能够掌握最新前沿技术的技术创业者就拥有了在第一时间满足新的市场需求的机会，但是这也要求技术创业者具有敏锐的市场嗅觉来发现新的市场需求并将技能知识转化为可以市场化的产品或服务。有研究显示，技术创业者的专业技术水平与公司的绩效高度相关。创业者在技术创新方面拥有的经验和专业技术越多，他们用于培养管理企业技能的时间就越短。

（2）技术创业者创业的目的是实现技术价值。技术创业活动的初衷很可能是科技兴趣或是科学理想的推动。技术价值的实现是技术创业者从事创业活动的目的，在实现技术价值的同时也带来了社会经济的发展和人们生活水平的提高。

（3）技术创业者实现技术价值的方式是创办科技型企业。技术创业者通过建立科技型企业，将技术创新活动转变为有市场价值的活动。在技术创新成果转化为市场价值的过程中，需要如融资、市场运作等一系列相关活动的配合，技术创业企业的良好运转是技术创业者实现技术价值的重要途径。

（4）技术创业者的一个重要特征是能够及时、准确地做出战略转变。把握技术机遇、适应市场需要是技术创业活动持续进行的重要基础。特别是科技产品服务必须与时俱进，持续的技术创新能够带来创造性的改变。例如，苹果依靠其独有的技术优势，在全球范围内的手机等科技产品市场上一家独大，每一次新品发布会都会吸引全世界的关注，同时也为企业带来了巨大的利润和收益，但是苹果仍持续投入大量的人力、财力用于技术创新来应对时刻变化的市场需求和同行业者的猛烈追逐。

三、高新技术创业的关键因素

我国当前正处于经济转型的重要时期，高新技术企业是推动改革进行的重要动力之一。但是高新技术创业相比一般技术创业要承担更大的风险,这些风险因素主要来源于技术风险、市场风险和财务风险三个方面。因此,高新技术创业需要更加重视风险管理来保证其生存和持续发展,本书在总结相关研究的基础上,提出以下两个对于高新技术创业活动十分重要的因素。

(一)企业家精神

政治经济学家约瑟夫·熊彼特认为,企业家是企业的灵魂。对于高新技术创业企业来说,企业家更是核心所在。企业家的基本素质是创业成功的基础,而创新则是创业企业成功的关键。在激烈的市场竞争中,唯有富有创业精神的企业家敢于和善于逆水行舟。富有创业精神的企业家能够把握机会,审时度势,紧密关注市场变化,即便企业规模已经很大,市场占有率已经很高,他们也不会忘记自己的企业还处在创业阶段,富有创业精神的企业家是高新技术企业持续发展的领航员。

(二)掌握核心技术

技术支持是保证企业竞争力的关键,对于核心技术的掌握更是高新技术企业发展至关重要的因素。过去,西方国家就依靠对高新技术的垄断对一些发展中国家实行技术封锁或是攫取高额利润。在企业层面,核心技术决定了企业的市场占有率和利润率。全球芯片巨头美国 Inter 公司凭借其先进的技术将竞争者甩在身后,而芯片是一台计算机的核心,因此计算机制造商不得不依靠 Inter 公司品质优良的芯片,正是因为对核心技术的掌握成就了 Inter 公司在全球芯片市场的领头羊地位。

四、有效的激励机制

在相同的外部环境下,某个企业能否持续技术创新,首先取决于该企业能否构建一套诱发员工创新的激励机制。不同员工的个人需求在企业内部的地位和作用是有差异的,因此需要对各级各类员工采取分类激励办法,技术创新首先要靠创业者来推动和组织,高新技术创业的技术风险首先是由创业企业家承担的,对企业员工采取"产权激励"的激励制度是最为有效的,采取"广义报酬"的激励制度效果次之。所谓广义报酬,就是将物质报酬与精神报酬两者有机结合,对技术人员的激励如果不到位,片面强调"约束"是没用的。

对企业内部职能部门负责人、生产经营单位负责人应充分授权,建立"垂直流动"升迁制度,适当提拔重用,精神鼓励和物质鼓励相结合。他们如能在企业内部岗位上实现个人的事业心,就会乐于配合创业企业家的努力,否则,他们就可能与创业企业家"离心离德"。

要从使研究开发人员"各展其能"的角度,来设计对研究开发人员的激励机制。要保障研究开发人员获得等量于个人贡献的个人收益。要承认研究开发人员对个人创造的知识性资产的所有权,要承认职务研究开发成果应由个人与企业"共同占有"。这既是保障研究开发人员获得与个人贡献相符的个人收益的基础,也是体现个人贡献差异的一个尺度。要给研究开发人员以"继续教育投资"。因为个人占有的知识量代表着研究开发人员个人拥有的资本量。迫于生存竞争的压力和发展的欲望,研究开发人员必然会更多地关心自己的知识更新与积累。

对于一般员工,要让他们看到参与企业创新对个人未来发展的好处,因为创新是对生产要素进行新的组合,员工要适应新的要素组合关系,存在"转换成本"问题,如要学习新知识,调换工作岗位,甚至在某个创新项目完成之后,自己要待岗再就业。如果员工看不到未来可能得到的新增利益,他就会对企业的创新持消极态度,甚至会产生抵触情绪。对员工要公平,包括获得与个人贡献等量的个人收益,公平地获得升迁机会。否则,认为企业对自己不公平的某些员工,就会"搭别人创新的便车",在企业创新中"出勤不出力",这显然不利于创业企业的发展。

五、合理的项目选择

要恰当地选择技术项目,需要在广泛调查的基础上进行产品分析和工艺分析。还要评价项目的预期财务效益,主要是测算项目的投资收益率、财务净现值、财务内部收益率、动态投资回收期、规模经济性以及风险收益。

产品分析应主要评价新技术产品的先进程度,与同类产品或相近产品的比较优势、市场前景。新技术产品的先进程度,往往表现为产品功能的先进程度及预期成本水平的高低。判断新技术产品与同类产品或相近产品的比较优势,则需要将新技术产品的功能、成本与同类产品或相近产品比较,以判断新技术产品是否可能形成比较优势。判断新技术产品的市场前景,需要分析新技术产品是否会遇到难以克服的市场进入壁垒,预期市场竞争态势及本产品可能的竞争能力,可能创造或占领的市场容量,其他产品替代该产品的可能性以及该产品的市场成长速度,特别是新产品的市场从孕育到成熟需经历的时间长短。还需要判断新技术产品的长期成长趋势,即有无可能形成新产品链、新产品群。

六、稳定的资金支持

新产品的发展可分为四个阶段,不同阶段需要不同的资金支持:研究开发期需要的是种子资金,以使产品进入市场;成熟期需要的是投资银行的资金,以扩大产销规模;维持期需要的是商业银行的资金,以维持市场份额。不难看到,高技术创业企业的成功需要风险投资资金的支持。例如,近年来,我国不少高技术创业企业的技术创新活动较为活跃,这与风险投资资金的支持有着密切的关系。

七、较快地进入市场

高技术产品市场竞争激烈,新产品要创造市场,要么极难,要么极易。但进入市场晚了势必失去机会。美国一学者的研究结论是,如果几家企业同时起步开发某种新产品,若某个企业的产品晚3个月进入市场,将至少比其他早进入企业的利润率低30%,市场占有率低40%;若晚半年进入市场,则将至少比其他早进入企业的利润率低50%,市场占有率低60%。在美国硅谷,高技术创业企业一个共有的意识是:快!晚了就没有机会和地位了!而且,较高的市场占有率比获取暴利更为重要。只要获取了较高的市场占有率,企业就可能获得源源不断的现金流。

八、加强技术服务

高技术产品的销售需要很好的售前、售中、售后技术服务。特别是用户往往不具备产品技术方面的知识,需要企业提供优质的售前、售中、售后技术服务。一个典型的例子是,国内不少生产洗碗机的企业产品销售并不顺畅,然而,上海某家企业的产品却产销两旺。一个重要的原因就是,该企业十分重视售前、售中、售后技术服务,用户使用该企业的产品,随时可以得到该企业周到的技术服务,用户自然十分放心。

第三节 社会创业

中国是世界上最大的发展中国家,在经济结构性转型以及创新型国家建设的过程中,需要面对许多亟待解决的社会问题,为了应对这些挑战,人们不断探索和创新能够有效解决社会问题并满足复杂社会需求的方法与途径。因此,兼顾商业和社会价值的社会创业活动应运而生,在刺激经济增长的同时,还能够改善社会福利。从创业层面看,社会创业将创新、创业的经济目标和社会目标结合起来,是一种新型、更高层次的创业活动。从社会层面看,社会创业是一种致力于解决社会问题的创业活动,为弱势群体服务,提供对社会有益的产品。在经济社会发展的瓶颈期,全世界正在兴起一股社会创业的热潮。

一、社会创业的概念

由于社会创业尚处于一个新兴阶段,学术界对于社会创业的定义并不统一。现有的相关研究大多从社会创业的产生动因、类别、影响因素、作用形式与机理等角度来诠释社会创业。社会创业有以下三种主要观点。

(1) 从社会创业的范围来定义。该观点认为,社会创业是一种混合模式,既包括传统的非营利组织为了实现可持续发展逐步地引入一些营利性的活动,也包括传统的营利企业基于提高企业形象承担社会责任而开展的社会活动。这一定义以学者 S. Johnson 为代表,他认为社会创业既包括营利组织的活动,也包括非营利组织的活动以及政府跨部门的合作。

(2) 从社会创业的价值主张来定义。社会创业和商业创业具有不同的价值主张。商业创业的价值主张是提供产品或服务来满足消费者的需求,创造经济价值。而社会创业的价值主张是从解决社会问题和满足社会需求出发去创造产品或服务,创造经济价值、社会价值和环境价值,重点是社会价值。这一定义以格雷戈里·迪斯为代表,他认为,社会创业包含两部分:一是利用变革的新方法解决社会问题并且为全社会创造效益;二是引用商业经营模式产生经济效益,但是经营所得不是为个人谋取利益。

(3) 从社会创业问题解决的创新性来定义。例如,斯坦福大学商学院创业研究中心认为,社会创业主要是采用创新方法解决社会焦点问题,采用传统的商业手段来创造社会价值(而不是个人价值)。英国社会企业联盟(Social Enterprise UK)对社会创业的定义是,运用商业手段实现社会目的。国内学者陈劲和王皓白(2007)指出,社会创业是一种在社会、经济和政治等环境下持续产生社会价值的活动。这种活动通过前瞻性地不断发现和利用新机会来履行社会使命与实现社会目的。虽然社会创业定义的角度不同,但其中包含和表达的共同要素有：社会问题、社会使命和目的、商业化的手段、经济价值和社会价值、可持续发展等。

本书认为社会创业应有广义和狭义之分。广义的社会创业是指采用创新性的方法，系统地分析社会需要，解决社会问题，从而实现社会价值的创业活动，运作的主体既包括营利组织，也包括非营利组织。而狭义的社会创业主要指非营利组织通过生产经营活动创造社会价值的过程。

二、社会创业者的特点

社会创业是一种特殊的创业形式，那么社会创业者具有哪些区别于一般创业者的特质呢？相关研究表明，虽然社会创业者与商业创业者有许多共同品质，但社会创业者更加注重创造社会价值和实现社会使命，因此社会创业者具有如下区别于一般创业者的特质。

1. 社会企业家精神

企业家和社会企业家的关键区别在于本身的价值主张。社会创业者肩负社会责任，以创造社会价值为使命。在社会创业的过程中，社会创业者更倾向于通过长期努力最终解决或者改善社会问题并提高社会福利，从而获得实现自我的成就感和满足感。

2. 建立愿景能力

建立愿景能力也是社会创业者区别于一般创业者的重要特质之一。社会问题的解决往往不是一个短期、简单的过程，而需要长期的不懈努力，在这个过程中需要社会创业者不断尝试甚至不断经历挫折，社会创业者只有通过建立适当愿景来不断激励自身，才能克服来自外部环境或是创业企业内部的各种问题。同时愿景也是社会创业组织吸引志愿者的重要保障，由于社会型组织不存在利益驱动因素，同时社会价值具有难以识别和归隐的特性，因此明晰的愿景可以使志愿者清晰地认识自身活动可能创造的社会价值以及最终解决社会问题的可能性，从而使志愿者和社会创业者为实现一个共同目标而不断努力。

3. 良好的信用网络

在吸引和激励志愿者建立共同愿景的过程中，社会创业者必须具备良好的个人信用和组织网络，才能有效获取所需的各种资源。首先，社会创业者在其所从事领域应具有良好的品德修养和一定的社会地位，这有助于组织愿景得到他人的认同和接受，同时也有助于形成社会创业范围内的扩散效应，使得到的解决社会问题的有效方法为其他人学习和模仿。其次，社会创业者应与政治、文化等外部环境以及其他社会创业单位建立广泛联系，这对于社会创业组织获取资源以及快速发展具有重要意义。

4. 联盟协作能力

由于社会问题的产生和解决往往是一个长期、复杂的过程，因此社会创业者仅凭自身力量单打独斗很难使问题得到最终解决，而建立拥有共同愿景的联盟更加有助于解决社会问题。例如，社会创业者需要同政府机构建立合作关系以获取政府津贴和宣传支持，需要同其他社会型企业建立联盟以获取资源方面的支持，需要同与自身愿景相关性强的社会性组织建立联盟以集中力量共同解决复杂问题，同时也需要与媒体建立合作关系以提高公众对于社会问题的关注度并获得广泛支持。

三、社会创业的特征

社会创业的内涵表明,社会创业作为一种新的创业模式,除了具有一般商业创业的特征外,又具有区别于商业创业的显著特征。社会创业的关键特征主要体现在其社会性方面。

1. 以解决社会问题为导向

社会问题的存在是社会创业存在的前提和土壤,传统的商业创业尽管也执行具有社会责任感的行为,如捐赠、采用环保材料等,但它们并不直接地面对社会问题。社会创业源自发现一些未被解决的社会问题或者没被满足的社会需求。"解决社会问题"是社会创业者的使命和终极目的,它们为解决社会问题而创造的产品或服务是直接与它们的使命相关的,它们雇用弱势群体或者销售与使命相关的产品或服务。社会创业主要受社会回报的驱动,其追求的是问题解决的社会影响最大化效果,用以动员更广泛的力量投入社会问题的解决。

2. 具有显著的社会目的和使命

社会创业的社会性特征最直接的体现是创造社会价值,具有显著的社会目的和使命。社会创业的使命表明社会创业者或机构采取创新的业务模式去解决相应的社会问题,因此社会创业者或机构在社会部门中扮演变革代理的角色,而履行这一角色的手段就是选择一项使命去创造和维持社会价值。与商业创业相比,利润(经济价值)虽然是社会创业的一个目标,但已不是主要目标,利润被再投入于使命之中而不是分配给股东。经济价值是社会创业的副产品。创造与使命相关的社会价值多少(而不是利润)是衡量一个社会创业者成功的主要标准。

3. 问题解决方式的创新性

与商业创业不同,社会创业所面对的社会问题在一定程度上具有紧迫性、棘手性、社会危害性等特点。因此,社会创业在解决问题时需要具有比一般商业创业更强的创新性。这种创新性既包括问题解决方式的创新性,也表现为解决问题的创新性。社会创业从根本上说要创造新的价值(主要是社会价值)而不是简单地复制已经存在的组织或模式。因此,社会创业者或组织需要进行创新和变革。发现新问题,开发新项目,组建新组织,引入新资源,最大限度地弥补"政府失效"和"市场失灵",有效地解决各种社会问题。创新性还体现在组织的跨界合作和商业模式的创新。

4. 核心资本的社会性

为确保产品或服务的有效提供,社会创业也需要各类创业资本,如场所、设施、资金、人员等。与商业创业不同的是,社会资本如社会关系、合作伙伴网络、志愿者、社会支持等是社会创业的核心资本。社会资本不同于物质资本和金融资本,它不会由于使用而减少,而是通过不断地消费和使用增加其价值。社会资本具有资源杠杆功能,社会创业者或机构通过构建广泛的伙伴网络关系能够为创业带来实体资本和财务资本。社会创业的成功与否不是取决于其物质资本和金融资本的多少,而是取决于社会资本的多少。

<!-- -->
本章小结

网络创业具有大众化、创新要求高、扩张速度快、竞争范围广、创业形式多样化、融资渠道多样化等特点。

技术创业是技术、创新、创业三者的交集，是技术机会和市场机会的匹配，一般包括新的资源配置方式的产生。

高新技术创业成功的关键因素：企业需要富有创新精神的企业家领航带路，需要掌握"核心技术"和"根部技术"以及掌握这两项技术的人才，企业内部需要建立有效的激励机制，项目选择是关键之关键，尽可能得到风险投资，较快进入市场，加强技术服务。

技术创业者区别于一般创业者的几个方面：技术创业的关键是新发明、新工艺或服务；技术创业者通常拥有较高的技术教育水平；技术创业者要承担更高的风险；技术创业者对成就的需求适度。

广义的社会创业是指采用创新性的方法，系统地分析社会需要，解决社会问题，从而实现社会价值的创业活动，既包括营利组织，也包括非营利组织。而狭义的社会创业主要指非营利组织通过生产经营活动创造社会价值的过程。

社会创业者与商业创业者相比，具有社会企业家精神、建立愿景能力、良好的信用网络和联盟合作能力四个方面的特质。

<!-- -->
思考题

1. 网络创业、技术创业和社会创业这三种创业形式有何区别？
2. 网络创业成功的要素有哪些？
3. 社会创业与一般创业的主要区别有哪些？

案例分析

尹世峰，这个性格开朗的90后，常常自诩为超级吃货，但是这样一个超级吃货，却干了件让当地群众津津乐道的大实事、大好事。

曾在国美电器（东莞）任售后客服部部长的尹世峰，读书期间便经常参与社区和社工志愿服务，这个阳光大男孩，不仅有着社工服务和管理的专业知识与丰富经验，更重要的是有着一颗爱心。2016年7月，惠水县团委筹备儿童关爱项目"为了明天"，但苦于找不到合适的项目执行人抱着对故乡的眷念和对义工工作的热爱，小尹毅然辞职返乡，接下这个重担。回到家乡惠水县后，尹世峰索性一不做二不休，创立了民间非营利性专业社工服务机构——惠水县好花红社会工作服务中心。为了开创惠水县的公益事业，尹世峰决心打造一支本土的社工团队，帮助更多的困难群体。

惠水县好花红社会工作服务中心（以下简称好花红中心）服务对象为：家庭、青少年、老年人、妇女、残障人士、失业人群、流动人口、戒毒人群、社区服刑人员等社会弱势群体、边缘群体；服务内容包括监护指导、心理疏导、行为矫治、困难帮扶、社会融入、信息提供、物资支持等专业服务；服务宗旨是帮助困难群体实现脱贫，保持身心健康，促进青少年健康成长。

在政府的帮助下，好花红中心在惠水县濛江街道办事处经辖区明田新民社区，获得约200平方米的办公场地，好花红中心的服务活动也由此处展开。明田新民社区是惠水县易地扶贫搬迁集中安置点之一，截至2017年6月，迁入住户有1095户、4648人，其中青少年有536人。易地搬迁青少年中部分青少年存在卫生习惯不佳、行为偏差、缺乏发展规划等情况，贫困家庭、留守家庭、单亲家庭等问题比较突出。另外，从生存条件恶劣地区迁至明田新民社区后，他们的生活条件虽得到改善，但真正从内心上融入社区存在困难。因此，好花红中心经过精心设计，展开了四项服务：针对留守儿童开展"汇爱守护"计划，针对贫困家庭青少年开展"汇爱成长"计划，针对移民青少年开展"汇居汇家"社区融入计划，针对边缘青少年开展"汇青飞扬"计划。

（一）"汇爱守护"计划（留守儿童关爱保护）

（1）"小红花"青少年自我保护服务，包括安全教育和预防性侵等服务。

（2）学业成长支持。为青少年提供学业辅导，兴趣爱好培养等支持。

（3）心理辅导服务。针对留守儿童缺乏关爱、学业压力大、人际交往等问题，开展一对一个案辅导。

（二）"汇爱成长"计划（贫困青少年救助帮扶）

（1）解决具体生活困难，整合各方资源，对贫困青少年的日常生活给予支持。

（2）正向品质培养，对贫困青少年给予自信心培养、人生目标指引。

（三）"汇居汇家"社区融入计划（移民青少年社区融入）

（1）信息咨询服务，主要针对社区内外与青少年相关的咨询，包括就业支持信息。目前已帮助移民社区青少年及失业人员解决就业问题，工作地点位于惠水片区及经济开发区，帮助就业人数达到300余人。

（2）兴趣爱好培养服务，包括体育、美食、欢乐影院、图书借阅等服务。

（3）"社区发现"主题活动服务，让移民青少年熟悉社区、发现社区，从而融入社区，对社区产生归属感，进而参与社区建设。

（四）"汇青飞扬"计划（边缘青少年教育矫治）

（1）"家庭社"联动服务，与边缘青少年家庭、学校社区合作。开展个案管理服务，利用各方资源适时跟进并帮助解决困难。重建良性的家庭关系，减少偏差行为发生的频次，预防边缘青少年违法犯罪。

（2）发动边缘青少年参与志愿服务，扩大其良性朋友圈，培养其发展正向心理和正向行为。

好花红中心成立以来，尹世峰多方奔走争取资源，尽心尽力为社区服务，取得了非常好的成效：一是争取到了各方外部资源，极大地缓减了本地公益资源匮乏的问题，帮助多个家庭完成了"微心愿"；二是初步建立起高效团队，建立了"团干部＋社工＋志愿者"队伍。好花红中心配备团干部1名，由明田新民社区团支部书记兼任；准社工1名，由惠水县好花红社会工作服务中心总干事担任；常态化服务志愿者20名左右，由明田新民社区大学生和贵州财经大学商务学院志愿者构成；更重要的是，好花红中心的工作凸显了社会效应，社区群众对好花红中心从怀疑到信任，再到好评甚至依恋，是好花红中心工作务实、服务到位的最好证明。

　　当然，作为不以盈利为目的的社会创业，尹世峰和他的团队承受着比商业创业更加巨大的压力和困难。这些困难中最主要的便是资金的匮乏。一方面是服务活动需要资金的注入，另一方面是贫困家庭免费地享用各种服务。小尹常常奔波于各地、各部门争取各种资源，甚至慈善资助；常常琢磨着最有效同时也最省钱的发展方式、业务模式。"不悔初心"，是他常常勉励自己的一句话，同时也是他这条创业道路的灯塔。

　　资料来源：惠水县团县委. 探索"12345"青少年社工助力脱贫攻坚新模式 唱响青春好花红——惠水共青团强力推进"为了明天"青少年服务项目［EB/OL］. 惠水县人民政府门户网站. http://www.duyunshi.com/n/15602.html

讨论题

　　尹也峰团队具有什么特点？这些特点对其社会创业的成功起到了怎样的促进作用？

参 考 文 献

彼得·德鲁克. 2009. 创新与企业家精神[M]. 北京：机械工业出版社.

布赖恩·芬奇. 2017. 如何撰写商业计划书[M]. 邱墨楠译. 北京：中信出版社.

布鲁斯 R. 巴林杰，R. 杜安·爱尔兰. 2017. 创业管理：成功创建新企业[M]. 5 版. 薛红志，张帆，等译. 北京：机械工业出版社.

蔡啟明. 2016. 创业管理[M]. 北京：机械工业出版社.

陈传波，阎峻. 2015. 大众创业难在融资——百名农名工调查[J]. 银行家，（12）：116-119.

陈劲，王皓白. 2007. 社会创业与社会创业者的概念界定与研究视角探讨[J]. 外国经济与管理，（8）：10-15.

菲利普·科特勒. 2016. 营销原理[M]. 何佳讯，于洪彦，牛永革，等译. 上海：格致出版社.

菲利普斯. 2011. 商业计划宝典[M]. 戚安邦，尤荻，陈海龙，等译. 北京：机械工业出版社.

郝宏伟. 2013. 大学生创业基础[M]. 广州：广东高等教育出版社.

何巧云，严中华，杜海东. 2009. 国内外社会创业者概念与发展实践述评[J]. 改革与战略，25（1）：216-219.

贺尊. 2015. 创业学概论[M]. 北京：中国人民大学出版社.

杰弗里·蒂蒙斯，小斯蒂芬·斯皮内利. 2005. 创业学[M]. 周伟民，吕长春译. 北京：人民邮电出版社.

杰拉德·乔治，亚当 J. 博克. 2009. 技术创业：技术创新者的创业之路[M]. 陈立新译. 北京：机械工业出版社.

荆新，王化成. 2009. 财务管理学[M]. 5 版. 北京：中国人民大学出版社.

克里斯蒂娜·K, 福克曼，基姆·奥利维·托卡斯基，卡蒂·恩斯特，等. 2016. 社会创业与社会商业理论与案例[M]. 陈立新译. 北京：社会科学文献出版社.

郎宏文，郝婷，高晶. 2011. 创业管理[M]. 北京：科学出版社.

雷家骕. 2008. 高技术创业管理：创业与企业成长[M]. 北京：清华大学出版社.

李俊，秦泽峰. 2016. 创业管理[M]. 北京：北京大学出版社.

李娜，吴林芝，李梦潇. 2015. 互联网思维下大学生微营销创业模式探究[J]. 现代商贸工业，（11）：69-71.

李时椿，常建坤. 2013. 创业基础[M]. 北京：清华大学出版社.

李伟，张世辉，李长智，等. 2015. 创新创业教程[M]. 北京：清华大学出版社.

李秀兰. 2014. 大学生创业管理——理论与实训[M]. 北京：电子工业出版社.

刘曼红. 1998. 风险投资创新与金融[M], 北京：中国人民大学出版社.

刘志阳，李斌. 2016. 创业管理[M]. 上海：上海财经大学出版社.

苗青. 2007. 企业家对机会识别的认知特点研究[J]. 中国地质大学学报（社会科学版），7（2）：78-83.

潘辰芬. 2014. 大学生创业管理的对策与措施[D]. 成都：成都理工大学.

彭学兵，张钢. 2017. 技术创业与技术创新研究[J]. 科技进步与对策，27（3）：15-19.

让·梯若尔. 2007. 公司金融理论[M]. 王永钦，等译. 北京：中国人民大学出版社.

沈凤池，刘德华. 2016. 中小企业网络创业[M]. 北京：北京理工大学出版社.

斯晓夫，吴晓波，陈凌，邬爱其. 2016. 创业管理：理论与实践[M]. 杭州：浙江大学出版社.

苏小娟. 2007. 股权融资与债权融资的对比：关于企业融资模式的解析[J]. 时代经贸，（7）：92-93.

孙恺. 2008. 企业人力资源策略、组织动态能力与绩效关系研究[D]. 杭州：浙江大学.

唐纳德·库拉特科. 2013. 公司创新与创业[M]. 3 版. 李波，等译. 北京：机械工业出版社.

王延荣. 2015. 创新创业管理[M]. 北京：机械工业出版社.

王艳茹，王兵. 2014. 创业资源[M]. 北京：清华大学出版社.

吴琳，龙建成，王林雪，等. 2010. 技术创业者素质能力评价与建设研究[J]. 科技创业月刊，23（9）：120-122.

夏徐迁，王维. 2011. 创业企业财务管理[M]. 北京：中国劳动社会保障出版社.

亚瑟·C. 布鲁克斯. 2009. 社会创业：创造社会价值的新方法[M]. 李华晶译. 北京：机械工业出版社.

杨利静. 2016. 我国大学生创业营销模式的困境分析与对策[J]. 现代营销（下旬刊），(8)：72.

佚名. 2017. 不要在一双鞋子里塞进 12 种创新[J]. 中国战略新兴产业，（Z1）：60-61.

张红，葛宝山. 2014. 创业机会识别研究现状述评及整合模型构建[J]. 外国经济与管理，36（4）：15-24.

张洪吉，张现强. 2009. 企业营销力的生成机制及构成要素研究[J]. 中外企业家，（2）：94-95.

张涛. 2007. 创业教育[M]. 北京：机械工业出版社.

张玉利，陈寒松，薛红志，等. 2017. 创业管理[M]. 4 版. 北京：机械工业出版社.

张玉利，龙丹，杨俊，等. 2011. 新生技术创业者及其创业过程解析——基于 CPSED 微观层次随机抽样调查的证据[J]. 研究与发展管理，23（5）：1-10.

赵凯. 2016. 源发性移动互联网微信营销模式下的大学生创业路径探析与研究[J]. 商，（34）：142.

邹希婧. 2013. 基于风险管理的中小企业内部控制体系构建研究[D]. 成都：西南财经大学.

Ardichvili A，Cardozo R N. A model of the entrepreneurial opportunity recognition process[J]. Journal of Enterprising Culture，8（2）：103-119.

Brown T E，Bruce A. 1997. The effects of resource availability and entrepreneurial orientation on firm growth [J]，Paper Presented at the Frontiers of Entrepreneurship Research，10（7）：26-28.

Crosa B，Aldrich H E，Keister L A. 2002. Is there a wealth effect? financial and human capital as determinants of business startups[J]. Frontiers of Entrepreneurship Research，18（1）：12-16.

Davidsson P，Honig B. The role of social and human capital among nascent entrepreneurs[J]. Journal of Business Venturing，2003，18（3）：301-331.

Dimov D P，Shepherd D A. 2005. Human capital theory and venture capital firms：exploring "home runs" and "strike outs" [J]. Journal of Business Venturing，20（1）：1-21.

Kirzner I. 1973. Competition and entrepreneurship[M]. Chicago：University of Chicago Press.

Leung A，Zhang J，Wong P K，et al. 2006. The use of networks in human resource acquisition for entrepreneurial firms：multiple "fit" considerations[J]. Journal of Business Venturing，21（5）：686.

Wickham P A. 1998. Strategic entrepreneurship：A decision making approach to new venture creation and management [M]. London：Pitman Publishing.